Maja Dammann

Schulstart für Lehrer

Maja Dammann

Schulstart für Lehrer

Ein Praxisbuch

2., aktualisierte Auflage

Die Deutsche Bibliothek verzeichnet diese Publikation
in der Deutschen Nationalbibliografie;
detaillierte bibliografische Daten sind im Internet über
http://dnb.ddb.de abrufbar.

2., aktualisierte Auflage 2013

1. Auflage 2006
Die Herausgabe des Werkes wurde durch
die Vereinsmitglieder der WBG ermöglicht.
Redaktion: Katharina Gerwens
Satz: WMTP Wendt-Media Text-Processing GmbH, Birkenau
Umschlaggestaltung: Peter Lohse, Heppenheim
Umschlagbild: Unterricht an der internationalen Schule in Leipzig,
Foto: picture alliance/ZB
Gedruckt auf säurefreiem und alterungsbeständigem Papier
Printed in Germany

Besuchen Sie uns im Internet: www.wbg-wissenverbindet.de

ISBN 978-3-534-24479-9

Elektronisch sind folgende Ausgaben erhältlich:
eBook (PDF): 978-3-534-72082-8
eBook (epub): 978-3-534-72083-5

Inhalt

Teil B Neu an der Schule

Vorwort

Liebe Kolleginnen, liebe Kollegen,

das vorliegende Buch soll Sie begleiten – beim Übergang vom Referendariat in die erste feste Anstellung und während Ihres ersten Jahres.

Teil A beschäftigt sich mit dem **Übergang,** in dem er
- im 1. Kapitel Tipps für die Bewerbungssituation gibt
- im 2. Kapitel das Berufsfeld Schule erkundet
- im 3. Kapitel die neuen Herausforderungen an die Lehrerrolle umreißt
- im 4. Kapitel das besondere Spannungsfeld des Berufseinsteigers skizziert, nämlich Spezialist und gleichzeitig Novize zu sein
- und schließlich im 5. Kapitel Strategien aufzeigt, die helfen, mögliche Belastungen des Einstiegs aktiv zu verarbeiten.

In **Teil B** geht es dann ganz konkret um den **Alltag** des Berufseinsteigers. Die einzelnen Kapitel führen zunächst in das jeweilige Thema ein, skizzieren dann bestimmte Fragestellungen, unter denen Sie Ihre konkrete Situation beziehungsweise Ihre Schule untersuchen sollten, bevor Sie agieren und geben dann Anregungen, Ideen und Handlungsvorschläge. Entsprechende Materialien sind im Anhang zusammengefasst.

Ich scheue mich nicht, in diesem Buch **konkrete Vorschläge** zu machen, **die sich in der Praxis bewährt haben,** denn ich sehe Sie als kompetente und selbstbewusste Pädagogen, die eigenständig prüfen, welche dieser Vorschläge erprobt, modifiziert oder verworfen werden können. In meiner langjährigen Arbeit mit Berufseinsteigern habe ich gelernt, dass Vorlagen und Handlungsvorschläge hilfreich und entlastend sein können, sofern sie nicht unreflektiert eingesetzt werden. Wenn Sie festgestellt haben, dass einige dieser Vorschläge zu Ihnen als Person und zu den Rahmenbedingungen an Ihrer Schule passen, dann sollten Sie sich nicht scheuen sie auch umzusetzen. Gerade der Anspruch, immer und an allen Stellen das Rad neu erfinden zu müssen, kann eine arge Belastung darstellen.

Berufseinstieg ist ein Wechselbad der Gefühle und Erfahrungen und umfasst:
- die Feststellung, in Studium und Referendariat ganz viel gelernt zu haben, aber nur wenig davon an der speziellen Schule, an der man gelandet ist, umsetzen zu können;
- den Übergang von der Hochglanzstunde zur Massenproduktion bei der Vorbereitung des Unterrichts;
- größere Entfaltungsmöglichkeiten, weil Sie nun selbst „Chef im Ring“ sind;
- Zweifel an Ihrer Rolle und Ihrer persönlichen Eignung, weil der Alltag Enttäuschungen und Überforderungen bereit hält;
- das Gefühl, in Korrekturen zu ertrinken;

- die Hochstimmung nach einem wunderbaren Feedback einer Lerngruppe;
- die überraschende Feststellung, wie leicht es Ihnen als junger Lehrkraft fällt, persönliche Beziehungen zu Schülern aufzubauen;
- die Verzweiflung in der Arbeit mit schwierigen Schülern;
- die Angst vor kritischen Elterngesprächen;
- das ständige Hinterfragen, ob das Leistungsniveau in der eigenen Klasse vertretbar ist;
- das Pendeln zwischen kollegialer Anpassung und Widerstand, zwischen Kooperation und Abgrenzung;
- die Fassungslosigkeit angesichts unprofessioneller Kommunikations- und Entscheidungsstrukturen an Ihrer Schule;
- das Abwägen, wie viel Innovationsleistung in der Phase des Berufseinstiegs sinnvoll und möglich ist;
- das langsame Kennenlernen der „heimlichen" Regeln an Ihrer Schule;
- die Frage, ob von der Schulleitung neben Kontrolle und Beurteilung auch Begleitung und Unterstützung zu erwarten ist …

Dieses Auf und Ab wird Ihren Alltag zunächst prägen, bis Sie irgendwann mehr Sicherheit erreicht haben und merken: Ich schaue gelassener auf mein eigenes Tun.

Auf dem Weg dahin empfehle ich Ihnen:

- Nehmen Sie sich immer wieder Zeit, um Ihr Tun zu reflektieren. Egal wie eng Ihre Zeitplanung ist – Spielraum für kleine Tages- und Wochenbilanzen ist unendlich wertvoll und wird sich nicht ergeben, sondern muss von Ihnen aktiv eingeplant werden. Als letzte Materialien (34 und 35) finden Sie im Anhang Vorlagen für eine Reflexionsroutine.
- Seien Sie gnädig mit sich selbst! Wenn die Anerkennung von außen fehlen sollte, können Sie sich auch selbst auf die Schulter klopfen! Und wenn Sie merken, dass Sie Fehler gemacht haben, sollten Sie das als Entwicklungschance begreifen (und diese Haltung den Schülern vorleben, statt zu predigen!)
- Organisieren Sie sich Austausch unter Berufseinsteigern. Hier ist die Werkstatt, um sich zu unterstützen, zu entlasten, gemeinsam neue Ideen auszuhecken und zu verhindern, dass Resignation entsteht und der Anpassungsdruck übermächtig wird.
- Lassen Sie die Schule zwischendrin immer wieder los! Bewegung an der frischen Luft, Teilhabe am kulturellen Leben, die Pflege wichtiger Kontakte und Beziehungen, Musizieren und andere Freizeitbeschäftigungen sind Ihre Kraftquellen, die gerade in der Berufseingangsphase sprudeln sollten.

Über Rückmeldungen und Anregungen zu diesem Buch freue ich mich sehr, am besten per Mail: maja.dammann@t-online.de

Ich wünsche Ihnen einen guten Start!

Teil A Neu im Beruf

Vorbemerkung:

Aus Gründen der besseren Lesbarkeit wurde grundsätzlich auf weibliche Endungen verzichtet. Wenn also im Folgenden nicht immer von Lehrerinnen und Lehrern oder Schülerinnen und Schülern usw. die Rede ist, sind selbstverständlich immer beide Geschlechter gemeint.

1 Wie finden Sie Ihre zukünftige Schule und wie bewerben Sie sich?

Es gibt unterschiedliche Wege zu einer Stelle als Lehrerin oder Lehrer in Deutschland. Der einfachste: Sie haben das Referendariat in einem Bundesland gemacht und bekommen in eben diesem Bundesland eine Anstellung angeboten, womöglich noch an Ihrer Ausbildungsschule. Dann können Sie den Rest dieses Kapitels getrost überspringen und gleich im zweiten Kapitel weiterlesen.

Ein anderer Weg führt Sie zwar zu einer Zusage in Ihrem Bundesland, aber noch zu keiner bestimmten Schule. In diesem Fall sollten Sie ab Punkt 1.3 weiterlesen. Der dritte Weg ist der unübersichtlichste: Sie wollen oder müssen das Bundesland wechseln. In diesem Fall werden Sie den Föderalismus verfluchen, weil die Einstellungstermine und -modalitäten von Bundesland zu Bundesland variieren. Ist das bei Ihnen der Fall, so kann Ihnen dieses Buch im übernächsten Abschnitt einige allgemeine Hinweise geben.

1.1 Ihr Portfolio

Dokumente zusammenstellen

Unter einem Portfolio versteht man im Bewerbungszusammenhang eine aussagekräftige Zusammenstellung von Materialien über die Qualifikationen und Erfahrungen eines Bewerbers. D.h. Sie sollten einmal in Ruhe Ihr bisheriges Leben daraufhin untersuchen, an welchen Stellen Sie welche Erfahrungen gesammelt und welche Qualifikationen erworben haben, die für Ihre Bewerbung von Interesse sein könnten.

Das könnten sein:

- Ihre Zeugnisse, das Abiturzeugnis und die Zeugnisse in beiden Staatsexamina
- Bescheinigungen über längere Auslandsaufenthalte und Vermerke über entsprechende Fremdsprachenkompetenzen, in oder zusätzlich zu Ihren studierten Fächern, die Sie auch durch Schreib-/Textproben ergänzen können
- Dokumente über eine etwaige Ausbildung vor dem Studium
- Bescheinigungen und Beurteilungen im Zusammenhang mit geleisteten Praktika

- Nachweise über ehrenamtliche Arbeit aller Art
- Nachweise über Zivildienst, Bundeswehr und/oder ein freiwilliges soziales Jahr
- Belege im Zusammenhang mit sportlichen Aktivitäten, z.B. Zeitungsartikel jüngeren Datums, in denen Ihr sportlicher Einsatz namentlich erwähnt wird; Trainerlizenzen, Nachweise über die Tätigkeit als Jugendobmann oder -frau
- Bescheinigungen über alle Arten von Qualifikationen im Zusammenhang mit Bewegung und Freizeit: Nachweis des DLRG, Segelschein, Bootsführerschein, Kanuschein, Ausbildung im Free Climbing, Inline-Skating o.ä.
- Nachweise über musikalische Tätigkeiten oder Tätigkeiten im Theaterbereich (Flyer der eigenen Band, Ankündigung von Konzerten, bei denen Sie mitgewirkt haben, als Sänger, Instrumentalist oder Leiter; Theaterprogramm mit Ihrem Namen)
- Hinweise auf eigene Veröffentlichungen, Leseproben
- Fotografien eigener Kunstwerke ...

Neben der Freude, all diese Unterlagen zu sammeln, haben Sie auch noch das Vergnügen, Ihre versammelten Erfahrungen und Kompetenzen im Portfolio zu präsentieren – hier sind Ihrer Kreativität keine Grenzen gesetzt. Das Portfolio nehmen Sie mit zum Vorstellungsgespräch; gegebenenfalls schicken Sie es auch vorher gezielt bestimmten Schulleitern zu, dies allerdings nicht ohne telefonische Vorankündigung und Bitte um Rücksendung.

1.2 Wie orientieren Sie sich für Bewerbungen auf Bundesebene?

Der einfachste Weg führt über das Internet. Unter http://www.bildungsserver.de/Schuldienst-in-den-einzelnen-Bundeslaendern-828.html finden Sie einen Internetauftritt der einzelnen Bundesländer zum Thema Einstellungen in den Schuldienst. Diese Auftritte sind sehr unterschiedlich gestaltet; zum Teil werden Sie an E-Mail-Adressen verwiesen, oft sind auch schon auf den ersten Klick alle Bewerbungstermine und -formulare erkennbar. Auf alle Fälle sind aber für alle Bundesländer die Ansprechpartner und -verfahren präzise herauszufinden. Je nachdem, für welches Bundesland Sie sich bewerben, erfahren Sie hier die weiteren Schritte. Beachten Sie, dass viele Bundesländer mehrere Bewerbungstermine einräumen. Häufig wird das Hochladen von Bewerbungsschreiben, Lebenslauf und Zeugnissen verlangt. Deswegen sollten Sie diese Dokumente schon als pdf verfügbar haben. Viele Bundesländer unterscheiden mittlerweile zwischen sog. „schulscharfen" Ausschreibungen und zentralen Bewerbungsverfahren. Bei ersteren bewerben Sie sich mit Ihren gesamten Unterlagen bei einer Schule direkt, bei letzterem für ein Bundesland zentral. Meist sind beide Verfahren möglich. Es macht aber Sinn, neben einer online-Bewerbung auf alle Fälle auch die Verantwortlichen anzumailen oder besser noch mit ihnen zu telefonieren, um auf diese Art und Weise zusätzlich wertvolle persönliche Tipps zu erhalten. An dieser Stelle wird auf eine Namensliste verzichtet – sie könnte schon bei Erscheinen des Buches überholt sein.

1.3 Wie bewerben Sie sich?

Sie haben Ihre Ausbildung beendet, werden aber an Ihrer Ausbildungsschule nicht übernommen oder wollen selbst die Schule wechseln, allerdings innerhalb des gleichen Bundeslandes. In diesem Fall sollten Sie als Erstes klären, wer in Ihrem Bundesland über die Einstellung entscheidet, ob es eine zentrale Stelle ist (z.B. ein Personaldezernent oder -referent auf Länder- oder Bezirksebene) – oder die Schulleitung selbst – und ob eine online-Bewerbung auf jeden Fall Grundlage des weiteren Verfahrens ist. Im Anschluss daran sind zwei Schritte notwendig: Eine Bewerbung bei der zentralen Stelle und möglichst auch ein persönlicher Gesprächstermin beim Personalreferenten – oder ein Vorstellungstermin an der Schule.

Das Gespräch mit dem Personalreferenten

Für das Gespräch mit dem Personalreferenten sollten Sie vorher folgende Fragen für sich klären:

- regionaler Einsatz: Sind Sie regional gebunden – oder sind Sie bereit, sich in der gesamten Region/dem gesamten Land einsetzen zu lassen?
- Umfang der angestrebten Stelle: Möchten Sie eine ganze Stelle, oder möchten Sie zunächst reduzieren, um sich den Anfang zu erleichtern? Und umgekehrt: Wenn man Ihnen nur eine Teilzeitbeschäftigung anbietet – bis zu welchem Stellenanteil wären Sie bereit zu reduzieren?
- fachfremder Einsatz: Gibt es ein Unterrichtsfach, das Sie fachfremd übernehmen würden, wenn dadurch Ihre Einstellungschancen steigen? (Aber Vorsicht: Überfordern Sie sich nicht, der Einstieg wird ohnehin für Sie zeitlich und kräftemäßig belastend!)
- Einsatz in Schulstufen und Schulformen: Möglicherweise wird Ihnen als Gymnasiallehrer eine Stelle an einer beruflichen Schule angeboten – oder als Realschullehrerin in der Hauptschule. Überlegen Sie im Vorfeld, wie Sie selbst die Breite Ihrer Einsatzmöglichkeiten einschätzen – und klären Sie in diesem Fall unbedingt, welche Möglichkeiten Ihnen offen stehen, später einmal in die Schulform überzuwechseln, für die Sie eigentlich ausgebildet worden sind.
- welche Zusatzqualifikationen haben Sie, die Sie gegenüber dem Personalreferenten angeben wollen – z.B. einen Trainerschein in einer Sportart, eine Ausbildung als Mediator, Erfahrungen als Regisseur einer Theatertruppe etc.?

Das Gespräch selbst wird im Regelfall nicht länger als eine halbe Stunde dauern – wichtig ist daher, dass Sie sich in der Kürze der vorgesehenen Zeit gut präsentieren und auf Fragen hinsichtlich Ihres Einsatzes klar reagieren können. Wenn das Gespräch positiv ausgeht, wird der Personalreferent Ihnen eine oder mehrere Schulen zuweisen, bei denen Sie sich dann vorstellen sollen.

Das Gespräch mit der Schulleitung

Unabhängig davon, ob die Schulleitung schon in ihrer Personaleinstellung autonom ist oder ob die Entscheidung noch zentral oberhalb der Schulebene fällt – immer wird das Gespräch mit Ihrem potentiellen neuen Schulleiter eine wichtige Rolle spielen. Für Sie wird es in diesem Gespräch um drei wichtige Bereiche gehen:

a. Sie wollen sich selbst gut präsentieren
b. Sie wollen möglichst viel über Ihre potentielle neue Schule erfahren

c. Sie wollen einen möglichst präzisen Eindruck von Ihrem zukünftigen Arbeitseinsatz bekommen und möglicherweise auch über einzelne Aspekte verhandeln.

Alle drei Bereiche können sich im Verlauf des Gesprächs vermischen; je nachdem wie strukturiert die Schulleitung das Gespräch führt, sollten Sie aber darauf achten, dass alle Aspekte abgehandelt werden.

Tipp: Bereiten Sie das Gespräch so vor, dass Sie eine aktive Rolle spielen können und selbst die Verantwortung dafür übernehmen, dass alle Teilfragen, die Ihnen wichtig sind, besprochen werden.

Worauf Sie bei Ihrer Präsentation achten sollten

Zu a: Auch wenn Ihnen eine solche Haltung vielleicht nicht liegt – präsentieren Sie sich und Ihre Kompetenzen offensiv – d.h. stellen Sie dar, was Sie in Ihrem persönlichen Portfolio für die zukünftige Arbeit mitbringen. Dazu gehören neben Ihren Interessenschwerpunkten aus Studium und Referendariat auch Verweise auf Ihre bisherigen unterrichtlichen Erfahrungen sowie auf besondere Talente und Qualifikationen, die nicht unbedingt direkt mit der Schule im Zusammenhang stehen müssen. Das kann eine Ausbildung zum Mediator sein, ein Trainerschein für eine bestimmte Sportart oder Erfahrungen aus der Leitung einer Theatertruppe. Aber auch Qualifikationen aus Abschnitten Ihrer Berufsbiographie vor Aufnahme des Lehrerstudiums gehören hierher, etwa eine vorgeschaltete Lehre und/oder Berufstätigkeit. Zur guten Präsentation gehört es auch zu antizipieren, wo Ihnen vielleicht für die jeweilige Schule noch etwas fehlt – und auf eine entsprechende Frage eine überzeugende Antwort zu finden. Wenn Sie beispielsweise bisher Ihre Ausbildung in einem Gymnasium in einem sehr gut situierten Wohngebiet absolviert haben, ihre neue Schule aber in einem sozialen Brennpunkt liegt, so sollten Sie sich auf die Frage einstellen, wie Sie denn mit der speziellen Schülerschaft an genau dieser Schule umzugehen gedenken – und was Sie für diese Aufgabe an Handwerkszeug mitbringen.

Tipp: Achten Sie bei der Präsentation darauf, die Balance zwischen guter Selbstdarstellung und übertriebenen Versprechungen zu wahren. Im Zweifelsfall ist es besser, bestimmte Lücken offen zuzugeben und deutlich zu machen, dass Sie gerne bereit sind dazuzulernen, – anstatt Qualifikationen vorzuspiegeln, über die Sie nicht wirklich verfügen.

Zu b: Vergessen Sie nicht – das Gespräch mit der Schulleitung soll auch Ihnen eine Entscheidung darüber ermöglichen, ob die vorgeschlagene Schule für Sie eine sinnvolle Perspektive bietet. Auch Sie können Nein sagen, wenn Sie das Gefühl haben, dass hier eigentlich herzlich wenig zueinander passt. Damit die Entscheidung von beiden Seiten Hand und Fuß hat, sollten Sie die Gelegenheit nutzen und sehr viel fragen. Damit meine ich weniger das Erfragen von Strukturinformationen. Diese sollten Sie sich möglichst aus offiziellen Schulenverzeichnissen oder von der Homepage der Schule besorgen, denn nicht selten fragen die Schulleitungen, warum Sie sich für die jeweilige Schule bewerben, und da macht es sich gut, wenn man sich schon ein bisschen mit deren Profil beschäftigt hat. Das Gespräch sollte dann dazu dienen, den jeweiligen Eindruck zu vertiefen. Vielleicht sind Ihnen ja bei der Lektüre der Homepage schon Fragen aufgefallen – dann stellen Sie sie! Darüber hinaus ist es z.B. sinnvoll, nach der Kooperation der Kollegen untereinander zu fragen, nach der Elternmitarbeit, nach bestimmten unterrichtlichen oder pädagogischen Schwerpunkten, sofern diese nicht aus der Homepage ersichtlich sind. Und warum nicht erfragen, was sich die Schulleitung speziell von neuen Kolleginnen und Kollegen wünscht; dann weiß man schnell, woran man ist. Auch die Frage nach Übernahme von Funktionen in der Schule durch Kollegen wirkt erhellend. Hier kann man schnell erkennen, ob die Entscheidungsbefugnisse entweder zentralisiert auf die Person der Schulleitung oder eher mit kollegialer Beteiligungskultur geregelt sind. Entsprechend den eigenen Präferenzen kann man diese Sachlage dann für sich als positiv oder negativ bewerten. Und auch die Frage nach einer Jahresplanung kann erhellend sein; wenn Sie nämlich eine gute Organisation des Schulalltags für sehr wichtig erachten, dann werden Sie vermutlich wenig Freude an einer Schule haben, an der vieles spontan und ungeplant passiert.

Neben diesem Erfragen ist ein Schulrundgang eine unschätzbare Quelle von Eindrücken. Wann immer die Zeit es hergibt, bitten Sie darum. Ein Gang durchs Lehrerzimmer, über Flure sowie den Pausenhof zeigt Ihnen, wie diese Schule ihre Umgebung gestaltet. Indem Sie beobachten, wie die Schulleitung auf Kolleginnen und Kollegen und auf die Schüler reagiert, bekommen Sie einen ersten Eindruck vom Umgangston. Noch intensiver gestaltet sich diese Erstbegegnung, wenn man Ihnen die Möglichkeit gibt, im Unterricht zu hospitieren. Schon die Reaktion auf eine entsprechende Bitte Ihrerseits spricht oft Bände; und auch wenn Sie davon ausgehen können, dass Ihnen die Schulleitung im Regelfall Unterricht bei Kolleginnen oder Kollegen ermöglichen wird, die für kompetent und souverän erachtet werden und nicht unbedingt den Durchschnitt der Unterrichtstätigkeit an dieser Schule repräsentieren – so sammeln Sie gleichwohl unschätzbare Eindrücke.

Tipp: Sollten Sie für eine Arbeit in einem Team vorgesehen sein, so bitten Sie um ein erstes Treffen mit Ihren potentiellen zukünftigen Kollegen, bevor eine endgültige Zusage erfolgt. Natürlich ist ein solches Erstgespräch keine Garantie für ein reibungsloses Zusammenarbeiten in der Zukunft – wohl aber kann ein erster Austausch über die gegenseitigen Erwartungen erfolgen, so dass komplette Fehlbesetzungen eher auszuschließen sind.

Im Material 1 im Anhang finden Sie eine Reihe von Fragen, die Sie durchlesen, ergänzen und für Ihre Bedarfe modifizieren können. Vor allem sollten Sie dabei die Formulierung Ihrer speziellen Situation anpassen.

Zu c: Ob Sie sich an Ihrer neuen Schule wohl fühlen werden, hängt in nicht geringem Ausmaß von Ihrem Unterrichtseinsatz ab. Gibt man Ihnen die problematischen Restklassen, die niemand haben will, oder hat die Schulleitung auch ein Interesse daran, dass Ihr Einstieg gelingt? Das ist nicht nur eine Frage der Haltung und des Wohlwollens der Schulleitung, nicht selten scheint Ihr zukünftiger Arbeitsplatz quasi vorherbestimmt durch die Pensionierung oder den Ausfall von Kollegen, die ein bestimmtes Loch in die Personalversorgung reißen, das Sie nun ausfüllen sollen. Aber eine solche Zuteilung ist nicht zwangsläufig – jede Einsatzplanung kann verändert werden.

Tipp: Machen Sie die Frage Ihres zukünftigen Unterrichtseinssatzes zu einem echten Verhandlungsgegenstand mit Geben und Nehmen auf beiden Seiten. Sagen Sie nicht vorschnell Ja zu problematischen Arbeitsbedingungen, aber überreizen Sie auch nicht.

Worauf Sie beim Gespräch mit der Schulleitung achten sollten

Von besonderer Bedeutung ist es, dass Sie Ihre „Schmerzgrenzen" vorher genau überlegen, damit Sie von bestimmten Fragen nicht überrumpelt werden. Möchten Sie auf alle Fälle eine ganze Stelle – bekommen aber nur eine Teilzeittätigkeit angeboten? Was nun? Auf wie viel Prozent Ihrer Stunden sind Sie bereit zu verzichten? Oder umgekehrt: Sie wollen auf keinen Fall mehr als eine Zweidrittel-Stelle, aber der Schulleiter will Sie unbedingt ganz? Gehen Sie darauf ein? Und wie ist es mit dem Einsatz in Ihren studierten Fächern? Tolerieren Sie es, wenn Sie ausschließlich in einem Fach eingesetzt werden, das auch noch ein Zwei-Stunden-Fach ist, mit der Konsequenz von 14 neuen Lerngruppen gleich zu Beginn Ihrer Laufbahn? Weitere Punkte, die Sie vorher überlegen sollten, sind der mögliche fachfremde Einsatz (in welchen Fächern könnten Sie sich das vorstellen?) und Ihre Wünsche an die Stundenplanung (das gilt besonders, wenn Sie in Teilzeit arbeiten, weil Sie Kinder zu betreuen haben).

In all diesen Fällen gilt es eine kluge Abwägung zu treffen zwischen einer klaren Vertretung Ihrer Interessen und einer Berücksichtigung der Interessen der Schule. Als Illustration dazu ein Beispiel aus der Beratungspraxis:

Eine Kollegin mit den Fächern Geschichte und Biologie bekommt eine Stelle an einer Hauptschule angeboten. Im Gespräch mit dem Schulleiter stellt sich heraus, dass die Schule auch acht Stunden Chemie benötigt, für die es gegenwärtig keinen Bewerber gibt. Der Schulleiter drängt die Kollegin, Chemie fachfremd zu übernehmen. Die Kollegin stimmt nach einigem Hin und Her zu, allerdings unter folgenden Bedingungen:

1. Sie darf an dem schuljahresbegleitenden Qualifizierungskurs „Chemie fachfremd unterrichten" teilnehmen, der in ihrer Region alle zwei Wochen vierstündig angeboten wird; dafür erhält sie eine Stundenermäßigung.
2. Sie bekommt je zwei parallel liegende Kurse, so dass sie sich nur in zwei Themen zur Zeit einarbeiten muss.
3. Sie erhält die Erlaubnis, ihren Chemieunterricht erst vier Wochen nach Schuljahresbeginn aufzunehmen, damit sie zu diesem Zeitpunkt bereits mindestens zwei Fortbildungsveranstaltungen hinter sich hat, unter anderem auch eine Einführung in Sicherheitsfragen.

Mit dem Verhandlungsergebnis waren beide Beteiligten hoch zufrieden. Die Kollegin unterrichtet an dieser Schule nun schon im dritten Jahr erfolgreich Chemie und qualifiziert sich immer weiter. Für sie hat die Erweiterung ihres Fachrepertoires auch den Vorteil, dass sie nunmehr sechs Stunden in einer Klasse unterrichten kann statt bisher maximal vier mit ihren Zwei-Stunden-Fächern.

Als Material 2 finden Sie im Anhang eine Checkliste mit möglichen Aspekten des Unterrichtseinsatzes, über die es sich zu reden und vielleicht auch zu verhandeln lohnt.

Nehmen Sie diese Checkliste ruhig zum Gespräch mit der Schulleitung mit und machen Sie sich gegebenenfalls darauf Notizen.

2 Ihr zukünftiges Berufsfeld – eine tour d'horizon durch die heutige Schullandschaft in Deutschland und mögliche Entwicklungsperspektiven

Sie betreten das Berufsfeld Schule zu einem Zeitpunkt des Umbruchs. Schulen in Deutschland müssen – bei allen Unterschieden in den Bundesländern und Schulformen – erhebliche strukturelle Veränderungen vollziehen, und Sie werden sich darauf einstellen und dazu verhalten müssen.

2.1 Demographischer Wandel

Strukturveränderungen im Schulbereich

Das Reproduktionsverhalten in der deutschen Gesellschaft hat sich drastisch geändert mit der Konsequenz, dass es immer weniger Kinder gibt. Auch wenn man die Hoffnung nicht aufgeben darf, dass Familien-, Sozial- und Bildungspolitik doch noch einmal einen höheren Stellenwert bekommen und dadurch die Entscheidung für Kinder wieder erleichtert wird – Fakt bleibt, dass im jetzt überschaubaren Zeitrahmen die Anzahl der Schüler deutlich zurückgehen wird. Das wird in großem Maße zu Schulschließungen führen und in bestimmten ländlichen Regionen auch zu Strukturveränderungen, die übrigens in einigen neuen Bundesländern schon vollzogen wurden, weil bei niedrigen Schülerzahlen ein Nebeneinander verschiedener Schulformen nicht mehr finanzierbar ist. Für Sie als Berufseinsteiger bedeutet dies, dass Sie sich von vornherein mit dem Gedanken der Mobilität auseinander setzen sollten – die Wahrscheinlichkeit eines mehrfachen Schulwechsels in Ihrer Berufslaufbahn ist hoch.

2.2 Sozioökonomische Rahmenbedingungen

Die Langzeitarbeitslosigkeit in bestimmten Regionen bzw. bestimmten städtischen Quartieren bedingt eine strukturelle, zunehmend intergenerationelle Bildungs- und Kompetenzarmut. D.h. hier leben Kinder in Familien, die bereits in der dritten Generation abhängig sind von Sozialtransfers, mit allen daraus resultierenden Folgewirkungen. Für Sie als Berufseinsteiger hat dies zur Konsequenz, dass Sie die sozialpädagogischen Aspekte Ihrer Lehrerrolle akzeptieren müssen, wenn Sie in diesen sozialen Brennpunkten erfolgreich arbeiten wollen.

2.3 Veränderung der Sozialisationsbedingungen für Kinder und Jugendliche

Die Auflösung großfamiliärer Zusammenhänge, die Zunahme alleinerziehender Eltern, die Häufigkeit von Einkindfamilien, die Abschaffung öffentlicher kommunaler Begegnungsräume für Kinder und Jugendliche und der drastische Anstieg von Medienkonsum schränken den sozialen Erfahrungsraum von Kindern und Jugendlichen ein und verringern ihre Chancen, eine Selbstwirksamkeit zu erleben. Diese Lücke muss die Schule füllen, ob sie will oder nicht. Für Sie als Berufseinsteiger bedeutet das, dass Sie mit großer Wahrscheinlichkeit an einer Ganztagsschule arbeiten und sich mit Arrangements für soziales Lernen beschäftigen werden.

2.4 Die empirische Wende und ihre Konsequenzen für die Schulen

Die Ergebnisse verschiedener Schulleistungsuntersuchungen der vergangenen Jahre haben einen grundlegenden Wandel der pädagogischen Diskussion in Deutschland bewirkt. Die Leistungsfähigkeit der einzelnen Schule, gemessen am Lernfortschritt ihrer Schüler, steht mittlerweile im Zentrum. Dabei unterscheidet sich die Rezeption von TIMSS und PISA an den Schulen und in der Bildungsadministration erheblich.

An den Schulen gibt es eine neue Nachdenklichkeit und eine zunehmende Bereitschaft, sich mit der Frage der Lernzuwächse der Schüler gezielter auseinander zu setzen. Auch nimmt die Bereitschaft zur Kooperation in den Kollegien zu. Allerdings gibt es auch verbreitet eine Atmosphäre der Resignation, besonders da, wo soziale Problemlagen das Schulklima beeinflussen und die Kolleginnen und Kollegen noch kein Konzept gegen Disziplinlosigkeit und Unterrichtsstörungen gefunden haben.

Veränderungen der Schulformen und im Bildungswesen

Auf der Ebene der Bildungsadministration gab es bundesweit einheitliche Reaktionen in folgenden Bereichen:

- Festsetzung von Bildungsstandards
- Veränderung der Rahmenpläne (Kompetenzorientierung)
- Einführung von Sprachtests und Förderung im Vorschulbereich
- Einführung von zentralen Vergleichsarbeiten und Abschlussprüfungen
- Einführung von Schulinspektionen
- Weichenstellung in Richtung auf die selbst verantwortete Schule
- Weichenstellung in Richtung auf Ganztagsschulen

In der Schulstrukturfrage dagegen herrscht blankes föderales Chaos. Während in Berlin und Brandenburg die sechsjährige Grundschule eine Selbstverständlichkeit ist, scheiterte in Hamburg 2010 eine Regierung an deren Einführung. Während in Bayern die Hauptschule hoch gehalten wird, haben andere Bundesländer auf den unaufhaltsamen Rückgang der Anmeldungen für diese Schulform reagiert, indem sie sog. „Oberschulen"(Niedersachsen) oder Sekundarschulen gründeten. Gesamtschulen boomen in dem einen Bundesland, im anderen ist es faktisch unmöglich, neue zu gründen. Gymnasien werden als G 8 oder als G 9 geführt, manchmal sind beide Optionen in einem Bundesland vorhanden. Es empfiehlt sich von daher bei einem Wechsel des Bundeslandes dessen aktuelle Schulstruktur präzise zu erfragen, damit man auch wirklich an der gewünschten Schule landet.

Gestatten Sie mir an dieser Stelle ein persönliches Wort: Für mich zeigt die Schulstrukturentwicklung, wie unsinnig der Bildungsföderalismus in Deutschland ist. Große Herausforderungen wie den Umbau unseres Bildungssystems in Richtung auf mehr Leistung und mehr Chancengerechtigkeit bewältigen wir nicht mit Kleinstaaterei, die den Löwenanteil der Energie in der gegenseitigen Abgrenzung und Profilierung vertut.

2.5 Veränderungen in den einzelnen Schulformen

In den Grundschulen Deutschlands sind folgende Tendenzen erkennbar:

- Sprachtests und Förderprogramme begleiten die Grundschüler
- die Einschulung wird flexibilisiert; auch Fünfjährige gehen schon zur Schule
- nicht selten geschieht dies in Eingangsstufen, die die Grundschüler ein oder zwei Jahre besuchen
- verlässliche Betreuungszeiten werden angeboten und immer mehr Grundschulen werden Ganztagsschulen
- Wahlpflichtbereiche erweitern das unterrichtliche Angebot
- Unterricht wird jahrgangsübergreifend gestaltet
- die erste Fremdsprache wird aufgenommen
- individualisierendes Lernen verbreitet sich
- die Inklusion von Kindern mit sonderpädagogischem Förderbedarf in Regelgrundschulen nimmt zu
- regelmäßige Eltern-Lehrer-Kind Gespräche als Lernentwicklungsgespräche verbreiten sich

In der Sekundarstufe I gibt es folgende Entwicklungen:

- Einführung zentraler Vergleichsarbeiten
- individualisierendes Lernen verbreitet sich
- die Inklusion von Kindern mit sonderpädagogischem Förderbedarf in Regelschulen der Sek I nimmt zu
- veränderte Formen der Leistungsrückmeldung, Einführung von Lernstandsgesprächen
- Abschlussprüfung für den Mittleren Bildungsabschluss
- Einführung der zweiten Fremdsprache am Gymnasium in Jahrgang. 6 wegen der 8-Jährigkeit dieser Schulform
- Einführung von Praxistagen in Betrieben, um die Vermittelbarkeit der Schülerinnen und Schüler in Ausbildungsplätze nach Schulabschluss zu verbessern

In der Sekundarstufe II sind folgende Ziele ins Auge gefasst:

- Einführung des Zentralabiturs
- Auflösung des Kurssystems und Rückkehr zu Klassenverbänden
- Einführung von bestimmten Profilen beziehungsweise Fächerkombinationen an bestimmten Schulen

- Stärkung von Formen der Eigentätigkeit der Schülerinnen und Schüler, auch als wissenschaftspropädeutisches Arbeiten

Das Übergangsmanagement zwischen allgemeinbildenden und berufsbildenden Schulen wird gegenwärtig stark überdacht. Ziel ist die Reduzierung der Anzahl der Schüler, die die Schule ohne Abschluss verlassen – und die Reduzierung von schulischen Maßnahmen, die lediglich als „Parken" von Schülern fungieren, ohne deren Perspektiven wirklich zu verbessern. Kompetenzorientierung und Individualisierung wird in der Unterrichtsentwicklung in den beruflichen Schulen groß geschrieben. Die Entwicklung der Sonderschulen ist momentan sehr disparat – sie geht von deren Auflösung zugunsten von Förderabteilungen in einzelnen allgemeinbildenden Schulen oder regionalen Förderzentren bis hin zur Beibehaltung, je nachdem, wie die einzelnen Bundesländer die Aufgabe der Inklusion anpacken.

3 Ihr zukünftiger Beruf – vor welchen allgemeinen Herausforderungen werden Sie stehen – und was bringen Sie mit?

Aus der Schilderung der Rahmenbedingungen im vorigen Kapitel werden bestimmte Herausforderungen für Sie in der Schule der ersten Hälfte des 21. Jahrhunderts deutlich. Ich meine damit nicht die Anforderungen an Sie hinsichtlich Ihrer pädagogischen Basisqualifikation oder Ihrer Fachqualifikation. Als Berufseinsteiger sind Sie in diesem Bereich ja auf dem neuesten Stand.

Vielmehr werden Sie darüber hinaus über bestimmte Kompetenzen verfügen müssen, um erfolgreich arbeiten zu können, die vermutlich noch nicht regelhaft in Ihrer Ausbildung angelegt waren:

3.1 Diagnosekompetenz

In Deutschland hat die Lehrerausbildung zu lange und zu ausschließlich die Lerngruppe als Ganzes im Blick gehabt. Natürlich haben sich Lehrkräfte schon immer, häufig mit hohem Engagement, der einzelnen Schülerin und dem einzelnen Schüler zugewandt. Diagnosekompetenz geht aber weit über individuelle Betreuung hinaus. Sie erfordert ein psychologisch-pädagogisches Fachwissen, das es ermöglicht, den einzelnen Lerner in seiner Besonderheit zu erkennen. Welchem Lerntyp ist er zuzuordnen? Auf welchem Stand des Schriftsprachenerwerbs befindet er sich? Wie lange ist seine reguläre Aufmerksamkeitsspanne? Wie stark ist bei ihm die Selbstwahrnehmung entwickelt? Diese und viele andere Fragen helfen Ihnen, die Stärken und Schwächen des jeweiligen Schülers zu erkennen und damit hilfreich umgehen zu können für seine beziehungsweise ihre weitere Entwicklung. Sollte dieser ganze Bereich für Sie noch terra incognita sein, dann wissen Sie, wo einer Ihrer Fortbildungsschwerpunkte liegen könnte.

3.2 Kompetenz, binnendifferenzierend zu unterrichten

Wohl kaum ein Begriff wird dermaßen oft im Munde geführt, ohne dass dahinter eine entsprechende Praxis steht. Dies ist kein Zufall: Konsequentes binnendifferenzierendes Arbeiten ist Ihnen als Einzelperson kaum möglich, am ehesten noch als Klassenlehrerin, die ihre gesamte Unterrichtsverpflichtung in ihrer eigenen Grundschulklasse hat. Darüber hinaus klappt Binnendifferenzierung nur, wenn Kolleginnen und Kollegen für Jahrgänge und Fächer Materialpools einrichten und arbeitsteilig Arbeitsmaterialien zusammentragen und erstellen sowie die entsprechenden Arbeitsaufträge formulieren. Wenn es allerdings gelingt, eine derartige Kooperation auf die Beine zu stellen, die sich auf die gesamte Unterrichtsvorbereitung einschließlich der Leistungsnachweise erstreckt, dann ist das Entzücken bei den individuell versorgten Schülerinnen und Schülern genau so groß wie bei der Lehrerschaft. Sachlich gesehen ist die Binnendifferenzierung der Königsweg zur individuellen Förderung.

3.3 Interkulturelle Kompetenz

Respektierung der kulturellen Wurzeln

In immer mehr Klassen in Deutschland finden sich Schülerinnen und Schüler mit unterschiedlichen Migrationshintergründen und entsprechend unterschiedlichem Stand der Integration. In nicht wenigen Klassen in den deutschen Metropolen hat die Mehrheit der Elternhäuser einen Migrationshintergrund. Kinder und Jugendliche aus anderen Kulturen müssen bei uns ihren Platz finden und im Spannungsfeld zwischen Anpassung und Wahrung der eigenen kulturellen Identität ihren eigenen Weg gehen können. Dazu zählt auch die Respektierung der eigenen kulturellen Wurzeln. Sie selbst als junge Lehrkraft müssen für sich klären, welche Rolle Sie in diesem Prozess spielen können und wollen: Wo Sie respektvoll begleiten, wo kraftvoll konfrontieren wollen, wie Sie das jeweilige Elternhaus einbinden können, wo Sie selbst Vermittler brauchen – als Übersetzer im wortwörtlichen Sinne – aber auch als Übersetzer im Sinne des Brücken-Bauens zwischen unterschiedlichen kulturellen Prägungen. Auf keinen Fall werden Sie auf einer Position verharren können, die nur zu häufig aus dem politischen Raum kommt und leider auch noch im pädagogischen Feld verbreitet ist: Der platten Forderung nach unbedingter Anpassung. Gegenseitiger Respekt ist die Grundlage für alle Prozesse, in denen an Menschen die Anforderung gestellt wird, sich zu verändern. Das gilt natürlich auch für fundamentalistische Positionen, wie sie neuerdings besonders auf der islamischen Seite zu finden sind, die die Religionsfreiheit in Deutschland nutzen, um eine abgeschottete Innenwelt zu schaffen, ohne Berührung, aber auch ohne Respekt für die Werte des deutschen Gastgeberlandes.

3.4 Kompetenz, inklusiv zu unterrichten

Mit der Ratifizierung der UN-Konvention über die Rechte behinderter Menschen durch den Bundestag ist die Forderung nach einem inklusiven Schulsystem seit Ende März 2009 auch in Deutschland geltendes Recht. Bedingt durch die föderale Struktur ist die Umsetzung dieser Rechtsnorm in den einzelnen Bundesländern sehr unterschiedlich weit gediehen. Aber wie auch immer: Auch wenn Sie nicht Sonderpädagogik studiert haben, ist die Wahrscheinlichkeit, dass Sie in Ihrem Berufsleben Kinder mit sonderpädagogischem Förderbedarf auch in Ihren Regelklassen unterrichten werden, sehr hoch. In Zukunft wird es immer mehr darum gehen, alle Kinder und Jugendlichen eines Einzugsgebietes zu unterrichten – die Selektion wird durch eine Pädagogik der Heterogenität abgelöst werden.

3.5 Kompetenz, die Eigentätigkeit der Schüler zu stärken

Die moderne Definition von Lernen betont die Eigentätigkeit der Schülerinnen und Schüler. Sie sieht die Aufgabe der Lehrkraft darin, den Unterricht so zu gestalten, dass die Schüler sich bedeutsame Inhalte selbsttätig aneignen. Die Rolle der Lehrkraft ist von daher im deutlichen Wandel begriffen: Der noch in den jüngsten Lehrerstudien in Deutschland mehrheitlich angetroffene „fragend-entwickelnde Unterricht", in dem die Lehrerin oder der Lehrer die Schüler an der Leine von Scheinfragen (denn der Lehrer kennt ja die Antwort) durch das jeweilige Stoffgebiet führt, wird ersetzt durch ein Ensemble von klaren Lehrer-Rollen, die zum Ziel haben, die Schülerinnen und Schüler zu Herrschern ihres individuellen Lernprozesses zu machen, wie z.B. dem Instrukteur, der immer dann agiert, wenn es gilt, klar, knapp und präzise Input zu geben; dem Lern-Coach, der den einzelnen Schüler in seinem Lernprozess begleitet und ihn dazu anregt, seine Lernstrategien zu reflektieren. Vermutlich wird Ihnen die Beherrschung dieser und weiterer Lehrerrollen in der Schule des 21. Jahrhunderts abverlangt werden.

Material 3 gibt Ihnen grundlegende Hinweise, wie Sie Ihre Schüler zu mehr Selbständigkeit führen können.

4 Die Besonderheiten der Berufseingangsphase in der Berufsbiographie des Lehrers: Hochqualifizierter Spezialist und dennoch Novize

Als neuer Lehrer sind Sie in einer herausfordernden Situation. Sie sind hochqualifiziert und vermutlich hoch motiviert, das erlernte Wissen umzusetzen. Als Absolvent der Lehrerbildung des 21. Jahrhunderts haben Sie viele Dinge gelernt, die an Ihrer neuen Arbeitsstätte dringend benötigt werden. So haben Sie vermutlich Vorstellungen, wie Sie eigen- verantwortliches Lernen der Schüler organisieren können. Sie kennen die PISA-Ergebnisse und halten es für selbstverständlich, dass Schüler und Lehrer den Lernerfolg mittels zentraler Leistungstests erheben. Sie verfügen über ein Repertoire aktivierender Methoden und haben sich mit Unterrichts- und Schulentwicklung auseinander gesetzt. Sie sind an den Rückmeldungen der Schüler zu Ihrem Unterricht interessiert und möchten gerne ein Lernangebot offerieren, das einer heterogenen Schülerzusammensetzung Möglichkeiten des leistungsdifferenzierten Lernens bietet. Wenn Sie Ihre Arbeit an einer Schule aufnehmen, wird Ihr zukünftiger Schulleiter mit Begeisterung auf diese Qualifikationen zurückgreifen – und Sie selbst werden mit Ihrem frischen Blick von außen erkennen, wo es an Ihrem neuen Arbeitsplatz hakt, was nicht gut geregelt ist, wo die Probleme liegen. Mit anderen Worten: Sie könnten sofort als hochspezialisierter Fachmann für Unterrichts- und Schulentwicklung beginnen – umso mehr, je länger Ihr neues Kollegium schon ohne Neueinstellungen auskommen musste.

Aber das ist nur die eine Seite der Medaille. Auf der anderen Seite nämlich sind Sie in vielen Bereichen erneut Anfänger, nun schon zum dritten Mal, nach Studium und Referendariat. Denn obwohl Sie über all die aufgezählten Qualifikationen verfügen, fehlt Ihnen doch jenes grundlegende Know-how, das Sie sich erst im Beruf erwerben müssen. Terhart umschreibt den Sachverhalt folgendermaßen: Berufseinsteiger seien berufsfähig, aber nicht berufsfertig (TERHART, 2001, S. 128). So haben Sie noch nie zuvor 25–30 Unterrichtstunden in der Woche vorbereitet und mehrere hundert Schülerarbeiten korrigiert – Ihre entsprechenden Routinen aus dem Referendariat müssen nun modifiziert und an den veränderten Arbeitsdruck angepasst werden. Sie sind jetzt Chef im Ring – und übernehmen erstmals die komplette Verantwortung im Bereich der Klassenleitung, der Schüler- und Elternberatung. Und nicht zuletzt gilt es nun, Ihre ganz eigene Ausprägung der Lehrerrolle zu finden und zu gestalten. Bisher, im Referendariat, unter Beobachtung durch die Menschen, die Sie begleitet und bewertet haben, gab es sicherlich Anpassungsprozesse Ihrerseits an deren Wünsche und Erwartungen. Gleichzeitig gab es aber nicht selten auch Schutz für Sie durch die Ausbildungssituation, da man Ihnen in dieser Phase vermutlich nicht die schwierigsten Klassen übertragen hat – und da Sie immer Berater in Ihrem Rücken wussten. Hier war bestimmt auch der Zusammenhalt der Ausbildungsseminare sehr hilfreich. Nun sind Sie auf sich gestellt – und erleben, dass dies Chance und Herausforderung zugleich ist.

Als erleichternd empfinden Sie sicher, dass die Beobachtungs- und Beurteilungssituation zunächst zu Ende ist. Sie können nun frei aufspielen. Aber gleichzeitig merken Sie, dass Ihr Handlungsrepertoire in vielen pädagogischen Fragen dringend erweitert werden muss.

Erfolge und Misserfolge in der Berufseingangsphase

Diese ambivalente Situation ist prägend in der Berufseingangsphase – und sie wird Sie zwischen den Extremen Spezialist einerseits und Novize andererseits hin- und herpendeln lassen, mit allen dazugehörigen Hönen und Tiefen. An einem Tag werden Sie beglückt aus der Schule schweben, weil Sie von Ihren Schülern eine wunderbare Rückmeldung über Ihren Unterricht erhalten haben, oder weil Ihre Klasse prima in einer Vergleichsarbeit abgeschnitten hat, oder weil eine Elternvertreterin Sie angerufen hat, um Ihnen zu sagen, wie sehr Ihr frischer Schwung der Klasse gut tut. Und schon am nächsten Tag kann es Ihnen passieren, dass die gleiche Klasse, die Sie noch gestern gelobt hat, über Tische und Bänke steigt, weil nun etwas anderes auf der Tagesordnung der Schüler steht: Nämlich das Kräftemessen mit Ihnen als jungem Kollegen. Oder Sie bekommen einen heftigen Rüffel von einem Chemiekollegen, weil Sie die Sammlung nicht so hinterlassen haben, wie es an dieser Schule der Standard ist – Sie haben es einfach nicht geschafft, Ihr Zeitmanagement hakte, es klingelte plötzlich, die Schüler waren weg – und Sie hatten nur zehn Minuten bis zur nächsten Stunde …

Das Auf und Ab der Gefühle wird Sie ein Lehrerleben lang begleiten – es gehört untrennbar zu der Arbeit mit Kindern und Jugendlichen. Und gelegentliche Anfälle von Selbstzweifeln gehören auch bei gestandenen, erfolgreichen Lehrern dazu, sind immer wieder Motivation, das eigene Tun zu überdenken und nicht einzurosten. Die Stärke der Ausschläge der Aufs und Abs aber wird sich im Laufe Ihrer ersten Berufsjahre deutlich verringern, und zwar in dem Maße, in dem es Ihnen gelingt, für sich produktive Routinen zu finden und weiterzuentwickeln.

Erfolge und Misserfolge wahrnehmen und zulassen

Wichtig dabei ist aber, dass Sie beides in Ihren ersten Berufsjahren bewusst wahrnehmen. Feiern Sie Ihre Erfolge, auch die kleinen – genießen Sie sie! Gewöhnen Sie sich daran, Ihre Schultage regelmäßig unter dem Gesichtspunkt zu bilanzieren: Was ist heute gut gelaufen? Worüber habe ich mich gefreut? Vom wem habe ich eine positive Rückmeldung erhalten? Und registrieren Sie dabei nicht nur überragende Events, sondern auch die vielen kleinen Erfolge, aus denen sich die großen letztendlich zusammensetzen: Das Lächeln einer Schülerin, der Sie etwas erfolgreich erklärt haben, den Stundenschluss mit dem Klingelzeichen, das Ihnen zeigt, dass Sie gut geplant haben; die interessierten Fragen von Schülern, die beweisen, dass der ihnen angebotene Stoff sie erreicht.

Tabuisieren Sie Ihre Misserfolge nicht, aber übertreiben Sie sie auch nicht panisch, sondern versuchen Sie aufmerksam zu rekapitulieren, was wo aus dem Ruder gelaufen und an welcher Stelle etwas schief gegangen ist. Suchen Sie das Gespräch mit Ihnen freundlich gesonnenen Kollegen oder machen Sie sich Notizen und probieren beim nächsten Mal etwas anderes aus – eine andere persönliche Haltung, einen anderen Ablauf, andere Methoden etc.

Vor allem aber: Nehmen Sie sich Ihre Misserfolge nicht übermäßig zu Herzen, sondern gehen Sie freundlich mit sich selbst um. Sie arbeiten ja an Ihren Problemen, Sie holen sich Rat – mehr können Sie beim besten Willen nicht tun!

5 Gesund bleiben von Anfang an: Was Sie aus Studien zur Lehrergesundheit über den Berufseinstieg lernen können

Sie fragen sich vermutlich, warum ich Sie ausgerechnet zum Zeitpunkt Ihres Berufseinstiegs mit Fragen der Lehrergesundheit traktieren möchte. Sie sind doch jung und fit – und Belastungen werden Sie spielend „wuppen"! Diesen Optimismus möchte ich Ihnen nicht ausreden. Stattdessen möchte ich Ihnen einige Hinweise mit auf den Weg in den Beruf geben, auf die Sie gegebenenfalls zurückgreifen können.

Schaarschmidt (SCHAARSCHMIDT und FISCHER, 2001) hält zwar fest, dass der Anteil der vorzeitigen Pensionierungen in der Berufsgruppe der Lehrer höher liegt als bei anderen Beamten, und dass wiederum 30 % der Ursachen für die Frühpensionierung psychische Erkrankungen oder Belastungen ausmachen. Gleichzeitig hebt er aber auch hervor, dass die Frage nach den individuellen und sozialen Ressourcen, Hilfen und Schutzfaktoren für die gesundheitsförderliche Bewältigung der Anforderungen des Lehrerberufs in den Vordergrund rücken sollte. Mit anderen Worten: Es kommt in der Frage, ob Sie langfristig optimistisch und gesund Ihren Beruf ausüben werden, ganz entscheidend auf Sie und Ihre persönlichen Haltung an. Folgende gesundheitsfördernde Haltungen und Aktivitäten können Ihnen von Anfang an helfen:

5.1 Entspannungszeiten systematisch einplanen

Entspannung während des Schultages

Der Schulalltag ist in extrem hohem Maße zeitlich verdichtet, die psychische Beanspruchung der Lehrkraft wird beispielsweise mit der eines Piloten verglichen. Konzentrierte Aufmerksamkeit für die anderen bei gleichzeitiger hoher persönlicher Performanz und Multitasking prägen die Unterrichtsstunden und die Zeit dazwischen, die ich nicht als Pausen bezeichnen möchte, da sie im Regelfall mit einer Vielzahl gleichzeitig auftretender Anforderungen ausgefüllt sind. Entsprechend hoch ist die Anspannungs- und Leistungskurve bei Lehrkräften, häufig mit geringem Nachlassen über die gesamte Dauer des Schultages.

Eine solche Dauer-Höchstspannung ist nicht gesund. Es kommt von daher darauf an, schon im Verlaufe des Schultages echte Pausen und kleine Entspannungsphasen einzubauen. Das kann mit kurzen Entspannungs- oder Atemübungen beginnen (vgl. dazu Material 4 im Anhang) und geht bis zur bewussten Entscheidung, bestimmte Pausen nicht für die Arbeit, sondern für einen Kurzspaziergang oder ein vollständiges Abschalten an einem geeigneten Ort zu nutzen. Nicht zu vergessen bei dieser schulischen Kurzentspannung sind auch das ausreichende Trinken und vitaminreiche, leichte Imbisse zwischendurch.

Entspannung nach der Schule

Auch nach der Schule muss aktive Entspannung gelernt sein. Nach der Rückkehr aus der Schule geht es darum, wirklich eine Zäsur zu setzen und etwas ganz anderes zu machen, sich zu bewegen, zu schlafen, Zeitung zu lesen o.ä. Welcher Rhythmus am besten zu Ihnen passt, müssen Sie selber herausfinden. Es gibt Kollegen, die nach einer Phase der Zeitungslektüre und einem Tee gleich wieder an den Schreibtisch gehen, um dann einen freien Abend zu haben. Andere genehmigen sich erst einmal eine längere Erholungsphase, um dann am Abend noch einmal an den Schreibtisch zurückzukehren. Wichtig dabei ist nur: Die Hochleistungskurve des Schultages sollte vor der Wiederaufnahme der Arbeit unterbrochen werden.

Tipp: Pausenzeiten von Anfang an einplanen, nur die sofortige Schaffung entsprechender Routinen beim Berufseinstieg sichert den Erfolg.

5.2 Sich aktiv erholen – neue Ressourcen tanken

In vielen Berufen endet die Tätigkeit mit dem Verlassen des Arbeitsplatzes. Kennzeichnend für den Lehrerberuf dagegen ist, dass die Arbeit immer mit nach Hause genommen wird und damit quasi nie zu Ende ist, von den Sommerferien zwischen den Schuljahren einmal abgesehen, in denen jedenfalls viele Prozesse vorerst ihr Ende finden (allerdings auch die Vorbereitung des neuen Schuljahres durchaus Zeit und Energie kostet).

Diese Unabgegrenztheit der Arbeitszeit führt dazu, dass man als Lehrer eigentlich immer arbeiten könnte (und häufig auch meint, man müsste dies tun). Damit gerät die Arbeit nicht selten in Konkurrenz zu aktivem Erholungsverhalten. D.h., insbesondere junge Kollegen haben den Eindruck, sie könnten nicht mehr regelmäßig ihren Lieblingssport ausüben oder im Chor singen. Und nicht selten beklagen sie, dass auch für ihre sozialen Kontakte und kulturellen Interessen kaum noch Zeit bleibt.

Hier ist ein Umsteuern notwendig. Denn aktives Erholungsverhalten, die Teilnahme am sozialen und kulturellen Leben, Sport treiben u.ä. sind gesundheitsfördernde Faktoren von hoher Wirksamkeit. Der anspruchsvollen Tätigkeit als Lehrer werden Sie schon mittelfristig nicht mehr gewachsen sein, wenn Sie sich Ihre Erholung versagen, Phasen, in denen Sie nicht nur entspannen, sondern aktiv andere Dinge als schulische betreiben.

5.3 Sich aussprechen und erleichtern

Lehrer sein heißt vielfältigste menschliche Begegnungen zu haben und bedeutet gleichzeitig: Sich als Person in hohem Maße immer wieder zur Disposition zu stellen – als Scheuerpfahl für pubertäre Autoritätskonflikte, als Kummerkasten für psychische Probleme, als Sozialarbeiter in sozialen und ökonomischen Krisen von Familien, als Projektionsfläche für elterlichen Ärger über Schulleistungen ihrer Kinder und und und …

Viele dieser menschlichen Begegnungen werden Sie nachhaltig beschäftigen. Sie vergessen nicht so leicht, wenn Sie das erste Mal bei einem Hausbesuch echte Verwahrlosung wahrnehmen, wenn Ihnen Eltern die Schuld für das Schulversagen ihres Kindes zuschreiben oder wenn ein Schüler Sie persönlich beleidigt. Diese Erfahrungen sind zunächst gespeichert, und wenn Sie nicht sorgsam mit sich selbst umgehen, werden sie zur Belastung, zu inneren Bildern, die Sie begleiten und Ihre zukünftigen Handlungen über Gebühr beeinflussen.

Dagegen gibt es ein probates Mittel. Teilen Sie sich mit, reden Sie über Ihre Erfahrungen und Erlebnisse und verarbeiten Sie sie aktiv. Nicht selten werden Sie im Gespräch neue Sichtweisen erfahren, Erlebtes relativieren können. Wenn Ihnen gerade kein geeigneter Gesprächspartner zur Verfügung steht, hilft auch schon das Notieren in einem Lehrertagebuch.

Tipp: Über Belastendes mit vertrauten Personen aus dem beruflichen oder privaten Umfeld reden.

5.4 Probleme kompetent delegieren und sich von Problemen distanzieren lernen

Vieles, was Sie als Lehrer im Umgang mit Ihren Schülern beobachten, können Sie aktiv beeinflussen – in Zusammenarbeit mit dem Elternhaus. Aber es gibt auch eine Menge von Problemen, die Sie nicht lösen können, weil Sie kein Therapeut, kein Schuldnerberater, kein Ehemediator o.ä. sind. Dennoch schalten sich viele Lehrer in solche Fälle ein – ihr Selbstverständnis als Helfer leitet sie dabei – und meist wird ein Leiden daraus, weil echte Hilfestellung nicht möglich ist. Es tut Ihnen, aber auch den Betroffenen nicht gut, wenn Sie sich in Ihrer Hilfsbereitschaft übernehmen und das Ganze in Hilflosigkeit und Enttäuschung endet. In solchen Fällen ist ein frühzeitiges Abgeben an kompetentere Stellen sinnvoll. Gleichzeitig aber müssen Sie innerlich loslassen, sich distanzieren und sich darüber im Klaren sein: Die wachsenden sozialen und psychischen Probleme von Kindern, Jugendlichen und Familien können von Ihnen allein nicht gelöst werden. Sie können und wollen doch wohl all Ihre belasteten Kindern nicht adoptieren, oder?

An die Stelle solcher Helferimpulse sollte systemisches Agieren treten: Zusammenarbeit mit und Vermittlung an Beratungsstellen, Sozialämter, Psychologen, ggf. Erziehungskonferenzen unter Mitwirkung aller Helfer.

Systemisches Agieren

Distanzierungsfähigkeit heißt nicht Wurschtigkeit: Ich möchte Sie nicht dazu auffordern, sich ein dickes Fell zuzulegen und nichts mehr an sich heranzulassen. Das wäre ein erster Schritt in Richtung Resignation oder gar Sarkasmus – beides ganz und gar nicht anzustrebende Haltungen – und im Übrigen auch eher gesundheitsschädlich. Vielmehr geht es einerseits darum, sich von Sachverhalten zu lösen, die man nicht beeinflussen kann, andererseits bedeutet Distanzierungsfähigkeit aber auch, Sachverhalte temporär ad acta zu legen, damit sie nicht 24 Stunden lang auf Ihrer inneren Agenda stehen und Sie belasten. Nach dem Motto: „Ich mache mir zwar Sorgen über Tanjas Magersucht, aber ich habe jetzt ein Elterngespräch abgemacht und den Eltern die Adresse der Beratungsstelle gegeben. Nun kann ich diese Sorgen erst einmal in die Wüste schicken; denn mehr kann ich ohnehin nicht tun! Nach dem Elterngespräch sehe ich weiter!"

5.5 Sachverhalte und Probleme nicht zerreden, sondern offensiv bearbeiten und lösen!

Schauplatz: Pädagogische Konferenz zu Tobias, der häufig fehlt und zu spät kommt. 15 Kolleginnen und Kollegen reden 90 Minuten lang, jede und jeder, was ihm oder ihr gerade so zu Tobias einfällt. Nach 90 Minuten ist alles vorbei. Ergebnis: Man will die Entschuldigungen effektiver kontrollieren! Die Kollegen trotten frustriert von dannen. Kennen Sie diese Situation aus Ihrem Referendariat? Dann versuchen Sie sie in Ihrem eigenen Agieren zu vermeiden. Leider sind zwei Unsitten in Lehrerkollegien noch sehr verbreitet:

- konsequenzloses Jammern und Jaulen
- unstrukturierte, endlose Gespräche, Besprechungen oder Konferenzen.

Beide Unsitten lösen ein schales Gefühl, Unzufriedenheit, Frustration oder Ärger bei den Beteiligten und Betroffenen aus – aber zu selten ändert sich etwas.

Sich im Gespräch entlasten ist sinnvoll. Jammern und Jaulen als Akt von Psychohygiene sicher begrenzt auch. Aber eine vorherrschende Haltung des Jammerns versperrt meist die Sicht auf Lösungsmöglichkeit, ja ersetzt nicht selten generell lösungsorientierte Handlungen, nach dem Motto: „Uns geht es so schön dreckig, darin haben wir uns gemütlich eingerichtet". Das Gleiche gilt für die Unsitte unstrukturierter Besprechungen. Am Ende häufig zirkulärer Diskussionsprozesse sind Ergebnisse nicht in Sicht – schon gar nicht tragfähige Vereinbarungen oder nächste Handlungsschritte.

Lassen Sie sich auf diese Unkultur nicht ein, sondern versuchen Sie in Ihrem pädagogischen Agieren von Anfang an lösungsorientiert zu arbeiten (vgl. dazu Material 5 im Anhang, das Ihnen Hilfestellung leistet, problemlösungsorientiert zu fragen).

So stärken Sie Ihre Problemlösungskompetenz und erleben die eigene Wirksamkeit!

5.6 Sich soziale Unterstützung unter Kollegen organisieren

Lehrer sind immer noch häufig Einzelkämpfer – dabei ist längst erwiesen, dass erfolgreiche Schule, guter Unterricht und gesunde optimistische Lehrkräfte auf der Zusammenarbeit der Kollegen beruhen. Zusammenarbeit hat viele Seiten: Entlastung durch Arbeitsteilung (z.B. zwischen parallel arbeitenden Kollegen, die abwechselnd Unterrichtseinheiten und Klassenarbeiten entwerfen), Befruchtung durch Austausch (z.B. Treffen aller Fachlehrer eines Jahrgangs, einmal zu Beginn, einmal zum Halbjahr, mit Berichten darüber, was besonders gut gelaufen ist), Unterstützung bei der Problemlösung (z.B. durch kollegiale Fallberatung im Klassenteam, vgl. dazu Material 6 im Anhang, das Ihnen einen möglichen Ablauf einer kollegialen Fallberatung beschreibt und dafür als Leitfaden genutzt werden kann). Bewährt haben sich in der Berufseingangsphase auch regelmäßige Treffen aller Neuen einer Schule oder einer Region. Hier tauscht man sich über die Erfahrungen aus, erlebt, dass es anderen geht wie einem selbst, man entwickelt neue Ideen, arbeitet gemeinsam an verabredeten Themen und wird nicht selten gestützt in dem eigenen Bestreben, nicht alles Hergebrachte an der neuen Schule kritiklos zu schlucken, sondern neuen Ideen zum Durchbruch zu verhelfen.

Teil B Neu an der Schule

6 Statusfragen klären

6.1 Vertragsarten

Die Einstellungspraxis ist von Bundesland zu Bundesland verschieden. Sie reicht von der regelhaften Einstellung ins Beamtenverhältnis auf Probe auf ganzen Stellen bis zur ausschließlichen Vergabe von Teilzeitverträgen auf Angestelltenbasis, zum Teil befristet. Wie schon in dem Abschnitt über die Einstellung ausgeführt, gibt es durchaus die Möglichkeit, den Status zu verhandeln. Wenn Sie Vertreter eines Mangelfaches sind und nur einen Teilzeitvertrag angeboten bekommen, so kann es sinnvoll sein, sich noch einmal anderswo zu orientieren, ob dort nicht bessere Konditionen angeboten werden – und dies auch zu veröffentlichen. Nicht selten wird dann doch eine Ausnahme gemacht. Das Gleiche gilt auch für die Verhandlung mit der Schulleitung. Auch hier gibt es nicht selten Spielräume hinsichtlich des Volumens der Stelle, die es auszuloten gilt.

Bei Ihrer Einstellung gibt es grundsätzlich drei verschiedene Arten von Verträgen:

- den Angestelltenvertrag, befristet oder nicht befristet
- den so genannten Sonderarbeitsvertrag, der nur für die Übergangszeit gilt, bis alle Formalitäten für die Verbeamtung auf Probe erledigt sind
- die Verbeamtung auf Probe.

6.2 Krankenkasse und Beihilfe

Wenn Sie als Angestellter eingestellt werden, so sind Sie versicherungspflichtig in der Sozialversicherung, Sie führen Beiträge in die Rentenkasse ab und müssen Mitglied in einer gesetzlichen Krankenkasse sein. Das führt dazu, dass Sie deutlich weniger Nettogehalt empfangen als Ihre verbeamteten Kollegen. Sind Sie verbeamtet, so haben Sie ja später Anspruch auf die so genannte Beamtenpension, für die Sie nicht selbst ansparen müssen, und Sie können Beihilfe im Krankheitsfall beantragen, was dazu führt, dass Sie sich in einer privaten Krankenkasse nur zu dem Restprozentsatz versichern müssen, der durch die Beihilfe nicht abgedeckt ist. Sie müssen also bei Aufnahme Ihrer Tätigkeit womöglich Ihre Krankenversicherung wechseln, je nachdem, in welchem Status Sie sich vor der Einstellung befunden haben. Aber auch wenn Sie schon im Referendariat verbeamtet gearbeitet haben und nun in der gleichen Krankenkasse bleiben, lohnt es sich, noch einmal einen Blick in die Beihilferegelungen Ihres Bundeslandes zu werfen und dann zu entscheiden, ob Sie gegebenenfalls Ihre Versicherung verändern, da Sie nun über ein höheres Einkommen verfügen. Denn die Gesundheitsreform hat auch die Konditionen der Beihilfe stark verschlechtert, viele Leistungen werden nicht mehr anerkannt bzw. es gibt hohe Selbstbeteiligungen.

Personalärztlicher/ medizinischer Dienst

Vor der Verbeamtung müssen Sie sich dem personalärztlichen Dienst vorstellen. Dieser entscheidet dann, ob die gesundheitlichen Voraussetzungen für eine Verbeamtung vorliegen. Im Vorwege erhalten Sie einen umfangreichen Fragebogen, mit dem schon vorhandene gesundheitliche Beeinträchtigungen und Belastungen erfasst werden sollen. Besonderes Augenmerk legt der personalärztliche Dienst auf solche Erkrankungen, die zu einer späteren Dienstunfähigkeit führen können: Vorschädigungen des Bewegungsapparates wie Gelenkschäden oder Bandscheibenvorfälle; Stimmbandprobleme; Beeinträchtigungen der Wahrnehmungsorgane, auch akute wie Tinnitus; erhebliches Übergewicht – und natürlich chronische Erkrankungen wie Rheuma, chronische Bronchitis etc.

Wenn Ihnen aufgrund gesundheitlicher Beeinträchtigungen die Verbeamtung verwehrt bleibt, so werden Sie im Regelfall als Angestellte eingestellt. Wichtig ist dabei, dass Sie nach Ablauf von ein, zwei Jahren eine Wiedervorstellung beim medizinischen Dienst beantragen können. Am erfolgreichsten ist ein solches Vorgehen, wenn Sie ein ärztliches Gutachten vorlegen können, in dem Ihnen bescheinigt wird, dass die gesundheitliche Beeinträchtigung vollständig beseitigt ist und es günstige Prognosen gibt, dass sie auch nicht wieder auftritt. Dann kann es durchaus passieren, dass Sie nach einer erneuten Untersuchung durch den Amtsarzt doch noch verbeamtet werden.

Ein Beispiel aus der Beratungspraxis dazu: Eine Kollegin hatte bei der Untersuchung sehr schlechte Leberwerte. Ihre Erklärung, dass sie sich bei einem Urlaub im Süden eine Hepatitis eingefangen hatte, überzeugte den Amtsarzt wenig, sondern führte zu einer Beschäftigung im Angestelltenverhältnis. Zwölf Monate später war die Kollegin wieder vollständig gesund, es lag keine bleibende Leberschädigung vor, die Blutwerte waren normal. Sie erreichte die Wiedervorstellung und wurde verbeamtet.

6.3 Den Vertrag oder die Urkunde überprüfen und Anerkennungszeiten klären

Nicht selten erhalten Sie Ihren Vertrag beziehungsweise Ihre Urkunde erst nach Dienstantritt. Das muss Sie nicht beunruhigen – im Arbeitsrecht gilt das gesprochene Wort. Wichtig aber ist, dass Sie herausfinden, wer für Sie in der Personalverwaltung zuständig ist. Mit dieser Personalsachbearbeitung sollten Sie sich schnell bekannt machen und noch einmal bei einem Telefonat überprüfen, ob auch wirklich all Ihre Daten korrekt vorhanden sind und die Aussagen über Umfang Ihres Vertrages und Arbeitsbeginn mit Ihren Informationen übereinstimmen. Pflegen Sie auch in Zukunft einen guten Kontakt zur Personalabteilung, denn Ihre Personalsachbearbeitung ist Ihre erste Ansprechperson bei allen Fragen – sei es, dass Sie heiraten, ein Kind bekommen, umziehen, eine Nebentätigkeit beantragen usw. Hier wird auch Buch geführt über das Ende Ihrer Probezeit und die Lebenszeitverbeamtung. Wenn Sie schon vor Ihrer jetzigen Einstellung mehr als geringfügig im Schuldienst gearbeitet haben, z.B. auf der Basis von Fristverträgen – auch in anderen Bundesländern – so stellen Sie doch formlos den Antrag, dass diese Zeiten auf Ihre Probezeit angerechnet werden. Vielerorts geschieht das ohne weiteres. Ansonsten haben Sie bundesweit einheitlich eine dreijährige Probezeit, bevor die Verbeamtung auf Lebenszeit erfolgt. Abhängig von der Zensur in Ihrem zweiten Staatsexamen und der Bewährungsnote in Ihrem Schulbericht kann sich diese Zeit verkürzen oder auf maximal fünf Jahre verlängern.

Als Angestellte haben Sie eine Probezeit von sechs Monaten, in dieser Zeit werden Sie hospitiert und bei positivem Ausgang unbefristet beschäftigt – es sei denn, Ihr Vertrag war von vorneherein befristet.

Tipp: Die Tarifsysteme, die Beamtengesetze, das Gesundheitswesen – alle diese Bereiche befinden sich in einem tiefen Umbruch. Deswegen haben auch viele Informationen zu diesen Themen nur eine geringe „Halbwertzeit". Informieren Sie sich deshalb bei Einzelfragen gründlich direkt bei Ihrer Personalsachbearbeitung, den Lehrerverbänden und Personalräten.

7 Ihre Schule kennen lernen – welche Grundlageninformationen benötigen Sie?

Schulen sind soziale Gebilde von hoher Individualität – die hier lernenden und arbeitenden Menschen, die nähere und die weitere Lernumgebung prägen die Schulkultur. Deswegen geht es in den ersten Tagen Ihrer Arbeit um zweierlei:

- das Kennenlernen der offiziellen „Verfassung" der Schule, der Menschen, Funktionen, Gremien, Abläufe und formalisierten Verfahren
- darüber hinaus aber gilt es auch, die „heimlichen" Regeln und Gesetze zu erkunden, die nicht selten ebenso wichtig sind wie die offiziellen Verlautbarungen.

Informationen einholen

Verantwortlich für Ihre Einarbeitung ist außer Ihnen selbst die Schulleitung, die an manchen Schulen auch Paten zur Betreuung der neuen Kolleginnen einsetzt. Vielleicht haben Sie ja Glück, und es gibt an Ihrer Schule bereits eine Einarbeitungsmappe, wie sie in vielen Betrieben längst gang und gäbe ist – eine Sammlung der wichtigsten institutionellen Informationen. Und vielleicht hat man Ihnen diese Mappe ja schon beim Einstellungsgespräch überreicht – dann können Sie den folgenden Abschnitt überspringen. Wenn Sie solche schriftlichen Informationen nicht erhalten haben, dann sollten Sie sie vom Schulleiter vor Aufnahme Ihrer Tätigkeit erbitten:

- eine Kollegiumsliste, mit Telefonnummern, E-Mail-Adressen und Fächern, in denen diese Kollegen eingesetzt sind sowie eine Auflistung von zusätzlichen Klassenlehrerfunktionen
- einen Lageplan und einen Raumplan
- gegebenenfalls vorhandene Stoffverteilungspläne oder schulinterne Curricula für die Fächer, die Sie unterrichten werden

- eine Übersicht über die Stunden- und Pausentaktung
- die schulinterne Regelung des Vertretungsunterrichts; klären Sie hier am besten sofort, was von Ihnen erwartet wird, sollten Sie erkranken – und auf welche Standards Sie sich andererseits verlassen können, wenn Sie einen Kollegen vertreten müssen
- die Schulordnung/Hausordnung
- das Schulprogramm, sofern vorhanden, in dem das Profil der Schule beschrieben ist und die nächsten Entwicklungsschritte schriftlich festgelegt sind
- eine Übersicht über die Aufsichtsbereiche und eine Beschreibung der Aufgaben der Aufsichtsführenden
- einen Jahresterminplan
- eine Aufstellung der innerschulischen Funktionen und der Personen, die sie gegenwärtig wahrnehmen
- eine Zusammenstellung der wichtigsten schulischen Formulare wie z.B. Benachrichtigung von Eltern bei nicht gemachten Hausaufgaben, Ankündigung von Nachsitzen in der Schule, Bitte um ein Gespräch etc.
- eine Zusammenstellung wichtiger Beschlüsse der Lehrerkonferenz, die Ihre Arbeit an der Schule beeinflussen werden (z.B. Einführung von Streitschlichtung, Vereinbarungen zur Gestaltung von Projektwochen oder -tagen).

Als Material 7 im Anhang finden Sie eine Checkliste, in der die möglichen Einarbeitungsschritte bzw. die zu klärenden Fragen für die ersten Tage aufgelistet sind.

Was die eher informellen Regelungen an Ihrer Schule angeht, so werden Sie diese im Laufe Ihres ersten Jahres erschließen. Im Anhang in Material 8 finden Sie eine Menge Aspekte aufgeführt, die Sie nach und nach vielleicht für sich erfragen und klären können.

Tipp: Lesen Sie das Material 8 einmal durch und kreuzen Sie diejenigen Aspekte an, die Sie in den ersten zwei Wochen unbedingt klären möchten. Nach zwei Wochen nehmen Sie sich die Liste wieder vor, haken ab, was Sie bereits wissen und entscheiden neu über noch fehlende Aspekte, nun für eine Frist von vier Wochen. So erschließen Sie sich das informelle Wissen über Ihre Schule in „verdaubaren" Portionen.

Vorstellung auf der Lehrerkonferenz

Neben diesem Kennenlernen durch das Studium wesentlicher Dokumente ist natürlich die erste Begegnung mit den Menschen wichtig. Wenn es nicht ohnehin vorgesehen ist, bitten Sie darum, sich auf der Lehrerkonferenz vorstellen zu dürfen. Machen Sie selbst eine Runde zum Hausmeister, zur Sekretärin, zum Stellvertretenden Schulleiter und gegebenenfalls den Abteilungsleitern.

Tipp: Nutzen Sie die ersten Begegnungen gerade mit dem Hauspersonal und den anderen Mitgliedern der Schulleitung dazu, nicht nur sich selbst vorzustellen, sondern betonen Sie auch, dass Sie sich auf die Zusammenarbeit freuen – und bitten Sie darum, dass Sie direkt angesprochen werden, wenn Sie aus Sicht der anderen einmal etwas falsch gemacht haben.

Ein letztes Wort zu Ihrer Vorstellung auf der Lehrerkonferenz. Lassen Sie sich davon nicht überraschen, sondern bereiten Sie sich gedanklich darauf vor. Eine humorvolle Selbstdarstellung und die Bitte um Unterstützung sollten nicht fehlen. Sie wissen, wie wichtig uns Menschen die erste Begegnung ist – also tarieren Sie die einzelnen Teile Ihrer Vorstellung gut aus. Nichts ist schädlicher als der Eindruck: Der Neue hat die Weisheit mit Löffeln gefressen! Aber auch zu große Bescheidenheit schadet, denn Schule ist immer auch ein Feld, in dem die Ellenbogen eingesetzt werden.

8 Ihr Kollegium – das unbekannte Wesen?

Ihr erster Auftritt im Lehrerzimmer kann schon Weichen stellen. Fragen Sie freundlich, ob es eine bestimmte Sitzordnung gibt, ob für Sie ein Platz vorgesehen ist – oder ob freie Platzwahl herrscht. Immer noch ist die Frage der Sitzordnung von hoher symbolischer Bedeutung. Nicht selten ist das Terrain im Lehrerzimmer mit unsichtbaren Grenzen aufgeteilt – und allzu leicht könnte es Ihnen passieren, dass Sie „Reviergrenzen" verletzen. Wenn es einen vorgesehenen Sitzplatz für Sie gibt, so akzeptieren Sie ihn dankend und richten Sie ihn sich ein. Aber achten Sie darauf, dass Sie, nachdem Sie in den nächsten Tagen Ihre direkten Nachbarn kennen gelernt haben, sich auch einmal an andere Tische beziehungsweise in andere Ecken des Lehrerzimmers begeben, um noch mehr Kollegen kennen zu lernen. Leichter wird Ihnen das bei freier Sitzplatzwahl fallen – aber gleichzeitig haben Kollegien, in denen alle Kollegen quasi im Raum flottieren, auch häufig eine höhere Unverbindlichkeit der Kommunikation.

Beziehungen aufbauen

Als Neuer im Kollegium stehen Sie zunächst unter verschärfter Beobachtung. Deswegen sind die ersten Tage und Wochen der kollegialen Begegnung von zentraler Bedeutung. Ganz wichtig ist, dass Sie möglichst die Namen der Kolleginnen und Kollegen sofort lernen und sie direkt persönlich ansprechen – das wird als Aufmerksamkeit Ihrerseits gut ankommen. Wenn Sie keinen Paten zugewiesen bekommen haben, werden Sie viele Fragen stellen müssen. Verteilen Sie diese Fragen auf möglichst viele Kollegen – zum einen entgehen Sie damit der Gefahr, für Einzelne zur Belastung zu werden – und zum anderen bekommen Sie aus einer Vielfalt von Perspektiven einen Blick auf das schulische Leben. Egal wie belastet Sie auch in der ersten Zeit sein sollten: Versuchen Sie möglichst keine Gelegenheit für kleinere informelle Klönschnacks auszulassen, damit Sie bald ein, zwei Kollegen finden, denen Sie vertrauen und mit denen Sie auf einer Wellenlänge liegen. Solche befreundeten Kollegen brauchen Sie besonders in den ersten Wochen und Monaten zum Überleben! Und scheuen Sie sich nicht, Kolleginnen oder Kollegen um Unterstützung zu bitten – in Form von Unterrichtsmaterial, von Tipps im Umgang mit Schülern und Eltern. Sie müssen ja nicht alles 1:1 umsetzen, was Sie erfahren oder an Material erhalten, aber Sie erweitern auf diese Weise Ihren Bezugsrahmen. Schließlich haben alle Kollegen, denen Sie begegnen, eine lebhafte Erinnerung an ihre eigene Berufseinstiegsphase und sind im Regelfall hilfsbereit. Von den wenigen Ausnahmen, die es überall gibt, sollten Sie sich nicht abschrecken lassen – eine kalte Dusche in Form einer unfreundlichen Abfuhr gibt es immer wieder, aber sie ist nicht prägend für das kollegiale Klima.

Im kollegialen Miteinander lauern allerdings auf den Berufseinsteiger auch einige Fallen, die ich Ihnen hier darstellen möchte, damit Sie möglichst nicht hineintappen.

8.1 Vermeiden Sie die Einbeziehung in Fraktionen und Grabenkämpfe!

In vielen Schulen gibt es Fraktionen, gebildet wegen unterschiedlicher pädagogischer Anschauungen, bestimmter Vorgänge und Entscheidungen oder Nichtentscheidungen in der Vergangenheit – oder schlicht, weil es mehrere „Häuptlinge“ oder Anführer gibt, die gerne ein Fußvolk um sich scharen und miteinander um die „pole position“ im Kollegium konkurrieren. Neue Kollegen sind für diese Fraktionen potentieller Machtzuwachs. Insofern gibt es ein aktives Ringen darum, welcher der Gruppierungen sich der oder die Neue anschließt. Sie selbst fühlen sich unter Umständen sehr geschmeichelt durch die sofortige Aufmerksamkeit, die man Ihnen schenkt. Aber Vorsicht! Als Neuer können Sie noch gar nicht durchschauen, was dahinter steckt und welche Folgen es hat, wenn Sie sich von einer dieser Gruppierungen einverleiben lassen. Sie kennen die Menschen und die kollegialen Konfliktlinien noch nicht – und schnell könnten Sie in ein falsches Lager geraten, aus dem Sie sich dann später nur mit einem großen Kraftakt befreien können. Außerdem geht mit einer schnellen Zuordnung zu einer der Gruppierungen beim Rest des Kollegiums sofort die Jalousie herunter.

Tipp: Bleiben Sie freundlich und aufgeschlossen allen im Kollegium gegenüber. Wenn man Ihnen „im Vertrauen“ üble Nachrede über nicht anwesende Kollegen „anbietet“, gehen Sie möglichst nicht darauf ein, wechseln Sie das Thema. Je nach Temperament könnten Sie auch sagen (aber wirklich locker, nicht belehrend): „Ach, wissen Sie/weißt du, ich möchte mich mit solchen Geschichten jetzt nicht belasten, ich möchte erst einmal alle Menschen in der persönlichen Begegnung kennen lernen und mir ein eigenes Urteil bilden. Aber herzlichen Dank für das Vertrauen!“

8.2 Werden Sie nicht vorschnell zum Verbündeten für einzelne Kollegen!

In jedem Kollegium gibt es einzelne Kollegen, die eher isoliert sind und sich in dieser Stellung häufig nicht wohl fühlen. Auch hier können die Ursachen vielfältig sein und müssen durchaus nicht immer bei den jeweiligen Kollegen selbst liegen; möglicherweise sind sie das Ergebnis eines Ausgrenzungsprozesses. Aus dieser Vereinzelung starten diese Kollegen deshalb Versuche, einen Vertrauten unter den Neuen zu finden. Sie sind ausgesprochen aufmerksam, bieten Hilfe an, machen kleine Geschenke und schlagen schon sehr schnell ein privates Treffen vor. Spätestens dann erkennt man als Neuer die Situation, weil bei diesem Treffen ganz sicherlich die Frustration über die kollegiale Situation zum Thema wird. Auf Sie als Neue wartet hier eine besonders knifflige Aufgabe: Sie müssen dem Kollegen deutlich machen, dass Sie sich nicht als Verbündeter eignen, allerdings ohne ihm zusätzliche Enttäuschungen und Verletzungen zuzufügen; denn dadurch, dass er sich Ihnen gegenüber ein Stück geöffnet hat, ist er natürlich auch besonders empfindlich. Aber Sie haben keine Alternative: Wenn Sie sich gleich zu Beginn Ihrer Tätigkeit auf die Seite eines solchen Kollegen schlagen, sperren Sie sich praktisch automatisch vom Kollegium aus. Hier heißt es also, geschickt und taktisch zu agieren – die Ausgrenzung nicht aktiv mitzumachen, aber auch keine besondere Intimität zu gewähren.

8.3 Agieren Sie nicht als Besserwissi!

Gerade wenn Sie frisch aus der Ausbildung kommen, werden Sie sich über manches an Ihrer Schule wundern. Vielleicht ist die Schule suboptimal organisiert; vielleicht stoßen Sie darauf, dass etliche Kollegen die geltenden Rahmenpläne ignorieren; vielleicht sind Sie erschüttert über vorwiegend frontale Unterrichtsformen – und es reizt Sie, Veränderungsideen zu unterbreiten, Tipps und Ratschläge zu erteilen oder einfach nur: mit Veränderungen zu beginnen! Erhalten Sie sich Ihren Elan, aber hüten Sie sich vor eigenen Interventionen, die die angestammten Kollegen als „aufgedrängte Bereicherung" empfinden könnten. Die Zeit wird schneller kommen, als Sie denken, in der Sie mit anderen zusammen darangehen können, die Schule zu verändern. Aber dafür benötigen Sie persönliche Akzeptanz – und die gewinnen Sie nicht, indem Sie den Kollegen unaufgefordert mit Vorschlägen kommen. Anders ist es in der konkreten Zusammenarbeit in der Klasse oder in der Fachkonferenz; denn hier ist Teamarbeit gefragt, und ein Vorschlag von Ihnen wird aus dem Kontext heraus sicher schnell auf Zustimmung stoßen.

Tipp: Vermeiden Sie Formulierungen wie: „An meiner Ausbildungsschule gab es folgende Regelung" oder „im Seminar haben wir das so gemacht".

8.4 Werden Sie nicht zum „Ausputzer“!

In allen Institutionen gibt es immer wieder das Phänomen, dass die schwierigste, ungeliebte Arbeit den Neuen zugeschoben wird. Schulen sind da keine Ausnahme. Die ungeliebte Hauptschulklasse 7; die Gymnasialklasse 8 mit den aufmüpfigen Eltern; die Berufsvorbereitungsklasse mit den sozialen Problemfällen – wie durch Zufall landen sie immer bei den Neuen. Das gleiche gilt für unangenehme Arbeiten. Wer schreibt das Protokoll?“ Lass' das doch mal den Neuen machen!“ Wer übernimmt die Aufsicht für die Nachschreiber am Sonnabend? Der Neue! Wer fährt als Begleitung mit auf die Klassenreise? Die Neue!

Machen Sie sich für sich selbst stark

All diese Entscheidungen sind keine Automatismen, deswegen sollten Sie gut abwägen, was davon Sie mittragen – und wo Sie ein entschiedenes Nein setzen. Damit meine ich nicht ein Heischen nach Mitleid, ein Klagen über zu hohe Belastung, sondern eher ein humorig-klares: „Nun habe ich aber meinen Einstand durch Übernahme ungeliebter Aufgaben geleistet. Jetzt darf mal wieder jemand anderes ran!“ Gewöhnen Sie das Kollegium von Anfang an daran, dass Sie sich auch für sich selbst stark machen können. Denn zusätzliche Arbeiten an Schule haben immer die Neigung, dorthin zu gehen, wo der geringste Widerstand geleistet wird.

9 Die Kommunikation unter Kollegen – einige Grundlagen

9.1 Unterscheiden Sie in der zwischenmenschlichen Kommunikation zwischen Beobachtung, Beschreibung und Bewertung

Ebene 1: Beobachtung

Was ich sehe, höre, (rieche!) im Umgang mit meinen Kollegen, also meine Wahrnehmung mit meinen Sinnen – und die Wahrnehmung des Gegenübers sind als einzige Teile der zwischenmenschlichen Kommunikation zwischen uns überprüfbar.

Beispielsweise sagt der Kollege, aus der Klasse kommend, fröhlich strahlend: „Was für ein schöner Tag!“

Ebene 2: Beschreibung, Wirkung des Gesagten

Das Gesehene, Gehörte wirkt auf mich – es entsteht ein Eindruck bei mir. Beim obigen Beispiel bleibend, nehme ich den Kollegen als energetisch, voller guter Laune, vielleicht auch als mitteilungsfreudig wahr. Diese Ebene der Wirkung bleibt selektiv und subjektiv.

Ebene 3: Interpretation, Fantasien

Auf einer dritten Ebene entstehen so bei mir Interpretationen, Fantasien über meinen Gesprächspartner. Auch diese sind höchst subjektiv und haben nicht selten ausschließlich mit mir und meiner Geschichte zu tun. So könnte ein Kollege auf den oben geschilderten Kollegen mit der Interpretation reagieren: „Da kommt er ja wieder, dieser unerschütterliche Berufsoptimist!“ Eine andere könnte bemerken: „Na, wenn das mal nicht Pfeifen im dunklen Wald ist, so chaotisch, wie die Klasse des Kollegen ist!“ Und ein dritter Kollege könnte sich einfach freuen: „Wie schön, dass Kollege X so gute Laune hat. Das ist ja richtig ansteckend!“

In der alltäglichen Kommunikation unterscheiden wir nicht zwischen Beobachtung und Bewertung, sondern vermischen diese Ebenen bzw. setzen sie gleich – und bei Unsicherheiten, Gefahrenwitterung oder Bedrohung reagieren wir mit einem entwicklungsgeschichtlich sinnvoll gewesenen Reflex, sofort zu interpretieren – mit dem Leitimpuls: Liegt eine Bedrohung vor oder nicht? Und damit sind wir ganz häufig in *unserem* Film, was die Kommunikation nicht unbedingt erleichtert.

Das Problem: Unterscheiden zwischen Beobachtung, Beschreibung und Bewertung

9.2 Dialog als Selbst-Mitteilung (Ich-Botschaften), nicht als Kriegserklärung

Ein Beispiel soll das illustrieren. Gespräch nach der Lehrerkonferenz:

Kollege A: „Na, da haben Sie ja eben ordentlich auf den Putz gehauen! War das nötig?"

Kollege B: „Sie sind doch nicht mein Aufpasser!"

Kollege A: „Seien Sie doch nicht so empfindlich!"

Kollege B: „Na, Sie machen mir Spaß" usw.

Was hier deutlich wird, ist das Muster Angriff – Gegenangriff, übrigens verbreitet in Deutschlands Lehrerzimmern. Kennzeichnend für diese Kommunikation:

- die beiden richten ihre Aufmerksamkeit nicht auf sich und die Mitteilung ihrer Fragen und Gefühle, sondern
- sind stattdessen mit dem jeweiligen Gegenüber beschäftigt, schreiben diesem etwas zu, machen ihm Vorwürfe etc.

Das Ergebnis: Clinch, Verhärtung, Eskalation, Verletzung – und nicht selten Gesprächsabbruch.

Es geht nicht darum, dem anderen seine Wirklichkeit zu nehmen – sondern darum, die eigene Wirklichkeit möglichst klar und verständlich darzustellen. Das gibt dem Gegenüber die Möglichkeit, meine Position zu verstehen – und akzeptierend mit mir als Person umzugehen, auch wenn es vielleicht im Inhalt einen Dissens gibt.

Die Lösung: dialogisch kommunizieren, bei sich bleiben!

Im vorliegenden Fall:

Ich statt Du

Kollege A: „Darf ich Sie etwas fragen?"

Kollege B: „Natürlich!"

Kollege A: „Habe ich das richtig wahrgenommen, dass Sie eben sehr wütend waren? Ich habe nicht wirklich verstanden, warum. Können Sie mir das erklären?"

Kollege B: „Ja, ich war wirklich stinkesauer. Immer wieder sind die Lehrerkonferenzen schlecht geplant, es ist nicht klar, was wir jetzt tun sollen: Ideen erarbeiten, diskutieren, beschließen – alles geht munter durcheinander, und als jetzt eben auch noch auf der Konferenz begonnen wurde, spontan an einem Antragstext herumzuformulieren, da ist mir wirklich der Geduldsfaden gerissen. Was für eine Zeitverschwendung!"

Kollege A: „Ja, da haben Sie wirklich Recht, darüber hatte ich vorher noch nicht wirklich nachgedacht. Wissen Sie, ich merke, wie ich immer ganz besorgt bin, dass das Klima leidet, deswegen blende ich vermutlich manchmal Sachen aus."

Kollege B: „Das verstehe ich schon, es ist ja auch unangenehm, wenn so heftig Kritik geäußert wird, wie ich das eben getan habe. Aber ich habe den Punkt ja nicht zum ersten Mal angesprochen. Und es ärgert mich einfach, wenn sich trotzdem nichts ändert!"

Miller (MILLER: 99 Schritte zum professionellen Lehrer, S. 62) sagt dazu: „Wer bei sich bleibt, ermöglicht es dem anderen, zu sich zu kommen: ICHzen ist besser als DUzen."

9.3 Klar Kommunizieren

Es gibt umso weniger Missverständnisse, je eindeutiger die Absicht in der Kommunikation schon vom Sender beschrieben ist. Undeutlichkeit und Verschleierung führen beim Gegenüber nicht selten zu Ärger und Widerstand. Dabei sind verschleiernde oder unklare Äußerungen häufig gar nicht bewusst – sie gehören quasi zum Kommunikationsrepertoire von uns Menschen, ohne dass wir ihre schädlichen Wirkungen erkennen.

Verschleierung durch Verallgemeinerung

„Man sollte nicht immer alles psychologisieren" oder „Man könnte doch ..."

Oder „Es gehört sich nicht ..." sind häufig Wendungen, hinter denen eine Person mit klaren Positionen Deckung sucht – um nicht anzuecken. Sie meint: „Ich finde es nicht gut, wenn so viel psychologisiert wird hier in meiner Arbeitsgruppe" oder sie meint: „Ich habe einen Vorschlag" oder sie meint: „Ich ärgere mich über ..." – aber statt zu ihren Gefühlen, Absichten oder Vorschlägen zu stehen, flüchtet sie ins Allgemeine.

Der Gesprächspartner spürt – zumeist intuitiv – dass es einen Unterschied zwischen innerer Position und sprachlicher Äußerung gibt. Je unklarer und diffuser die Situation für ihn wird, desto unklarer wird auch er reagieren – und macht sich damit ebenfalls auf den Weg, die Kommunikation noch undurchsichtiger zu machen – oder aber er wird ärgerlich.

Eine spezielle Form: Ich statt Wir!

Dialoge beschreiben die Kommunikation zweier Ichs. Wenn Sie nun in einem Dialog das Wir bemühen, machen Sie nicht nur eine Aussage über sich, sondern auch gleich (meist unaufgefordert) über Ihren Gesprächspartner, der entweder das undeutliche Gefühl der Manipulation hat, oder sich nicht selten in seiner Autonomie beeinträchtigt fühlt.

Statt: „Wir müssen unbedingt miteinander reden." – „Ich möchte unbedingt mit dir darüber reden – geht das?" Statt „Wir schreiben heute eine Mathearbeit." – „Ich habe für heute eine Mathearbeit angesetzt."

Aussagen statt Fragen

Viele Menschen haben die Eigenart, Aussagen auf Beziehungsebene in Frageform zu kleiden – und damit Unklarheit zu verbreiten. Statt zuzugeben: „Ich merke, ich kann mich nicht mehr konzentrieren" fragt Axel: „Wie viele Dias hast du noch?" Schüler sagen nicht: „Ich habe Angst, dass die Arbeit zu schwer ist" – stattdessen fragen sie: „Herr Müller, wird die Arbeit schwer?"

Bei Unklarheiten: Metakommunikation

Bei schwierigen Gesprächen haben wir alle unterschiedliche Muster – wir machen Rückzieher (ist alles nicht so schlimm), wir werden wütend (mit dem will ich nicht mehr reden!) oder wir brechen den Gesprächskontakt ab. All diese Muster führen dazu, dass die Probleme vertagt, aber nicht gelöst werden.

Stattdessen auf die Ebene der Metakommunikation zu gehen, kostet zwar ein bisschen Mut und ist zunächst ungewohnt – aber außerordentlich produktiv:

„Ich merke, wie ich wütend werde. Wollen wir jetzt unterbrechen und morgen weiter reden?" (Stopp-Signal bei eigenen hochkochenden Emotionen).

„Bei mir steckt wirklich Herzblut in dem Thema, deswegen bin ich mit so viel Nachdruck dabei – mögen Sie noch weiter mit mir reden?" (Intervention bei einem sich zurückziehenden Partner).

„Ich habe das Gefühl, dass ich meine Position nicht wirklich klar machen kann. Können Sie nachvollziehen, was ich meine?" (Rückversicherung, Aufforderung zur gegenseitigen Absicherung des Verständnisses).

„Wissen Sie, ich bin manchmal sehr flott mit dem Mundwerk – und hinterher ärgere ich mich, weil ich es gar nicht so gemeint habe. Wenn ich Sie eben verletzt haben sollte, möchte ich mich entschuldigen!" (Wenn mir z.B. im Eifer des Gefechtes eine herabsetzende Äußerung rausgerutscht ist).

10 Ihr Umgang mit der Schulleitung – im Spannungsfeld der Abhängigkeit

Schulleiter an deutschen Schulen sind so unterschiedlich wie die Schulen selbst. In einigen Bundesländern gibt es mittlerweile elaborierte Auswahlverfahren und eine anspruchsvolle Ausbildung für diese verantwortungsvolle Tätigkeit. Die Mehrzahl der jetzt im Dienst stehenden Leitungskräfte ist allerdings noch vor dieser Umstellung ins Amt gekommen und hat keine offizielle Qualifizierung durchlaufen. Viele haben sich aber im Dienst fortgebildet, so dass Sie hoffentlich auf Ansprechpartner stoßen, für die die Einarbeitung und Integration neuer Lehrkräfte eine angenehme Aufgabe im Spektrum des Tätigkeitsfeldes Personalentwicklung ist. Wenn das so ist, dann wird die Schulleitung Ihnen einen Überblick über die geplanten Einarbeitungsschritte geben; vielleicht gibt es sogar einen Einarbeitungsplan. (Vgl. dazu Material 9 im Anhang, ein Beispiel für einen solchen Einarbeitungsplan) Sie können dann mit einer Reihe von Gesprächen mit der Schulleitung in den ersten beiden Jahren rechnen, in denen es um Ihre Einarbeitung, Ihre Rückmeldung zu Ihren Erlebnissen in den ersten Monaten in der Schule, Ihre Wünsche zum weiteren Einsatz und irgendwann auch um Ihre Beurteilung geht.

Es kann Ihnen aber auch passieren, dass Sie auf eine Leitungskraft stoßen, die ihre Schule so leitet wie eine Lehrerin ihre Klasse – weil sie sich nach wie vor als Lehrerin versteht und seit Aufnahme Ihrer Leitungstätigkeit keinen großen Kenntniszuwachs erlebt hat. In diesem Fall werden Sie an bestimmten Stellen aktiv werden müssen, um Ihre Interessen zu vertreten, da solche Schulleitungen davon ausgehen, dass die Integration Neuer automatisch erfolgt – wie in der Klasse, getragen vom Wohlwollen aller Beteiligten. Wenn das nicht immer klappt, sind sie verwundert, ja manchmal sogar verärgert, weil ihnen der vorausschauende systemische Blick fehlt und sie Pannen oder Missverständnisse tendenziell als persönliches Versagen interpretieren und das Fehlen von belastbaren Strukturen als eigentliche Ursache nicht erkennen.

10.1 Fragen zur Analyse der Leitungskultur

Leitungskultur

Wo Sie gelandet sind, werden Sie schnell wahrnehmen, wenn Sie versuchen, die folgenden Fragen für sich zu beantworten:

Wie erfolgt an Ihrer Schule die Informationsweitergabe? Gibt es dafür geregelte, vereinbarte Verfahren, die dafür sorgen, dass alle Kolleginnen gleichermaßen informiert werden? Oder ist es vom Zufall des ‚Zur-richtigen-Zeit-am-richtigen-Ort-Seins' abhängig, ob man an Ihrer Schule etwas mitbekommt?

Gibt es eine Vereinbarung zwischen Schulleitung und Kollegium, wer was entscheidet – im Sinne eines Organigramms mit Gremien und Kompetenzen – und im Sinne transparenten Leitungshandelns, wenn es um hierarchische Entscheidungen geht?

Oder fallen die Entscheidungen eher zufällig, mal durch die Schulleitung, mal durch die Konferenz, aber meistens gar nicht –macht also jeder, was er will?

Oder entscheidet Ihre Schulleitung alles – nach mehr oder weniger transparenten Kriterien?

Wie wird an Ihrer Schule mit Kritik umgegangen? Redet man direkt, deutlich und offen miteinander und ist die Schulleitung dafür ein Beispiel – oder führt die Angst vor Konflikten zu einem Agieren hinter den Kulissen und zu indirekter Kommunikation, zum permanenten Reden über nichtanwesende Dritte?

Gibt es an Ihrer Schule eine Kultur der empathischen Wahrnehmung des anderen, des offenen Umgangs mit Stärken und Schwächen, der aufmerksamen Anerkennung und Würdigung von Einsatz und Leistung? Oder leben die Kolleginnen ein eher beziehungsloses Miteinander in der Öffentlichkeit und holen sich den notwendigen Rückhalt und die notwendige Anerkennung, wenn überhaupt in der Schule, aus ihren Cliquen?

Wenn Sie sich diese Fragen in Bezug auf Ihre Schule beantworten, dann spielt in dem entstehenden Bild die Schulleitung eine entscheidende Rolle. Denn natürlich kann sie allein keine gute Schule machen, aber die Schaffung geeigneter, konstruktiver Kommunikations-, Kooperations- und Entscheidungsstrukturen liegt stark in ihrer Hand – und sie wirkt stilbildend in allen Fragen der Atmosphäre. Allerdings wäre es falsch, sie ausschließlich verantwortlich zu machen. Es gibt viele Beispiele aktiver, guter Schulleitungen, die an den verkrusteten Strukturen in Kollegien gescheitert sind.

10.2 Entscheiden Sie selbst, wie nah der Kontakt wird!

Für Sie als Berufseinsteiger kommt es darauf an, ein realistisches Bild Ihrer Schulleitung zu gewinnen, um dann zu entscheiden, wie sehr Sie sich auf eine Kooperation und Unterstützung verlassen können. Aus dem Weg gehen können Sie der Schulleitung nicht; denn Sie befinden sich in der Probezeit, und die Schulleitung wird irgendwann einen Bericht über Sie schreiben. Aber Sie können sich entscheiden, ob Sie offen und vorbehaltlos mit Ihrer Schulleitung agieren können – oder ob Sie besser einen rein taktischen Umgang pflegen. Zwischen diesen Extremen können alle Mischformen liegen: Vielleicht würde die Schulleitung Sie gerne unterstützen, Sie merken aber, dass sie zeitlich völlig überlastet ist und von daher nicht wirklich zur Verfügung steht. Oder aber Sie stellen fest, dass die Schulleitung prima organisiert, aber in punkto Unterricht kein geeigneter Gesprächspartner ist. Oder aber Sie werden wunderbar von der Schulleitung beraten im Hinblick auf alle möglichen pädagogischen Themen, aber zur Klärung von Konflikten sollten Sie sie möglichst nicht einschalten, weil sie diese fürchtet. Dies gilt insbesondere für kollegiale Auseinandersetzungen.

Tipp: Beobachten Sie Ihre Schulleitung genau und entscheiden Sie möglichst differenziert, wann Sie sie bezüglich welcher Fragen ansprechen oder einbeziehen.

10.3 Der Berufseinsteiger als geborener Innovator

Viele Schulleitungen freuen sich riesig, wenn endlich neue Kolleginnen kommen. Sie erhoffen sich von Ihnen den schon lange fälligen Innovationsschub für ihre Schule. Entsprechend entwickeln sie schon im Einstellungsgespräch Ideen, was Sie als Neuer anschieben könnten oder welche Zusatzaufgaben Sie übertragen bekommen könnten. Sie finden das sicherlich interessant, wenn Sie an Themen arbeiten können, die über den Unterricht hinausgehen – und häufig auch schmeichelhaft. Und nicht zuletzt ist es auch von der Arbeitsbelastung her interessant, wenn Sie Aufgaben gegen Anrechnungsstunden übernehmen sollen. Aber Vorsicht! Bevor Sie voreilig zusagen, sollten Sie einige Fragen stellen, damit Sie sich nicht selbst ins Aus manövrieren oder in eventuelle Fettnäpfchen treten. Folgende Fragen könnten sinnvoll sein:

- Ist die mir zugedachte Aufgabe schon von einem anderen Kollegen bearbeitet worden?
- Hat er dafür Anrechnungsstunden bekommen?
- Gibt es Ergebnisse seiner Arbeit?
- Weiß er, dass Sie erwägen, mir diese Aufgabe zu übertragen? Ist er damit einverstanden?
- Gibt es einen kollegialen Konsens über die anzupackende neue Aufgabe? Sind die schulischen Gremien informiert?
- Wer könnte von meiner neuen Arbeit tangiert sein, mit wem sollte ich mich absprechen?
- Wann erwarten Sie Ergebnisse?
- Welche Form sollten diese haben?
- Wie soll die Information des Kollegiums erfolgen?

Zwei Beispiele aus meiner Beratungspraxis sollen Ihnen die Brisanz dieses Arbeitsfeldes verdeutlichen.

Fall 1: Systemwechsel

An einem Gymnasium wurden die Fachvertreter bisher immer jährlich von der Fachkonferenz gewählt. Es gab keine genaue Aufgabenbeschreibung, aber die Tradition, dass die Fachvertreter zweimal im Jahr eine Fachkonferenz einberiefen, sie leiteten, das Protokoll schrieben und für die Einigung auf die Anschaffungen im Fach verantwortlich waren. An dieser Schule hatte nun der Schulleiter die Idee, einen Systemwechsel herbeizuführen. Er war mit der Arbeit der Fachvertreter unzufrieden, da es kaum fachliche Kooperation gab und die Ergebnisse seiner Schule in einem landesweiten Schulleistungstest extrem unterschiedliche Leistungsstände in Parallelklassen zeigten. Der Schulleiter sprach einen promovierten jungen Kollegen mit dem Fach Englisch im Einstellungsgespräch darauf an, ob er nicht Lust habe, Fachvertreter zu werden und gab ihm eine detaillierte Aufgabenbeschreibung. Der junge Kollege war begeistert, und der Schulleiter erklärte ihm, dass er damit eingesetzt sei. Der junge Kollege lud als Fachvertreter zur ersten Fachkonferenz ein. Auf der Tagesordnung, die er mit der Einladung vorschlug, waren mehrere Punkte enthalten, die er der Aufgabenbeschreibung entnommen hatte, die er vom Schulleiter erhalten hatte. Als die ersten Kolleginnen in den vorgesehenen Raum kamen, erlebte der junge Kollege offene Feindseligkeit. Man ließ ihn vollständig auflaufen. Dann überschütteten etliche Kollegen ihn mit verächtlichen Kommentaren wie „Totengräber der kollegialen Mitbestimmung" und „Papas Liebling" und verließen den Raum. Und nur weil einige Kollegen mit dem völlig verstörten jungen Kollegen Mitleid hatten und nur weil dieser unverzagt fragte und fragte, stellte sich nach und nach das ganze Ausmaß der Verstörung und Verärgerung heraus: Der noch amtierende Fachvertreter war vom Schulleiter nicht von seiner Funktion entbunden worden, er empfand die Einladung des jungen Kollegen als persönliche Niedertracht; die Kolleginnen insgesamt waren nicht informiert worden, dass der Schulleiter ab sofort die Fachvertreter persönlich einsetzte und nicht mehr wählen ließ, für sie war das Einladungsschreiben Ergebnis eines Putsches – und eine Aufgabenbeschreibung für den Fachvertreter hatte das gesamte Kollegium noch nicht gesehen; die in der Einladung abgedruckten Tagesordnungspunkte gingen weit über die alten Gepflogenheiten hinaus, z.B. indem dort von gegenseitigen Hospitationen und gemeinsamer Erstellung von Unterrichtseinheiten die Rede war, dies empfanden die meisten als anmaßend – und nicht wenige hatten Angst. Mit anderen Worten: Der Schulleiter hatte klammheimlich einen Systemwechsel beschlossen und weder den jungen Kollegen noch das restliche Kollegium darüber informiert. Das Ergebnis: ein Trümmerhaufen!

Fall 2: Unrealistische Ermutigung führt in die Irre

Eine Kollegin, neu an einer Grundschule, findet das Pausenangebot mickerig, geht zur Schulleiterin und fragt, ob sie die Initiative in Richtung „Aktive Pause" ergreifen könne. Die Schulleiterin stimmt begeistert zu – kein Wort der Beratung, kein Gedanke an mögliche Konsequenzen. Die Kollegin, ein Supertalent im Kontakten, wendet sich an Sponsoren, und binnen weniger Tage hat sie Spielgeräte im Wert von 2.000,– €. Wieder bei der Schulleiterin bittet sie um einen Raum, von dem aus sie die Geräte in der Pause ausgeben möchte. Die Schulleiterin reagiert verblüfft. Augenscheinlich hat sie gar nicht damit gerechnet, dass die Kollegin so schnell Erfolg hat. Sie schüttelt bedauernd den Kopf: Einen solchen Raum gäbe es an der ganzen Schule nicht. Und außerdem bräuchte man ja mehrere Kolleginnen zur Betreuung der aktiven Pause, und da sähe sie schwarz im Kollegium, so alt und belastet wie es sei. Die Kollegin verzagt noch immer nicht. Sie fragt, wie es denn wäre, wenn sie sich um einen Container für die Spiele-Ausgabe bemühe, ob die Schulleiterin die Erlaubnis erteile, dass ein solcher aufgestellt werden könnte. Und was die Mitarbeit bei der aktiven Pause anginge – sie selbst würde es übernehmen, die Kolleginnen anzusprechen. Die Schulleiterin, hoch erfreut, stimmt beidem zu. Die Kollegin organisiert tatsächlich einen ausrangierten Container bei einer Spedition. Sie teilt der Schulleiterin mit, dass er am nächsten Tag geliefert werde, zu einer Zeit, in der sie im Unterricht sei. Die Schulleiterin nimmt die Information ohne Regung an. Wie sich später herausstellt, bekommt sie in diesem Moment einen Riesenschreck, denn sie hat den Hausmeister nicht informiert, weil sie nicht davon ausging, dass die Kollegin es tatsächlich schafft, einen Container zu organisieren. Am nächsten Tag wird der Container angeliefert, der Hausmeister fällt aus allen Wolken; zutiefst in seiner Autorität gekränkt, schickt er den Fahrer mit dem Container wieder weg. Der Sponsor ist darüber so verärgert, dass er seine Spende zurückzieht. – Die Geschichte geht noch ein ganzes Stück weiter. Am Ende bittet die junge Kollegin bei der Schulaufsicht um eine Versetzung – das Vertrauensverhältnis zur Schulleitung ist irreparabel erschüttert.

Auch in diesem Fall geht es um Intransparenz der Informations- und Entscheidungswege bei einer Innovation – und um eine Schulleiterin, die absolut konfliktscheu ist und es mit niemandem verderben will.

Tipp: Wenn Sie Sonderaufgaben in der Schule angeboten bekommen oder selbst Ideen für Innovationen haben, sondieren Sie sorgfältig das Umfeld, holen Sie sich einen deutlichen Auftrag und sorgen Sie notfalls selbst dafür, dass alle möglicherweise Beteiligten informiert sind.

10.4 Meine Schulleitung ist im Stress – und sie will etwas von mir oder ich will etwas von ihr!

Besonders an großen Schulen ist es nicht gerade einfach, ein ungestörtes Gespräch mit der Schulleitung zu führen. Typischer sind eigentlich ‚Tür-und-Angel-Gespräche', Gespräche vor dem Vertretungsplan oder auf dem Flur – sozusagen Gespräche als Überfall. Das schafft schlechte Ausgangspositionen: In der Öffentlichkeit redet es sich anders als hinter verschlossener Tür, und die geschilderten Gesprächssituationen sind nicht selten von Hektik, Zeitdruck und äußeren Störungen geprägt. Gerade wenn die Schulleitung etwas von Ihnen will, ist das überaus schwierig – denn wie sollen Sie dem Druck entgehen, der auf diese Art und Weise entfaltet wird, dem Druck, schnell zuzustimmen, damit die Schulleitung dann neue Probleme lösen kann? Ich möchte Ihnen für diese Situation folgendes Vorgehen vorschlagen. Vielleicht haben Sie Glück und Ihr Schulleiter ist ein Gesprächsführungsprofi – dann werden Sie das daran merken, dass er selbst auf die meisten der unten aufgeführten Punkte achtet. Aber sollten Sie das Pech haben, eine Schulleitung zu erleben, die die Gesprächsführung nicht systematisch gelernt hat, dann ist es gut, wenn Sie selbst in die Verantwortung gehen und auf die folgenden Punkte achten:

Gesprächsführung

Vermeiden Sie Tür- und Angel-Gespräche! Wenn Sie etwas wollen, dann sollten Sie auch Zeit haben, Ihre Position zu entwickeln. Also: Verabreden Sie für Anliegen, die Sie selbst vortragen wollen, immer einen Termin! Wenn dies absolut nicht möglich ist, weil eine sofortige Entscheidung unabdingbar erscheint oder vor allen Dingen, weil die Schulleitung Sie in einer Tür-und-Angel-Situation anspricht und auf Ihre Intervention: „Können wir das kurz bei Ihnen im Zimmer weiter klären" mit großem Unwillen reagiert, dann wägen Sie blitzschnell ab, was Sie mehr Energie kostet: Jetzt Ja zu sagen – oder jetzt in die Auseinandersetzung zu gehen. Verhalten Sie sich entsprechend. Wenn Sie den Versuch unternehmen wollen, der Schulleitung eine Bitte abzuschlagen, dann ist strategisches Agieren unabdingbar. Je nachdem, worum es sich handelt, sollten Sie auf alle Fälle so argumentieren, dass weder der Eindruck des Drückebergers noch der des nicht belastbaren Kollegen entsteht. Bleiben Sie selbstbewusst und locker!

Tipp: Eine gute Möglichkeit wäre z.B.: „Ich danke Ihnen, dass Sie mir die Aufgabe zutrauen. Ich finde sie selbst auch reizvoll. Aber ich muss Ihnen ehrlich sagen, ich mache schon x,y und z neben der rein unterrichtlichen Verpflichtungen, und ich hätte große Sorgen, mich mit noch einer neuen Aufgabe zu verzetteln und dann die anderen Verantwortungen nicht mehr mit der nötigen Sorgfalt und Energie ausfüllen zu können. Deswegen möchte ich im Moment nichts Neues mehr übernehmen."

Und übrigens: Auch das Nein-Sagen ist deutlich sinnvoller unter vier Augen, beispielsweise im Zimmer der Schulleitung. Wenn Sie in der Öffentlichkeit in eine Auseinandersetzung gehen, dann spielt neben vielen anderen Faktoren der jeweiligen Situation immer auch das überaus wichtige Motiv der Schulleitung eine Rolle, ja nicht das Gesicht zu verlieren durch Nachgeben. Denn das könnte ja ein Präzedenzfall werden, dann könnten ja noch andere Kolleginnen oder Kollegen auf die Idee kommen, einmal Nein zu sagen.

Zeitbedarf und Thema des Gesprächs

Benennen Sie bei einem Gesprächswunsch den vermutlichen Zeitbedarf und das Thema und erfragen Sie beides auch, wenn die Schulleitung Sie sprechen möchte. Damit vermeiden Sie auf beiden Seiten Unsicherheit. Denn wenn ein Gespräch gefordert wird, ohne dass das Thema benannt wird, entstehen womöglich unproduktive Vermutungen. Da der Schulbetrieb außerdem von zeitlicher Hetze gekennzeichnet ist, hilft man allen Beteiligten, wenn man den Zeitbedarf für das Gespräch einzuschätzen versucht.

Vorbereitung

Bereiten Sie sich selbst auf das Gespräch inhaltlich vor, d.h. überlegen Sie Argumente und Begründungen im Vorhinein! Schulleitungen haben häufig bestimmte Routinen, mit denen sie auf Gesprächswünsche und Themen reagieren. Nicht alle dieser Reaktionsformen sind immer professionell. Manche versuchen auch, Themen zu tabuisieren, zu vermeiden etc. Besonders deswegen müssen Sie sich inhaltlich gut vorbereiten, damit Sie es schaffen, sich während des Gespräches auf die Form der Gesprächsführung zu konzentrieren, d.h. z.B. in verbindlicher Form auf dem Thema zu beharren, obwohl die Schulleitung dies vermeiden möchte etc. Das führt automatisch zum nächsten Punkt:

Gesprächsverlauf

Übernehmen Sie selbst Verantwortung für den Gesprächsverlauf! Nicht immer gelingt es Schulleitungen, wirklich souverän Gespräche zu leiten, auch sie sind nicht selten von Emotionen getrieben, unkonzentriert etc. Deswegen empfiehlt es sich, die Struktur des Gespräches zu Beginn zu benennen und gegebenenfalls selbst immer wieder darauf zurückzukommen, damit stringent geredet wird.

Zusammenfassung, Gesprächsnotiz

Fassen Sie das Ergebnis auf alle Fälle mündlich zusammen und schreiben Sie nach dem Gespräch eine kurze schriftliche Notiz. Diese Notiz dient Ihrer Selbstvergewisserung. Sie haben so viel zu beachten, dass Sie womöglich wichtige Einzelheiten vergessen oder sich bei einem Folgegespräch verunsichern lassen, weil Sie eine ganz andere Erinnerung an Ablauf und Ergebnis haben als Ihre Schulleitung. Wenn das Ergebnis für Sie selbst von hoher Bedeutung ist, dann sollten Sie Ihre Notiz auch der Schulleitung übergeben. Damit haben Sie dann eine Sicherheit der erreichten Position.

Noch ein Wort zum Nein-Sagen

Sie werden als Berufseinsteigerin mit der allgegenwärtigen Erwartung konfrontiert, sich zu engagieren, neue Aufgaben zu übernehmen und „Schwung in die Bude" zu bringen. Die Tatsache, dass Sie als Neuer mehr Zeit benötigen für Vorbereitungen, Korrekturen etc. ist Ihren Gesprächspartnern nicht automatisch gegenwärtig. Deswegen ist es zulässig und verantwortungsvoll, darauf hinzuweisen, wenn Ihnen die Arbeit über den Kopf wächst. Lassen Sie sich nicht gleich zu Anfang durch zu viele Zusatzaufgaben unter Druck setzen, sondern handeln Sie verantwortlich sich selbst gegenüber und signalisieren Sie rechtzeitig, wenn Ihre Belastungsgrenze erreicht ist. Wichtig ist dabei, dass Sie sich nicht klein machen, dass Sie nicht die Anforderungen der anderen als berechtigt akzeptieren und infolgedessen nur mit einem schlechten Gewissen Nein sagen können. Machen Sie sich stattdessen folgende Betrachtungsweise zu eigen: Zu Ihrer entstehenden Professionalität im Lehrerberuf gehört es auch, langfristig zuverlässig und belastbar zu sein. Dazu müssen Sie aber Ihre eigenen Grenzen erkennen und respektieren lernen, da es niemanden sonst gibt, der Ihnen sagt: Nun reicht es! Vielmehr werden Sie von außerhalb immerzu weitere Antreiber hören: „Geh' noch in Arbeitsgruppe So-und-so!" „Besuche die Eltern von A, B und C zu Hause, da sie nicht auf dem Elternabend waren!" „Bereite die nächste Lehrerkonferenz mit vor!" etc. – denn die Tätigkeit als Lehrer ist prinzipiell unabgegrenzt. Wenn Sie nicht in Ihrem ersten Berufsjahr lernen, Ihre persönlichen Belastungsgrenzen auszuloten und zu respektieren, droht später die Gefahr des burn-out – und damit dienen Sie niemandem!

10.5 Der Schulleiter als Berater und Beurteiler

Ihr Schulleiter wird Sie im Zusammenhang mit der Verbeamtung auf Lebenszeit bei Beamten beziehungsweise mit der Beendigung der Probezeit bei Angestellten hospitieren und beurteilen. Häufig kommt auch der Schulaufsichtsbeamte dazu.

Tipp: Wie das Verfahren genau abläuft, sollten Sie beim Schulleiter selbst erkunden. In vielen Bundesländern ist nämlich gerade eine Menge im Umbruch, neue Beurteilungsinstrumente werden eingeführt, die Rolle der Schulaufsicht ändert sich im Zuge der Einführung einer Schulinspektion. Fragen Sie deshalb genau nach.

Wie auch immer im Einzelnen das Verfahren ablaufen wird, mit Ihrem Schulleiter haben Sie in jedem Fall einen Menschen in einer Doppelrolle vor sich, einerseits den Vorgesetzten, der auch Ihr Beurteiler ist, und andererseits (hoffentlich!) den wohlwollenden fürsorglichen Gesprächspartner und Berater. Diese Doppelrolle kennen Sie, Sie selbst nehmen sie gegenüber Ihren Schülerinnen und Schülern ebenfalls ein. Und deswegen gilt an dieser Stelle das Gleiche, was auch im Kapitel 17 zur Leistungsbewertung steht: Es ist wichtig zu klären, in welcher Rolle Sie jeweils miteinander agieren. Wenn der Schulleiter mit dem Ziel einer Beurteilung in Ihren Unterricht kommt, wird ein anderes Spiel gespielt als wenn Sie ihn als Berater oder zum Kennen lernen in Ihren Unterricht einladen. Natürlich vereinigen sich beide Rollen in einer Person, und natürlich werden Eindrücke aus der jeweils einen in die jeweils andere Rolle ausstrahlen, das ist nicht ganz zu vermeiden. Aber bemühen um eine Klarheit sollten Sie sich schon beide. Nun ist das ja gut gesagt, aber was können Sie denn am Verhalten der Schulleitung ändern? Klären Sie selbst die Bedingungen, wenn die Schulleitung dies nicht tut! Im Falle eines Hospitationswunsches der Schulleitung heißt das konkret:

- fragen Sie, mit welchem Ziel die Schulleitung kommen möchte
- fragen Sie, ob irgendwelche schriftlichen Vorbereitungen erwünscht sind
- bitten Sie die Schulleitung, wenn es um eine Beurteilung geht, vorher um eine Veröffentlichung der Kriterien für guten Unterricht, nach denen sie die Hospitation bewerten will, und bitten Sie darum, die Nachbesprechung der Stunde auch entlang dieser Kriterien zu führen. Wenn Ihnen einzelne dieser Kriterien unklar oder sogar strittig erscheinen, so fragen Sie vorher nach und suchen Sie nach einer Klärung. Nach der Hospitation ist es zu spät dafür, da vermischen sich die konkreten Beobachtungen mit der Kriterienfrage.
- vereinbaren Sie, wenn es um eine Kennenlern-Hospitation geht, mit dem Schulleiter vorher Beobachtungsgesichtspunkte, d.h. nutzen Sie die Tatsache, dass die Schulleitung in Ihren Unterricht kommt, gleich zu einem Erkenntniszugewinn für Sie selbst. Bitten Sie ihn oder sie beispielsweise, einen bestimmten Schüler die Stunde über genauer zu beobachten und ein Profil seiner Aktivitäten zu liefern (wann macht er mit, wann nicht?), oder aber bitten Sie ihn, Ihre disziplinierenden Interventionen genauer zu beobachten – welche haben Erfolg, welche nicht? Etc. Wenn Sie solchermaßen im Vorwege Aspekte festlegen, profitieren Sie selbst sehr, und Sie sorgen gleichzeitig dafür, dass eine produktive Nachbesprechung erfolgen kann, die nicht zufällige Eindrücke assoziativ aneinander reiht.

Auch jenseits der Hospitation finden Sie in Ihrem Schulleiter häufig einen kompetenten Ratgeber. Scheuen Sie sich nicht, Ihre Fragen zu stellen. Sollten Sie das Pech haben, einen eher unnahbaren „Chef" zu haben, dann überprüfen Sie einmal, wie es mit dem Stellvertreter ist. Nicht selten finden sich in den Leitungsgruppen komplementäre Paarungen: Was man bei der einen Person vermisst, bekommt man vielleicht bei einer anderen aus der Leitungsgruppe.

11 Ordnung und Chaos – wie organisieren Sie Ihren schulischen Alltag?

Die Komplexität und Vielfalt der pädagogischen Arbeit macht es unabdingbar, dass Sie gleich zu Beginn Ihre Schultasche und Ihren häuslichen Schreibtisch optimal organisieren – sonst werden Sie schon bald viel zu viel Zeit mit Suchen und Wiederherstellen von Informationen verwenden.

Arbeitsorganisation ist ein höchst persönliches Thema, Arbeitsroutinen und Ordnungssysteme müssen zu Ihnen passen, damit Sie sie wirklich annehmen und pflegen, sonst lohnt sich der Aufwand der Einrichtung gar nicht erst. Deswegen lesen Sie die folgenden Vorschläge kritisch und überlegen Sie gut, was Sie davon umsetzen wollen. Wenn Ihnen allerdings Ideen einleuchten, dann sollten Sie sie zügig gleich zu Beginn des Schuljahres umsetzen – später werden Sie vermutlich keine Zeit mehr dafür haben.

11.1 Die Schulmappe

Stellen Sie eine Mappe her, in der alle wichtigen Informationen für den Alltag zusammengestellt sind: die Kollegiumsliste, Ihr persönlicher Stundenplan, bei größeren Schulen der Raumplan, die Öffnungszeiten der Schulbücherei, der Jahresterminplan der Schule und viele weitere strukturelle Informationen bezogen auf Ihre eigene Schule. Auf alle Fälle außerdem in Plastikhüllen jeweils mehrere Exemplare der von Ihnen verwendeten schulischen Formulare wie z.B. Benachrichtigungszettel für die Eltern bei nicht gemachten Hausaufgaben, bei unerlaubtem Fehlen etc. Immer, wenn Sie selbst aus Praktikabilitätsgründen ein neues Formular erstellen, gehören einige Ausfertigungen davon in die Schulmappe. Wenn Sie Klassenlehrer werden, sind darin noch zusätzlich mehrere Exemplare der Klassenliste, einmal als Adressliste, dann nur als reine Namensliste für diverse Zwecke wie Einsammeln von Klassenkassengeldern, Schulverein etc. Diese Schulmappe haben Sie immer dabei, sie liegt in Ihrer Schultasche und wandert nachmittags oder abends bei Ihren Vorbereitungen auf Ihren Schreibtisch.

11.2 Die Organisation der Unterrichtsmaterialien

Legen Sie für jedes Fach und jede Lerngruppe eine eigene Mappe an, beschriften Sie sie deutlich; besonders sinnvoll ist hier der Einsatz unterschiedlicher Farben, damit Sie die Mappe mit einem Griff aus Ihrer Schultasche ziehen können (z.B. rot: Mathe, blau: Bio, schwarz: Klassengeschäfte). In diese Mappen kommen ggf. Kurshefte, alle ausgeteilten kopierten Materialien in mindestens einem Exemplar, wenn Sie Fachlehrer sind auch die Entschuldigungen, Unterrichtsvorbereitungen und Notenübersichten bzw. Übersichten über gemachte oder nicht gemachte Hausaufgaben etc. Diese Unterrichtsmappen wandern in Ihre Schultasche, wenn Sie das jeweilige Fach unterrichten und liegen ansonsten auf Ihrem Schreibtisch.

Zu jeder dieser Unterrichtsmappen legen Sie Zuhause für jedes Fach und jede Lerngruppe einen Hängeordner an. Am Ende eines jeden Tages kommt alles aus der Unterrichtsmappe, das Sie nicht mehr benötigen, in loser Schüttung in die entsprechende Hängeregistratur. Achtung: Material für Schüler, die gefehlt haben, in der Unterrichtsmappe lassen! Mit dem gleichen Titel, den Sie Ihren jeweiligen Unterrichtsmappen gegeben haben, richten Sie auch einen Ordner in Ihrem PC ein. So haben Sie ein paralleles Ordnungssystem für gedrucktes und elektronisch gespeichertes Material.

Für jedes Fach und jeden Jahrgang richten Sie einen Aktenordner ein. Am Ende eines Halbjahres, spätestens am Ende eines Schuljahres, sortieren Sie den Inhalt der Hängeordner. Alles Material, von dem Sie den Eindruck haben, dass es über das Jahr hinaus Bestand hat, heften Sie so ab, dass Sie es wieder verwenden können. Wenn Sie Zeit haben, sind kurze Kommentare und gegebenenfalls Anmerkungen zu dem, was besonders gelungen war und warum, hilfreich; denn Sie glauben gar nicht, wie schnell Ihnen solche wichtigen Details aus dem Gedächtnis rutschen. Die gleiche Aufräumarbeit erledigen Sie am PC. Nicht geeignetes bzw. überzähliges Material werfen Sie weg. Die Übersicht über die Leistungsbewertungen heften Sie vorne mit ab (deutlich beschriften, welches Schuljahr, welche Lerngruppe, welches Fach) für evtl. Nachfragen.

11.3 Ordnung bringen ins außerunterrichtliche Tagesgeschäft

Es ist unglaublich, wie viel verschiedene schriftliche Vorgänge täglich zusätzlich zum eigentlichen Unterrichtsgeschäft in Ihrem Postfach landen – und wie viele solcher Vorgänge Sie nach der Bearbeitung Zuhause wieder zurück in die Schule tragen. Um hier die Übersicht zu behalten, empfiehlt sich ein Sammelordner mit Register, den es als Mappe, aber auch als Plastiktasche im DIN A 4 Format gibt. Dieses Register richten Sie für Ihre Zwecke ein, z.B. Lehrerkonferenz, Fachkonferenz, Verteilen, Abgeben, Kopieren etc. In die einzelnen Abteile kommen dann die am jeweiligen Tag zu bearbeitenden Vorgänge. Abends wandern die erledigten Papiere in Ihre Ablage, der Sammelordner wird für den kommenden Tag gefüllt. Wenn Sie Klassenlehrer und/oder Tutor sind, können Sie diesen Ordner auch mit Registerkarten für die Klassenlehrertätigkeit verwenden.

11.4 In der Schule oder zu Hause arbeiten – eine Grundsatzentscheidung

Arbeiten in der Schule

Die zeitliche Unabgegrenztheit der Lehrerarbeit führt dazu, dass immer mehr Kolleginnen und Kollegen versuchen, Ihre Arbeit in der Schule zu erledigen und erst dann nach Hause fahren, wenn sie wirklich fertig sind. Ein solches Vorgehen hat viele Vorteile: Wenn Sie länger nach Unterrichtsschluss in der Schule sind, ist die Chance groß, dass Ihnen der eine oder andere Kollege oder die Schulleitung über den Weg läuft und Sie mit geringem Aufwand Dinge regeln können, für die Sie sonst lange den betreffenden Menschen hinterher laufen müssen. Zum anderen sind Sie gedanklich noch gut bei der Sache und können Dinge fertig bearbeiten, ohne sich erneut hineindenken zu müssen – auch das spart Zeit. Vor allen Dingen entlastet es aber psychisch, wenn die Unterrichtsvorbereitungen einschließlich notwendiger organisatorischer Vorbereitungen wie Kopiertätigkeiten schon am Vortag erledigt werden; denn dann startet der neue Tag ohne Stress. Selbst Korrekturtätigkeiten werden in der Schule meist zügiger erledigt, weil es hier nicht jene willkommenen Ablenkungen gibt, die im häuslichen Umfeld immer wieder dazu verführen, den Schreibtisch zu verlassen. Die unabdingbare Voraussetzung für produktives Arbeiten in der Schule ist allerdings ein Arbeitsplatz, entweder mit schulischem PC oder mit einem Anschluss für ein Notebook. Was für ein schönes Gefühl, wenn an vielen Tagen die Schultasche in der Schule bleiben kann – und dann wirklich der arbeitsfreie Teil des Tages beginnt. Allerdings wäre es eine Illusion, davon auszugehen, dass dies immer gelingt. Schon das Volumen der Arbeit bedingt, dass sie nicht immer in der Schule erledigt werden kann; Wochenendarbeit ist meist für langfristigere Planungstätigkeiten oder umfangreichere Korrekturen notwendig. Und auch Telefonate mit bestimmten Eltern können erst abends erfolgen, wenn diese Zuhause sind. Aber wenn Sie es auch nur an zwei Tagen in der Woche schaffen, ohne Arbeit nach Hause zu gehen, haben Sie schon viel für Ihre Gesundheit und Ihre Lebensfreude gewonnen.

Arbeiten zu Hause

Das Gegenmodell heißt: Schule, dann eine deutliche Zäsur, in Form eines Erholungsschlafes, eines Spaziergangs, eines ausführlichen Mahles – und dann eine Arbeitsphase am häuslichen Schreibtisch. Diese Variante hat auch Vorteile: Man legt eine klare Distanz zwischen die Unterrichtszeit mit ihren spezifischen Belastungen und die anderen Tätigkeiten. Die Pause entspannt, man schöpft neue Kraft, kann mit neuem Mut an die Arbeit gehen und vielleicht auch effektiver arbeiten.

Welcher der beiden Wege für Sie der richtige ist, müssen Sie ausprobieren. Vielleicht sind Sie auch gar nicht frei in Ihrer Entscheidung, weil Sie kleinere Kinder haben, die Sie nach Unterrichtsschluss nach Hause eilen lassen. Oder aber Sie arbeiten an einer Ganztagsschule und haben ohnehin ausgedehnte Präsenzzeiten. Wenn Sie aber die Möglichkeit der Wahl haben, dann möchte ich Sie dazu ermutigen, einmal beide Strategien auszuprobieren.

11.5 Die Organisation Ihres Schreibtisches

Je vielfältiger die Vorgänge sind, die Sie bearbeiten müssen, umso sinnvoller sollte Ihr Arbeitsplatz organisiert sein, egal ob in der Schule oder Zuhause. Auch hier hängt allerdings ganz viel von Ihren persönlichen Vorlieben ab. Es nützt nichts, sich selbst eine Struktur zu verordnen, die man dann nicht einhält; denn das erhöht nur die Frustration. Dennoch gibt es allgemeine Ideen, die Sie einmal in der Eignung für sich selbst überprüfen könnten.

Das wäre zuerst einmal die Größe des Schreibtisches. Für Lehrer kann er nicht groß genug sein – er sollte ein paralleles Arbeiten am PC, an Unterrichtsvorbereitungen und Korrekturen ermöglichen, also am besten zwei Meter oder länger sein. Korrekturarbeiten werden sehr erleichtert, wenn Sie die Klassenarbeiten, aber auch eingesammelte Hefte und Mappen nebeneinander ausbreiten und damit schnell untereinander vergleichen können, ohne immer wieder die ganzen Stapel zu durchwühlen. Wenn Sie regelmäßig am PC arbeiten, brauchen Sie Platz für Drucker, Scanner, Tastatur und Maus – und zwar stets einsatzbereit, ohne jeweils viel umzubauen oder umzuschichten. Wie ärgerlich, wenn Sie immer viel Zeit mit akrobatischen Übungen beim Auswechseln der Druckerpatrone vergeuden, weil der Drucker so unzugänglich installiert ist! Und auch ein zur Ablage degenerierter Scanner lockt nicht gerade zum Einsatz. Die Positionierung des Telefons ist ebenfalls zu überlegen; wenn Sie immer aufspringen und laufen müssen, sobald es klingelt, kostet Sie das unnötig Zeit. Dazu kommt, dass dienstliche Telefonate meist mit dem Nachschlagen in Unterlagen und eventuellen Einträgen verbunden sind – Sie also ohnehin meist Ihre Papiere benötigen. Wenn immer Stift und Notizzettel neben Ihrem Telefon auf dem Schreibtisch bereitliegen, sparen Sie weiter Zeit.

Eine Hängeregistratur mit Mappen für jede Lerngruppe in Reichweite komplettiert Ihren Arbeitsplatz.

12 Das Schuljahr aktiv planen

Vorüberlegungen

Ihre Planung des Schuljahres wird sich deutlich unterscheiden, je nachdem, ob Sie Klassenlehrer oder Fachlehrerin sind.

In jedem Fall aber geht es bei der Planung darum, dass Sie für sich selbst möglichst früh einen Überblick über das Schuljahr gewinnen – und damit die Möglichkeit haben, die eigene Zeit, den eigenen Arbeitseinsatz zu beeinflussen und einzuteilen. Natürlich kostet auch das Erstellen einer Jahresplanung Zeit, aber der Aufwand ist gering im Verhältnis zu den Freiräumen, die Sie gewinnen und den bösen Überraschungen, die Sie vermeiden.

An manch einer Schule werden Sie leider eine Enttäuschung erleben, da es noch längst keine Selbstverständlichkeit an Schulen ist, im Voraus für ein Jahr zu planen. Wenn das auch für Ihre neue Schule zutrifft, so kommt eine zusätzliche Aufgabe auf Sie zu: Sie müssen Termine individuell erfragen bzw. auf deren Festlegung drängen.

12.1 Wie könnte Ihre Schuljahresplanung im Einzelnen aussehen?

Erster Schritt: Übersichtsplan über das Schuljahr

Wählen Sie als Planungsinstrument einen Schuljahres-Übersichtsplan, auf dem die Wochengliederung optisch gut erkennbar ist. Erstellen Sie, wenn Sie Klassenlehrerin sind, zwei Exemplare, eines für Sie, eines für die Klasse. Gewöhnen Sie in diesem Fall Ihre Schüler gleich an einen planerischen

Umgang mit dem Schuljahr, indem Sie den Plan (möglichst hoch kopiert) gut sichtbar in der Klasse aufhängen und sich häufiger darauf beziehen. Bestimmen Sie bei jüngeren Schülern das Amt des Planwächters: Jeder neue bekannt werdende Termin muss eingetragen werden. Fordern Sie die Fachlehrerinnen und Fachlehrer in Ihrer Klasse auf, ebenfalls besondere Vorhaben und Termine für Klassenarbeiten u.ä. dort eintragen zu lassen. Markieren Sie in diesem Plan die Ferien und die schulfreien Tage und tragen Sie dann folgende schulische Termine ein:

- Klassenreisenzeit (klären Sie, ob Sie reisen werden – als Klassenlehrer, als Begleitung – oder ob Sie in der Schule bleiben – auch dann wird sich vermutlich Ihr Arbeitseinsatz in dieser Zeit, durch wegfallenden Unterricht oder durch Vertretungsunterricht ändern)
- Projektzeiten
- Wandertage und so genannte Klassenlehrertage
- Betriebspraktika, Sozialpraktika
- Termine von Austauschreisen, von denen Sie, Ihre Klasse, Ihre Schülerinnen und Schüler im Unterricht betroffen sind
- Zentrale Prüfungen wie Abschlussprüfungen Jg. 10, Kammerprüfungen und Abitur mit den dazu gehörigen Befreiungsphasen vorher und Entlassungsterminen (durch beide werden Sie in Ihrer Unterrichtstätigkeit einerseits entlastet, andererseits aber häufig auch mit Beratungsterminen vorher und Vertretungsunterricht danach belastet)
- Termine der Zeugniskonferenzen bzw. der Eintragungsfristen für Zensuren
- Elternsprechtage
- Zentrale schulische Ereignisse, die Auswirkungen auf die Planung des Unterrichts haben: Weihnachtsfeiern, für die Sie etwas einstudieren müssen, Schulfeste, die Sie mit der Klasse vorbereiten müssen etc.

Zweiter Schritt: Stoffverteilungspläne für Ihre Fächer

Auf der Basis der unter Schritt 1 eingetragenen Rahmendaten lässt sich nun gut ablesen, wie viel Zeit Ihnen wirklich für den Unterricht bleibt – und wie sich diese Zeit strukturiert, wie viele zusammenhängende Unterrichtswochen es im Schuljahr gibt.

Diese „Unterrichtsblöcke" stellen die beste Grundlage für Ihren Stoffverteilungsplan dar. Für Sie und Ihre Schüler sind der Unterricht und die Erbringung der Leistungsnachweise erleichtert, wenn Sie nicht Inhalte zerreißen und nach Ferien mühsam wieder anknüpfen müssen – und wenn die Klassenarbeiten auch wirklich im Zusammenhang mit dem Unterricht geschrieben werden.

Grundlage Ihrer Stoffverteilungspläne sind die Rahmenpläne, evtl. existierende Schulcurricula und Ihre persönlichen Überlegungen. Verplanen Sie maximal 60–75 % der Zeit. Schließlich wollen Sie flexibel auf neue Fragen und Themen reagieren und auch den Schülern für eigene Wünsche und Mitgestaltung Freiraum lassen. Und außerdem wollen Sie sich doch nicht selbst unter Druck setzen! Der Plan soll ja gerade das Gegenteil bewirken: Sie aus dem Gefängnis eines von Hetze bestimmten Schulalltages befreien!

Legen Sie nun Ihre Klassenarbeitstermine fest. Bedenken Sie dabei folgende Gesichtspunkte:

- Verteilen Sie die Klassenarbeiten (und auch das Einsammeln von Heften und Mappen) für die Klasse und für sich selbst gleichmäßig über das Jahr
- Lassen Sie ausreichend Spielraum zwischen der letzten Arbeit im Halbjahr und dem Eintragungsschluss der Zensuren, damit Sie nicht in Korrekturhetze geraten
- Legen Sie Ihre Arbeiten nicht immer ans Ende einer Unterrichtseinheit; auch schon relativ früh kann es Gelegenheiten für abgegrenzte Fragestellungen geben! Sonst häufen sich die Korrekturen für Sie immer zu bestimmten Zeiten
- Legen Sie nicht so viele Arbeiten vor die Ferien – Sie werden noch genug in den Ferien für die Schule arbeiten und müssen sich nicht mit Korrekturen „zuschütten", die Sie womöglich während der ganzen unterrichtsfreien Zeit belasten. Arbeiten Sie lieber noch vor den Ferien einige Stapel ab und genießen dadurch Momente wirklicher Freiheit von schulischen Aufgaben
- Schaffen Sie sich auch einige Schulwochen ohne Korrekturen! Sicher ist es sinnvoll, die Korrekturen gleichmäßig zu verteilen – aber das Gefühl, ab und zu davon frei zu sein, ist auch nicht zu unterschätzen. Deswegen sollten Sie so planen, dass Sie in einigen Wochen einen Korrekturstapel mehr abarbeiten – und dafür dann ein, zwei Wochen Ruhe haben

Sollte es an Ihrer Schule einen zentralen Klausuren-/Klassenarbeitsplan geben, so werden Sie im Regelfall dessen Setzungen akzeptieren müssen. Sind allerdings die Vorgaben für Sie eine echte Belastung, dann zögern Sie nicht, das verantwortliche Mitglied der Schulleitung um eine Änderung zu bitten, für die Sie am besten den Vorschlag gleich mitliefern.

12.2 Wo liegen die Hauptbelastungszeiten im Schuljahr?

Wenn das Hauptziel Ihrer Terminplanung darin besteht, Stress und Zeitdruck zu vermeiden, dann ist es wichtig, sich ein Bild vom Verlauf eines Schuljahres zu machen und zusätzliche Vorhaben nicht in eine Zeit der besonders großen Belastung zu legen.

Zeiten mit hoher Belastung sind:

- für alle Schulformen und Altersgruppen: Die ersten zwei bis drei Wochen im neuen Schuljahr, in neu zusammengesetzten Klassen häufig die gesamte Phase zwischen den Sommer- und den Herbstferien; in dieser Zeit stehen eine Fülle organisatorischer Tätigkeiten an, zusätzliche Termine wie Elternabende; Klassen müssen neu zueinander finden; und Sie spielen in diesem Prozess eine große, häufig kräftezehrende Rolle, indem Sie Regeln und Rituale verankern – und auch die Unterrichtsvorbereitung kostet zu Schuljahresbeginn am meisten Zeit, da man neu planen und sich einarbeiten muss
- Für alle Klassenlehrer: Die unmittelbare Vorweihnachtszeit, also die zwei bis drei Wochen vor Beginn der Weihnachtsferien, da es hier vielfache Erwartungen und Zusatzaufgaben gibt im Zusammenhang mit schulischen Weihnachtsfeiern, in jüngeren Altersstufen auch mit Klassenaktivitäten aller Art (Backen, Basteln, Nachmittag mit Eltern etc.)

- Für alle: Der Januar wegen der Häufung der letzten Korrekturen, des Schreibens von Berichten und Kommentaren, der Vorbereitung und Durchführung von Zeugniskonferenzen, dem Schreiben von Zeugnissen, häufig auch noch der Elternsprechtage
- Für alle: Die letzten 3–4 Wochen vor Schuljahresschluss, wegen aller Arbeiten im Zusammenhang mit den Zeugnissen, zusätzliche Abschlussprüfungen, Schullaufbahnberatung, dem großen Aufräumen am Schuljahresende, Feiern aller Art – und nicht zuletzt, weil auch alle Schüler zunehmend ferienreif sind.

Daneben gibt es schulformspezifische Belastungszeiten wie beispielsweise die der Erstellung von Abituraufgaben im Herbst (in Fächern bzw. Bundesländern ohne Zentralabitur), der Abiturkorrekturen ab Mitte Februar; in beruflichen Schulen die spezifischen Belastungen im Blockunterricht und durch die Lage von Kammerprüfungen (die je nach Ausbildungsdauer zu unterschiedlichen Zeiten des Schuljahres liegen können); in Grundschulen z.B. die ausführlichen Beratungsgespräche zum Halbjahr in Jahrgang 4 wegen des Übergangs auf eine weiterführende Schule etc.

Kolleginnen, die selbst eine Familie haben, sollten nicht unterschätzen, dass sie selbst häufig eher erschöpft aus den Weihnachtsferien kommen – und Kolleg/innen in Schulen in sozialen Brennpunkten sollten nicht überrascht sein, nach den Ferien im Winterhalbjahr sehr erschöpfte und konfuse Schülerinnen und Schüler vorzufinden: Die Ferien in der kalten Jahreszeit sind für viele Kinder aus diesen Quartieren häufig Phasen von extensivem Fernsehen, In-der-Bude-Hocken, familiären Streitigkeiten und Unausgelastetheit.

Aufgrund dieser gesamten Vorüberlegungen entsteht vor dem inneren Auge eine „Belastungslandschaft", die es sinnvoll für die eigenen Planungen zu berücksichtigen gilt.

Tipp: Vielleicht ist an Ihrer Schule oder bei Ihnen persönlich alles ganz anders. Deswegen halten Sie ab und zu in Ihrem Kalender fest, welche Phasen des Schuljahres Sie als besonders belastend oder eher locker empfunden haben – als persönliche Planungsgrundlage für das nächste Jahr.

Persönliche Belastung

Möglicherweise sind Sie ja ein stark jahreszeitenempfänglicher Mensch, dem Belastung zu bestimmten Zeiten deutlich leichter fällt als zu anderen – oder aber es gibt andere Faktoren, die Ihre ganz persönliche Belastungslandschaft beeinflussen. Wichtig ist, dass Sie sich darüber Rechenschaft ablegen, um insgesamt so gut wie möglich eine Überlast zu vermeiden.

12.3 Planung der zusätzlichen Termine unter Berücksichtigung der „Belastungslandschaft"

Bedenken Sie bei Ihrer Planung auch Ihre privaten Termine von vornherein mit. So sollten Sie grundsätzlich einen einzigen dienstlichen und privaten Terminkalender haben, in dem auch Ihre persönlichen Daten (Geburtstage und andere Verabredungen und Vorhaben) notiert sind, damit Sie nicht unnötig in die Zwickmühle zwischen privaten und dienstlichen Verpflichtungen kommen. Gerade wenn Sie Kinder haben, ist eine solche Koordination wichtig, wenn auch nicht eben einfach, da auch die Kindergärten und Schulen Ihrer Kinder häufig sehr kurzfristig organisieren.

Überlegen Sie nun, was Sie im Schuljahr an besonderen Vorhaben planen.

Wollen Sie häufiger Ausflüge machen? Mit welchen inhaltlichen Vorhaben verbinden sich diese am besten? Wann tut es den Schülern besonders gut, einmal aus den Schulgebäuden herauszukommen? Wo liegen diese Ausflüge am günstigsten, so dass Sie selbst nicht mit Ihrer Stoffplanung in die Bredouille geraten? Und bedenken Sie: Viele attraktive Ziele müssen mehrere Monate vorher gebucht werden, das gilt nicht nur für Museumsbesuche!

Wann finden am besten Klassenkonferenzen statt, auf denen die Fachkolleginnen und -kollegen auch wirklich bereit sind, sich auf ein gründlicheres Gespräch einzulassen?

Soll es Klassenfeste, Fasching, Discos, Kneipen-, Kino- oder Theaterbesuche geben? Auch Ihre Schüler sind mehr und mehr verplant, es schadet also nicht, solche Fragen langfristig abzuklären – und dafür zu sorgen, dass Sie sich selbst nicht in einer Phase der Hochlast noch zusätzliche Nachmittags- und Abendtermine aufbürden.

12.4 Planen Sie nicht als Einzelkämpfer!

Jede Schuldisco macht mehr Spaß, wenn der sympathische neue Kollege zusammen mit mir die Aufsicht teilt. Und wie viel entspannter ist ein weihnachtliches Keksebacken in der Schulküche, wenn mir 3–4 Mütter und Väter dabei helfen, Katastrophen beim scheiternden Ausstechen ebenso wie verkohlte Plätzchen zu vermeiden und am Ende auch noch die Teigreste von den Backblechen kratzen!

Überlegen Sie deswegen von vornherein, wo überall Sie sich Unterstützung von wem holen können – und bitten Sie langfristig darum – dann werden Sie auch Erfolg haben.

12.5 Last – but not least – Zeit nehmen für einen Rückblick!

Häufig „sparen" wir an der falschen Stelle: Das bisschen Zeit, einmal systematisch auf eine vergangene Phase des Schuljahres oder aber das ganze Schuljahr zurückzublicken, nehmen wir uns nicht. Ferien – Schultasche in die Ecke pfeffern – alles vergessen – und mit Schulanfang neu in Zeitschlamassel geraten? Nein! Am letzten Schultag sollten Sie sich Zuhause eine gemütliche Situation schaffen – und dann Rückblick halten, aufschreiben, was Sie genervt hat, was Ihnen Zeit gestohlen hat – und welche Ideen Sie für eine Lösung haben. Diesen Zettel legen Sie zu Ihren Schulsachen. Dann haben Sie Ferien! Vor Schulbeginn nehmen Sie sich den Zettel wieder vor und überlegen, welche Änderungen Sie für den nächsten Abschnitt des

Schuljahres beziehungsweise für das nächste Schuljahr umzusetzen versuchen wollen.

13 Ihre ersten Stunden: Präsent sein von Anfang an!

Dieses Kapitel will Ihnen Tipps geben für die ersten Begegnungen mit Lerngruppen. Die Übernahme einer Klasse wird in einem getrennten Kapitel abgehandelt.

Wenn Sie als neue Lehrkraft in eine Klasse kommen, dann treffen Sie dort auf Profis in der Beurteilung von Lehrkräften. Denn Schülerinnen und Schüler haben klare, allerdings meist unausgesprochene Vorstellungen von dem, was passieren sollte, sie haben Erwartungen an Sie als Person – und sie scheuen sich nicht, schon schnell ein Urteil über Sie zu fällen. Mit anderen Worten: Es ist wichtig, die Erstbegegnung so produktiv wie möglich zu gestalten.

13.1 Sie stellen sich vor: Das bin ich, eure neue Lehrerkraft, als Person!

Damit die Schüler wirklich in Kontakt zu Ihnen treten, brauchen Sie eine Vorstellung, aus der mehr hervorblitzt als eine knappe Wiedergabe der Berufsbiographie. Schüler sind neugierig, Schüler sind bedürftig nach Beziehungsangeboten – egal, wie alt sie sind. Und Sie müssen sich entscheiden, was Sie über sich ganz persönlich erzählen wollen. Dabei ist eine wichtige Balance zu wahren: Zu wenig Selbstoffenbarung ermöglicht es den Schülern nicht, zu Ihnen in Kontakt zu treten – sie nehmen Sie dann nicht als lebendige Person, sondern als Vertreter des Faches und der Institution wahr; zu viel Privates oder die Auswahl von falschen Facetten berührt die Schüler peinlich und macht ein zu intimes Angebot, mit der möglichen Konsequenz, dass die Schüler Sie nicht ernst nehmen.

Was hat sich bewährt in der Vorstellung?

Vorstellung in der ersten Stunde

- Zunächst einmal ein Hinweis auf Ihre studierten Fächer, vielleicht verbunden mit der kleinen Vertiefung, was Sie an Ihren Fächern lieben;
- ein Hinweis darauf, dass Sie an der Schule neu sind und sich nun auf Ihren Start in den Lehrerberuf freuen; vielleicht verbunden mit dem Hinweis, dass Sie aber schon Unterrichtserfahrung erworben haben;
- ein paar Sätze zu Ihrer persönlichen Lebenssituation, wenn diese das zulässt; alle Schüler interessiert brennend, ob Sie verheiratet oder zusammenlebend sind, ob Sie Kinder haben – oder auch Haustiere;
- ein paar Sätze zu Hobbys (Achtung Falle: Bestimmte Hobbys wie Golf oder Segeln könnten in bestimmten Zusammenhängen als snobby ankommen; andere wie Briefmarkensammeln könnten dazu führen, dass Sie als „Langweiler“ eingeordnet werden).

Je nachdem, wie locker Sie persönlich mit Selbstoffenbarungen umgehen können, kommen natürlich selbstironische Kommentare, kommt Humor blendend an bei der Vorstellung, z.B. wählte ich mehrere Male folgende kleine Ergänzung meiner persönlichen Vorstellung: „Mein Vorname ist Maja, das möchte ich euch gleich erzählen, nun habt ihr alle die Gelegenheit, einmal das Lied von der *kleinen süßen* (betont gesprochen!) Biene Maja zu trällern – aber dass ich damit nicht gemeint bin, seht ihr ja wohl." (Dabei postierte ich mich noch einmal vor der Klasse, bei 1,78 m Körpergröße und einem nicht gerade zerbrechlichen Körperbau hatte ich immer die Lacher auf meiner Seite.)

13.2 Sie stellen sich pädagogisch vor: So bin ich als Pädagoge, das könnt ihr von mir erwarten!

Egal, wo Sie sich im Spektrum der pädagogischen Grundüberzeugungen einordnen – bei der Erstbegegnung mit einer neuen Klasse muss von Ihnen Tacheles geredet werden. Die Schülerinnen und Schüler müssen merken, dass Sie pädagogisch klare Vorstellungen haben, dass Sie als Pädagoge erkennbar sind. Das ist kein Widerspruch zu einem kooperativen Lehrerstil – im Gegenteil, es ist eine Voraussetzung dafür. Zunächst muss die Tatsache „Herr X beziehungsweise Frau Y ist Chef im Ring" von den Schülern erlebt werden, damit dann auf dieser Basis das Verhältnis im Einzelnen gestaltet werden kann, einschließlich der Freiräume und Mitbestimmung für die Schüler. Überlegen Sie von daher wenige Ansagen, die Ihnen ganz persönlich in der ersten Stunde wichtig sind für das Miteinander – und formulieren Sie diese Ansagen als Regeln, die Sie setzen, mit Hinweis darauf, dass in den nächsten Wochen weitere Regeln gemeinsam erarbeitet werden. Formulieren Sie nicht mehr als *drei* eigene Regeln – und wählen Sie nur solche aus, die Sie selbst auch bereit sind in den kommenden Stunden konsequent zu beachten. Denn sonst lernen die Schüler, dass Sie Dinge sagen, die Sie selbst nicht beachten oder nicht einhalten – eine ganz schlechte Lektion!

Regeln, die Sie als Ihre eigenen setzen könnten (natürlich sollten Sie sie altersgemäß sprachlich abwandeln):

- Ich möchte, dass ihr mit mir direkt redet, wenn ihr Kritik habt am Unterricht oder meinem Verhalten – und ich möchte, dass ihr damit nicht lange wartet, sondern es möglichst direkt nach der Stunde tut, in der euch etwas aufgefallen ist. Ich will das genau so tun!
- Ich möchte, dass ihr euch untereinander und auch mich freundlich ansprecht – so, wie auch ihr gerne angesprochen werden möchtet. Beschimpfungen, Lächerlich machen und Ähnliches werde ich in meinem Unterricht nicht dulden! Denn ihr könnt nur gut lernen, wenn die Atmosphäre im Unterricht auch so ist, dass man keine Sorgen haben muss, sich zu melden und etwas zu sagen.
- Es gibt bei mir unterschiedliche Formen von Unterricht: Ihr arbeitet einzeln oder zusammen an Arbeitsblättern, ihr erarbeitet etwas in Gruppen, einzelne Schüler oder ich halten euch einen Vortrag, wir führen ein gemeinsames Gespräch. In diesen Unterrichtsformen gelten unterschiedliche Regeln, die werden wir noch gemeinsam erarbeiten. Eine Regel setze ich aber schon jetzt: Wenn einer vor der ganzen Klasse redet, egal, ob Lehrer oder Schüler, egal ob beim Vortrag, beim Bericht oder im Gespräch – dann redet wirklich nur diese eine Person. Alle anderen hören zu und sind still.

- Wenn ich den Gong, die Triangel etc. schlage, hören alle sofort mit allem auf, was sie bisher getan haben, sind ruhig und schauen nach vorn.
- Zu Stundenbeginn legt ihr ohne Aufforderung alle Unterrichtsmaterialien, die ihr für mein Fach benötigt, auf den Tisch. Wenn ihr damit fertig seid, hebt ihr die Hand.

13.3 Sie lernen die Schülerinnen und Schüler kennen: Ich möchte mehr von euch wissen!

Wenn Sie eine Lerngruppe übernehmen, die selbst neu zusammengesetzt ist, so bietet das wunderbare Möglichkeiten, die Schüler sich selbst gegenseitig vorstellen zu lassen – und sie dabei gleichzeitig kennen zu lernen. Anregungen dafür finden Sie im Anhang als Material 10. Wenn Sie ein gutes Gedächtnis haben, können Sie gleich bei der ersten Begegnung punkten, indem Sie die Schüler auffordern, die Kennenlernkette zu spielen. Die geht so: Die erste Schülerin sagt ihren Namen und einen weiteren Satz über sich, nach Belieben. Ihre Nachbarin wiederholt die Aussagen ihrer Vorrednerin und ergänzt dann selbst. Also z.B.: „Das ist Ursula, sie mag Katzen. Und ich bin Angela, ich bin erst vor zwei Monaten nach Hamburg gezogen." Das geht so lange weiter, bis jemand sich nicht mehr erinnert. Sie selbst sind in privilegierter Position: Sie lernen die Namen und bekommen Informationen gleich mitgeliefert, Sie können sich auch spontan an unterschiedlichen Stellen in die Kette einreihen und durch eigenes Mitspielen wiederholen. Ihr Ziel sollte es sein, in diesem Spiel alle Namen zu lernen – und am Spielende auch sagen zu können: „Nun versuche ich es einmal ganz!" Wenn Sie das schaffen, haben Sie sehr viel erreicht: Jede Schülerin hat in der ersten Stunde ihren Namen von Ihnen ausgesprochen gehört, und die Schüler haben erfahren, dass Sie aufmerksam sind und ein gutes Gedächtnis haben – keine schlechte Ausgangslage.

Tipp: Wenn Sie eher ein visueller Typ sind, dann bringen Sie doch eine Kamera mit in den Unterricht und fotografieren Sie jeden einzelnen Schüler. Die Zeit dafür können Sie sich schaffen, indem Sie die Schüler mit einem Stillarbeitsauftrag beschäftigen.

13.4 Sie stellen sich als Fachlehrkraft vor: So sieht mein Unterricht aus!

Egal, ob Ihre erste Stunde nur 45 Minuten umfasst – oder ob Ihnen ein Tag in der neuen Lerngruppe zur Verfügung steht: Immer sollte Ihr Unterrichtsfach vorkommen, auf keinen Fall sollten Sie die gesamte erste Stunde dem Kennen lernen widmen. Die Schüler interessiert am Anfang, ob Sie Ihr eigenes Fach mögen, was Sie inhaltlich planen, wie Sie mit Hausaufgaben verfahren und wie Sie bewerten. Einen Eindruck von Ihnen als (Fach)lehrkraft erhalten die Schüler auch schon dadurch, dass Sie die erste Stunde klar strukturieren und diese Struktur an die Tafel schreiben, auf die Sie sich bei jedem Abschnitt beziehen. Wenn ein Punkt abgearbeitet ist, wird er an der Tafel abgehakt. Für die erste Stunde bieten sich folgende Aspekte an:

- Sie beschreiben knapp, um welche Themen und welche Lernaufgaben es für die Schüler im nächsten Halbjahr geht
- Sie informieren über Ihre Planung hinsichtlich der Klassenarbeiten
- Sie stellen besondere Lernleistungen vor, die Sie planen wie Referate, Mappen, Vorträge etc. und informieren, wann darüber genauer beraten wird
- Sie informieren, wie die mündliche Leistung bei Ihnen bewertet wird, was in welchen Anteilen dazu gehört
- Sie stellen Ihre Handhabung der Hausaufgaben vor

13.5 Der diagnostische Ansatz: Was möchtet ihr wie lernen? Welche Erfahrungen habt ihr gemacht?

Nicht selten haben die Schüler bestimmte Vorerfahrungen aus dem Unterricht der Vergangenheit, die in Ihren Unterricht hineinwirken, ohne dass Sie dies wissen. So hat z.B. Ihre Vorgängerin im Mathematikunterricht in Jg. 6 den Schülerinnen und Schülern die heimliche Botschaft übermittelt: „Mathe ist ein ganz, ganz schwieriges Fach. Ich kann als Lehrerin selbst den inhaltlichen Anforderungen kaum standhalten, und ihr schafft es erst recht nicht, ihr seid einfach zu dumm und zu faul." Die Schüler haben die heimliche Lektion gelernt, ihnen macht das Fach keinen Spaß, sie haben das Bild der Lehrerin übernommen und halten sich für unfähig, mathematische Aufgabenstellungen zu begreifen, geschweige denn zu lösen. Wenn Sie diese Vorgeschichte nicht erfragen, könnten Sie schnell verzweifeln; denn Sie selbst bieten den Schülern bedeutsame Aufgaben mit lebenspraktischem Bezug statt Papiermathematik, sie lassen die Schüler mit Lösungswegen experimentieren – und ernten trotzdem nur Ablehnung. Wenn Sie hingegen die Vorgeschichte kennen, so ist es möglich, einen neuen Anfang zu wagen, dann können Sie explizit über das reden, was die Schüler nur undeutlich fühlen: Bei Ihnen muss man keine Angst haben, es gibt nicht nur eine Lösung, man darf Fehler machen, die Fragestellungen kommen aus der Praxis.

Bei dem diagnostischen Einstieg geht es aber nicht nur um die Erfahrungen mit dem Fach in der Vergangenheit – es geht auch um eine Erhebung des Lernstandes. Sie können nicht automatisch den Kenntnisstand, der laut Rahmenplänen vorhanden sein müsste, voraussetzen. Das würde zu unnötigen Frustrationen führen – durch Unter- oder Überforderung. Von daher macht es Sinn, den Kenntnisstand der Schüler zu erheben – durch mündliches Abfragen, durch einen nicht bewerteten Test mit ausschließlich diagnostischer Ausrichtung, in dem Sie den Lernstoff des vergangenen Jahres erfragen oder auch durch einen Selbsteinschätzungsbogen, evtl. in Kombination mit anderen Verfahren. Wenn Sie dann feststellen, dass die Schüler auf dem vermuteten Stand sind – umso besser! Wenn Sie einen erheblichen Rückstand feststellen, dann sollten Sie darüber bei Gelegenheit mit Ihrem Schulleiter reden; denn wenn Sie das nicht tun, könnte der Kenntnisstand, der am Ende des von Ihnen begonnenen Schuljahres erreicht wird, ebenfalls unter den Standards bleiben, aber dies würde als Ihr Versäumnis interpretiert. Ein solches Vorgehen ist besonders wichtig, wenn in Ihrer Klasse, an Ihrer Schule oder in Ihrem Jahrgang Vergleichsarbeiten geschrieben werden. Nur nach Absprache mit Ihrer Schulleitung macht es in bestimmten Fällen auch Sinn, die Eltern über den Rückstand am Schuljahresbeginn zu informieren, um dann gemeinsam zu beraten, wie er behoben werden kann.

Tipp: Agieren Sie in diesem komplizierten Feld auf keinen Fall unabgesprochen, sondern stimmen Sie bei erkennbaren fachlichen Defiziten alle Schritte mit der Schulleitung ab. Denn schließlich hat sie den Unterrichtseinsatz der Vergangenheit zu verantworten und muss auch ggf. Schritte im Hinblick auf Ihren Vorgänger unternehmen. Setzen Sie sich nicht in die Nesseln! Sonst entsteht leicht der Eindruck des unkollegialen Denunziantentums, da in vielen Kollegien das offene Gespräch über Leistungsunterschiede unter Kollegen noch nicht üblich ist.

Ihr diagnostisches Interesse sollte sich aber noch auf einen dritten Bereich richten: Die Methodenkenntnisse der Schüler und ihre Vorstellungen von gelungenem Unterricht. Wenn Sie eine gut, aber straff frontal unterrichtete Klasse übernehmen, so können Sie nicht erwarten, dass die Klasse produktiv in Kleingruppen arbeitet. Dann müssen Sie diese Methode erst systematisch mit den Schülern erarbeiten. Wenn umgekehrt ein Vorgänger die Schüler ständig allein arbeiten ließ, ohne die Ergebnisse sinnvoll in die Klasse zurückzukoppeln oder zu würdigen, dann ist selbständiges Arbeiten unter diesen Schülern massiv in Verruf. Also ist es wichtig, die Erfahrungen der Schüler mit der Gestaltung des Unterrichts und ihre entsprechenden Wünsche am Anfang zu erheben – und dann daraus Konsequenzen zu ziehen, allein oder in Form von Verabredungen mit den Schülern. Im Anhang finden Sie Material 11 dazu.

13.6 Wie können Sie die dargestellten fünf Aspekte sinnvoll in die ersten Stunden integrieren?

Unterricht ist das Kerngeschäft der Schule, und für Schüler an vielen Schulen ist Unterricht nur Fachunterricht. Wenn Sie also zu viel Zeit mit Präliminarien aller Art verbringen, könnten die Schüler den Eindruck haben, dass es Ihnen mit dem Unterricht nicht so ernst ist. Das wäre ein falsches Signal. Von daher möchte ich Ihnen folgenden Vorschlag machen:

In der ersten Stunde stellen Sie sich persönlich und als Pädagoge vor (Punkt 13.1 und 13.2). Dafür brauchen Sie maximal zehn Minuten. Dann lernen Sie die Schüler mit der Kennenlernkette kennen. Durch den ergänzenden Satz ist das Spiel auch bei Klassen, die sich untereinander kennen, noch interessant. Sie können im Fall der sich bereits kennenden Schüler das Interesse noch verstärken, indem Sie den Arbeitsauftrag so formulieren: „Nenne deinen Namen und gib' uns eine Information über dich, von der du vermutest, dass die meisten sie noch nicht kennen." Für dieses Spiel benötigen Sie ca. 15–20 Minuten bei mehreren Wiederholungen; Sie selbst sollten auf ein zügiges Tempo drängen, damit es nicht langweilig wird.

Einstieg in den Unterricht

Den Rest der Zeit verwenden Sie auf einen Einstieg in den Unterricht (Unterpunkt 13.4), am besten mit dem Abschluss einer kleinen Hausaufgabe.

In der nächsten Stunde können Sie dann in 20 Minuten Unterrichtsgespräch oder alternativ Kleingruppenarbeit oder alternativ mit Hilfe eines Fragebogens die Vorerfahrungen und Wünsche der Schüler zur Gestaltung des Unterrichts erheben. Den Rest der Stunde stellt wieder Fachunterricht dar.

In der dritten Stunde steht dann die Diagnose des Lernstands und Methodenwissens im Mittelpunkt. Wichtig ist hierbei, den Schülern vorher deutlich zu erklären, dass es bei dem Test nicht um Leistungsbeurteilung, sondern um Lernstandserhebung geht. Es ist sehr hilfreich, wenn die Schüler diesen Unterschied gleich zu Beginn verstehen.

13.7 Was ist besonders bei der Übernahme von Unterricht in einer laufenden Lerngruppe zu beachten?

Wenn Sie im laufenden Schuljahr eingestellt werden, bekommen Sie häufig Lerngruppen, in denen Kolleginnen oder Kollegen kurzfristig ausgefallen sind. In diesen Fällen sind Schüler und Eltern besonders aufmerksam und nicht selten auch verunsichert. Hier müssen Sie der Übergabe, beziehungsweise dem Übergang besondere Aufmerksamkeit widmen. Aber auch bei allen anderen laufenden Kursen oder Klassen, in denen Sie einen Vorgänger ablösen, macht es Sinn, auf die folgenden Punkte zu achten:

- Sorgfältiges Erfragen der bisherigen Praxis bei Lehrern und Schülern
  Führen Sie ein Gespräch mit den Schülern darüber, was gut war im Unterricht Ihres Vorgängers und warum, welche Verabredungen es zwischen Lehrer und Schülern gab. Eine gute methodische Alternative ist es, den Schülern einige Fragen zu stellen, sie in Tandems oder Vierergruppen arbeiten und dann die Ergebnisse präsentieren zu lassen. Damit bekommen Sie gleich zu Anfang schon einen Einblick in den Stand der Arbeitstechniken (und erschließen den Erwartungshorizont der Schüler!) Schließlich können Sie auch einen Fragebogen zu gutem Unterricht und gutem Lehrerverhalten einsetzen, vgl. dazu Material 11.
- Sprechen Sie das Thema des Wechsels und des Vergleichs mit dem Vorgänger offen an!
  Bei Lehrerwechsel spielen immer Gefühle mit, Ängste, Trauer, Ärger etc. Wenn Sie das Thema offen ansprechen, besteht eine gute Chance, dass diese Gefühle nicht automatisch gegen Sie gerichtet werden. Sie könnten beispielsweise sagen: „Ein Lehrerwechsel ist immer ein bisschen anstrengend. Gerade habt ihr euch auf jemanden eingestellt – und nun kommt schon wieder jemand Neues. Und sicher gibt es unter euch etliche, die Herrn/Frau… sehr, sehr gern gemocht haben und nun besonders traurig sind, dass er/sie jetzt weg ist. Das verstehe ich! Ich bin neugierig auf euch und freue mich auf unsere gemeinsame Zeit – und mir ist klar, dass ihr in

der ersten Zeit häufiger mal vergleichen werdet – wie hat Herr/Frau X das gemacht – und wie macht das jetzt Herr/Frau Y. Das finde ich normal. Was ich euch nur sagen möchte: Ich bin Herr/Frau Y..., und es nicht mein Ziel, Herr/Frau X zu werden. D.h. ihr müsst euch schon irgendwann an mich gewöhnen!"

- Wählen Sie im Lehrerverhalten eine Mischung zwischen deutlicher Positionierung (Ich bin Chef!) und klaren Angeboten der Zusammenarbeit (Ihr seid mir wichtig!) D.h. überspannen Sie am Anfang weder den Bogen autoritär noch fahren Sie eine Linie, die den Kontakt nicht herstellt (und die Sie auch nicht wirklich durchhalten können und wollen). Aber treten Sie gleichzeitig auch nicht zu freundlich auf und erwecken damit womöglich den Eindruck, leicht lenkbar zu sein. Stattdessen sollten Sie Freundlichkeit und Sachlichkeit zugleich signalisieren und flexibel die Zusammenarbeit anbieten.
- Vereinbaren Sie eine Probezeit für bestimmte Regeln
  Sie zeigen damit, dass Sie Regeln für wichtig erachten, deswegen einige gleich zu Beginn setzen – aber auch in geregelten Bahnen mit sich reden lassen, d.h. Sie sind bereit, nach einer verabredeten Zeit auf Ihre Setzungen zu schauen.

Klärungsbedarf im Einzelnen

- Wie gehe ich mit Fehlstunden oder Verspätungen um? Wie geht man an der Schule mit Fehlstunden oder Verspätungen um? Wie geht die Klassenlehrkraft mit Fehlstunden oder Verspätungen um?
- Welche Gesprächsregeln gelten in der Klasse? Welche Gesprächsregeln will ich einführen oder verstärken?
- Wie wird in der Klasse mit Hausaufgaben umgegangen? Wie will ich mit Hausaufgaben umgehen? Ist es sinnvoll, Absprachen mit Klassenkolleginnen zu treffen?
- Wie will ich als Fachlehrer mit den Eltern umgehen? Gibt es einen Infobrief von der Klassenlehrkraft an die Eltern? Was will ich über Bewertung in meinem Fach und über meine Erreichbarkeit sagen?
- Welche Regeln gelten in dieser Klasse? (Gibt es heimliche Regeln?)
- Welche Methoden und Lerntechniken beherrscht die Klasse oder sind ihr bekannt? (Gruppenarbeit, Referate, Exzerpieren, Mindmaperstellung, Stationenlernen ...)
- Welche Regeln gibt es im Umgang mit Disziplinproblemen? Passen sie zu mir? Mit wem muss ich mich abstimmen?
- Welches Material sollen die Schüler für meinen Unterricht haben (Hefter, Hefte, Stifte, Zirkel ...)?
- Was sage ich über meine Bewertungskriterien – für mündliche Mitarbeit?
- Welche Arten von Tests und Klassenarbeiten gibt es bei mir?
- Wie gehe ich mit Berichtigungen von Klassenarbeiten um?
- Werden in meiner Klasse Vergleichsarbeiten geschrieben? Gibt es Abschlussprüfungen? Was muss ich dazu mit den Schülern (und evtl. Eltern) klären – bzw. worüber muss ich informieren?

Diese Aspekte finden Sie auch als Material 12 im Anhang.

14 Erfolgreich Gespräche führen – ein neues Kerngeschäft

14.1 Ein Blick in die gegenwärtig vorherrschende Praxis

Gespräche gehören zum Alltag des Lehrerberufs – eine Binsenwahrheit! Gleichzeitig ist es erschütternd, wie wenig Aufmerksamkeit diesem zentralen Instrument häufig gewidmet wird, wenn es um die eigene Aus- und Weiterbildung geht. Augenscheinlich herrscht die Einschätzung vor: Gespräche führen kann jeder!

Praxisbeispiel

Wozu das führt, möchte ich Ihnen kurz an einem Beispiel aus der Praxis demonstrieren. Klasse 5 der Hauptschule, es gibt viele Schüler, die sich nicht konzentrieren können. Lehrerin Schwarzkopf lädt das erste Elternteil ein. „Ich möchte heute mit Ihnen über Erwin reden. Er benimmt sich in der Klasse häufig unmöglich, und ich würde …" Weiter kommt Frau Schwarzkopf nicht, sie hatte noch sagen wollen: „… gerne von Ihnen hören, wie sich Erwin zu Hause benimmt und mit Ihnen beraten, was wir tun können." Stattdessen poltert Erwins Vater los: „Das habe ich mir ja gleich gedacht, dass Erwin hier bei Ihnen keine Chance kriegt, dass Sie ihn nicht mögen und schlecht machen, ich hab' das schon zu meiner Frau gesagt, die Grundschule liegt doch gleich nebenan, und Frau Unruh (die Klassenlehrerin in der Grundschule) konnte ihn ja überhaupt nicht ab, und das ist ja ganz klar, dass sie Ihnen das alles brühwarm erzählt hat, und nun soll das so weitergehen, aber das sage ich Ihnen, nicht mit mir, mein Junge ist in Ordnung …" Frau Schwarzkopf fühlt sich ungerecht behandelt, sie versucht zunächst noch konstruktiv zu bleiben – aber sie hat keine Chance. Erwins Vater poltert weiter, und allmählich wächst auch die Wut bei Frau Schwarzkopf. Sie bricht das Gespräch ab.

Analyse

Hier hat es gleich zu Anfang zwei wichtige Fehler gegeben, die immer wieder eine Falle darstellen – und danach ist das Gespräch nicht mehr zu retten.

Fehler 1: Es hat keine vertrauensbildenden Maßnahmen zu Beginn gegeben. Aber Erwin und seine Eltern sind neu an der Schule, sie kennen Frau Schwarzkopf noch nicht wirklich – und Frau Schwarzkopf hat keine Ahnung über den Hintergrund der Familie, etwaige Vorgeschichten und Empfindlichkeiten.

Lösung: Bei jedem Erstgespräch im pädagogischen Kontext sollten die Gesprächsteilnehmer zunächst miteinander warm werden, ein Minimum von Informationen übereinander austauschen und so das Setting ausloten – denn abhängig von dem, was Sie als Lehrkraft in dieser Anfangsphase erfahren, werden Sie auch die Tiefe und Ausrichtung des Gesprächs unterschiedlich gestalten müssen. Im vorliegenden Beispiel hätte das so aussehen können: Eröffnung durch Frau Schwarzkopf: „Herzlichen Dank, liebe Frau …, lieber Herr …, dass Sie gekommen sind. Wir reden ja heute das erste Mal persönlich miteinander. Deswegen möchte ich Ihnen vorweg kurz sagen, wie ich Gespräche normalerweise führe. Erst einmal legen Sie mit mir gemeinsam fest, worüber wir reden wollen, dann versuche ich genau zu beschreiben, was mir aufgefallen ist – und möchte gerne von Ihnen hören, was Sie beobachtet haben. Und dann schauen wir mal, ob wir uns einig sind oder ob es unterschiedliche Meinungen gibt – und wir klären am Ende, ob wir zu Verabredungen kommen können. Sind Sie mit einem solchen Ablauf einverstanden?"

Hier müssen Sie Ihrem Gegenüber wirklich einen Moment Zeit geben für die Antwort! Dann klären Sie ggf. noch bestehende Fragen zum Verfahren – und bevor es dann wirklich losgeht, ist noch ein weiterer Satz zentral: „Eins möchte ich noch vorher sagen, das ist mir ganz wichtig. Ich brauche Ihre Unterstützung, und nötig ist auch, dass Sie mich Ihre Meinung wissen lassen. Wir können nur etwas für Erwin erreichen, wenn wir vertrauensvoll zusammenarbeiten. Darum bitte ich Sie!"

Fehler 2: Frau Schwarzkopf hat mit der Anfangsformulierung „Erwin benimmt sich unmöglich" das Gespräch beendet, bevor es überhaupt angefangen hat. Hier liegt die Ursache für das sofortige Ausrasten von Erwins Vater. Und auch wenn Frau Schwarzkopf inhaltlich vermutlich vollkommen Recht hat: Hier hat sie sich nicht wie ein Gesprächsführungsprofi verhalten. Nehmen wir einmal für einen Moment die Perspektive von Erwins Vater ein: Augenscheinlich gab es große Probleme in der Grundschule, die er als ungerechte Behandlung durch eine Grundschullehrerein, die seinen Sohn nicht mochte, verbucht hat (übrigens ein häufig anzutreffender Übertragungsmechanismus). Nun ist sein Sohn endlich an der neuen Schule, er hat große Hoffung auf eine grundlegende Verbesserung der Situation seines Sohnes durch den Schulwechsel, aber vielleicht auch insgeheim Befürchtungen, ist auf alle Fälle nervös und innerlich unsicher – und bekommt in der Erstbegegnung mit der neuen Lehrkraft quasi im ersten Satz die Bewertung „unmöglich" als Beschreibung seines Sohnes um die Ohren gehauen. Vielleicht verstehen Sie jetzt besser, wieso er sofort ausrastete: Enttäuschung und Verunsicherung mischen sich mit Wut über die Bewertung zu einem explosiven Mix.

Lösung: Gerade wenn Sie Eltern kennen lernen, sollten Sie bei Problemgesprächen über Kinder versuchen, Bewertungen so gut wie möglich zu vermeiden. Bewertungen kommen als Urteile beim Gegenüber an und lösen sofort Verteidigungsreflexe aus wie am Beispiel von Erwins Vater geschildert – oder aber, bei resignierten und depressiven Eltern völlige Hoffnungslosigkeit nach dem Motto: „Ach, ist es schon wieder so weit? Ja, sie haben Recht, mein Sohn ist unmöglich!" Beide Haltungen helfen weder Ihnen noch den Kindern. Deswegen sollten Sie sehr darauf bedacht sein, bei Problemen ausschließlich auf der Beschreibungsebene zu verbleiben, d.h. den Eltern möglichst genau schildern, was sie beobachtet haben – ohne Bewertungen – und sie danach fragen, ob sie ähnliche Verhaltensweisen und Situationen von zu Hause kennen oder in der Vergangenheit erlebt haben, ob sie Erklärungen dafür haben etc. Konkret zum Beispiel zurück: Frau Schwarzkopf hätte nach der oben beschriebenen Eröffnung sagen können: „Mir sind einige Situationen mit Erwin nicht aus dem Kopf gegangen. Ich würde Ihnen die gerne erzählen und Ihre Meinung dazu einholen. Einverstanden? Okay! Also z.B. heute, erste Stunde. Ich habe mit der Klasse eine Vereinbarung, dass zu Beginn des Tages alle Schüler selbständig ihre Schulsachen auf den Tisch legen, ihre Schultasche an den Haken am Tisch hängen, sich dann hinsetzen und zum Zeichen, dass sie parat sind, die rechte

Hand heben. Erwin hat heute auch angefangen, seine Sachen aus der Tasche zu holen. Aber dann hat er das unterbrochen und ist zu anderen Kindern gegangen und hat versucht, die in ein Gespräch zu verwickeln, kam nur nach mehreren Aufforderungen von mir an seinen Tisch zurück und brauchte dann sehr, sehr lange, bis die letzten Sachen auf dem Tisch lagen. Alle anderen Kinder in der Klasse saßen schon und hatten ihre Hände oben, da suchte Erwin immer noch in seiner Tasche. Kennen Sie solche Verhaltensweisen von Erwin auch zu Hause?“

14.2 Gespräche nie unvorbereitet führen!

Wenn Sie sich das eben geschilderte Beispiel vergegenwärtigen, dann werden Sie sofort erkennen, dass Frau Schwarzkopf das Gespräch mit Erwins Eltern hätte vorbereiten müssen. Wenn es beim Gespräch darauf ankommt, eben nicht pauschale Beschuldigungen von sich zu geben, sondern möglichst präzise zu beschreiben, was Ihnen aufgefallen ist, dann brauchen Sie Zeit, um Ihre Beobachtungen zu sortieren – und häufig ist es gut, an den Tagen vor einem verabredeten Elterngespräch den betreffenden Schüler etwas genauer im Blick zu haben, um aktuelle Eindrücke schildern zu können.

Aber genauso wichtig wie das Sortieren des Materials vor Gesprächen ist auch das innere Sortieren von Gefühlen und Erwartungen, die womöglich im Raume stehen könnten. Zu diesem Zweck ist es ein probates Mittel, sich in die Perspektive des Gesprächsteilnehmers einzufühlen und einmal zu vermuten, mit welchem Emotionscocktail er womöglich zum Gespräch erscheinen wird. Genauso wichtig ist es kurz zu überlegen, ob Sie selbst Empfindlichkeiten bzw. eine Vorgeschichte mit dem Gesprächspartner haben – Gefühle, die womöglich verhindern, dass Sie selbst gelassen und produktiv agieren können. Wenn Sie sich bewusst machen, was bei Ihnen und Ihrem Gesprächspartner womöglich neben dem verabredeten Thema noch zusätzlich mitschwingen könnte, sind Sie nicht so überrascht, wenn einige dieser Gefühle tatsächlich auftauchen – und Sie können im Vorwege überlegen, wie Sie damit umgehen wollen.

Tipp: Aus den geschilderten Gründen möchte ich Ihnen ganz dringend raten, alle Tür- und Angel-Gespräche möglichst zu vermeiden. Verabreden Sie stattdessen einen ungestörten Ort, einen präzisen Zeitrahmen und ein Thema – und bitten Sie Ihren Gesprächspartner, wann immer das sinnvoll erscheint, sich ebenfalls auf das Gespräch vorzubereiten.

14.3 Verschiedene Gesprächsformen verlangen verschiedene Settings

Gespräch sollte man nur eine Form der Kommunikation nennen, in der beide Gesprächspartner möglichst gleich hohe Energie investieren und zu möglichst gleichen Teilen am Erfolg beteiligt sind. Im Kapitel 20 zu den Formen der Elternarbeit werden Ihnen unterschiedliche Formen des Gesprächs mit Eltern vorgestellt, in denen es immer um die gegenseitige Information oder die gemeinsame Entwicklung von Lösungen geht. Hier soll es um Gespräche mit Schülern gehen.

Konfliktgespräche zwischen zwei Schülern

Auch die Gespräche mit Schülern haben ganz unterschiedliche Ausrichtungen. Lernentwicklungsgespräche bilanzieren den Lernfortschritt in einem bestimmten Zeitabschnitt, und zwar aus Sicht des Schülers und des Lehrers. In Beratungsgesprächen wird gemeinsam nach Lösungen gesucht – für soziale Probleme, für Fragen der Lernstrategie etc. Eine speziel e Form ist das Konfliktgespräch zwischen zwei Schülern, das Sie moderieren und in dem Sie vorrangig darauf achten, dass die Schüler sich gegenseitig in der Schilderung des Sachverhaltes zuhören, ausreden lassen und gemeinsam darum bemühen, die unterschiedlichen Wahrnehmungen und damit meist den Kern des Konfliktes aufzulösen. Das ist nur möglich, wenn beide Schüler dem Führen des Gespräches zustimmen und Verantwortung für dessen Verlauf übernehmen. Sonst müssen Sie das Gespräch abbrechen und vertagen, bis diese Gesprächsbereitschaft vorhanden ist.

Konfliktgespräche mit einem Schüler

Das gleiche gilt für Konfliktgespräche, in denen Sie mit einem Schüler reden wollen. Es macht überhaupt keinen Sinn, in einer solchen Situation auf den Schüler einzureden, ihm eine Moralpredigt zu halten, ihm zu drohen, ihn zu beschimpfen etc. All dies ist kein Gespräch; denn es fehlen die 50 % Energie und Engagement des Schülers. Sie müssen trotzdem bestimmte hoch kritische Ereignisse nicht unkommentiert lassen. Aber nennen Sie diese Kommunikation nicht „Gespräch“, sondern nennen Sie es „Ansage“, etwa so: „Caroline, jetzt kommt eine Ansage! Ich bin total wütend, dass du schon wieder auf der Toilette geraucht hast. Damit hast du das dritte Mal in drei Wochen gegen die Schulordnung verstoßen, dafür bekommst du einen schriftlichen Verweis, den deine Eltern unterschreiben müssen, ohne jede weitere Diskussion.“ Einige Tage später können Sie Caroline dann noch einmal ansprechen, ob sie zu dem Vorgang noch etwas zu sagen hat, ob sie ein Gespräch führen möchte.

Tipp: Immer; wenn es um das Unterlassen bestimmter Handlungen und/oder eine aufgeladene Situation geht, sollte kein Gespräch vorgeschlagen werden, weil dafür gar keine Basis gegeben ist, sondern es sollte eine klare Ansage durch den Lehrer erfolgen.

14.4 Gesprächsregeln beachten

Es gibt bestimmte Gesprächsregeln, die sich im Alltag bewährt haben. Im Anhang finden Sie als Material 13 eine Aufstellung wichtiger Schritte in der Gesprächsführung und als Material 14 einen Leitfaden für das Führen von Konfliktgesprächen mit Schülern. Scheuen Sie sich nicht, den Leitfaden für die Gesprächsführung zu Anfang Ihrer Tätigkeit offensiv den ersten Gesprächen zugrunde zu legen. Vor allem aber: Wenn Sie noch keine Erfahrungen im Bereich der Gesprächsführung gesammelt haben, versuchen Sie so schnell wie möglich, in diesem Bereich eine Fortbildung zu belegen. Denn neben allen Tipps ist vor allem das konkrete Training nötig, damit Sie lernen, Ihr möglicherweise ausgeprägtes biographisches Gesprächsprogramm durch ein professionelles zu ersetzen. Denn viele Menschen haben im Elternhaus ein Gesprächsprogramm „gelernt", das sich als unproduktiv erweist – wie beispielsweise die heimliche Regel: „Du darfst nicht deutlich deine Meinung sagen, sonst wirst du womöglich nicht mehr geliebt" – eine „Regel", die immer wieder verhindert, dass kollegial Themen sachbezogen strittig erörtert werden können. Oder die heimliche Regel: „Nur ein Gespräch, in dem ich deutlich den höchsten Redeanteil hatte, ist ein gutes Gespräch!" etc. Je schneller Sie Ihr heimliches „Gesprächsprogramm" kennen lernen, desto schneller können Sie die professionell schädlichen Teile daran durch Training korrigieren.

15 Sie werden Klassenlehrer

15.1 Ihre Hauptaufgaben als Klassenlehrer

Wenn Sie als Berufseinsteiger gleich eine Klasse übertragen bekommen, so bedeutet dies natürlich eine besondere Verantwortung – aber vor allem eine große Chance, weil Sie so von Anfang an Ihre eigenen Ideen über das Miteinander ausprobieren können. Folgende Aufgaben erwarten Sie:

Die Klasse und ihre Schüler

- Die Schülerinnen und Schüler als Individuen kennen lernen
- Die Klassengemeinschaft fördern
- Ansprechpartner für die Schüler sein
- Schülergespräche aller Art führen: als Entwicklungsgespräche, als Beratungsgespräche, als disziplinarische Gespräche
- In Konfliktfällen vermitteln
- Außerschulische Aktivitäten planen und durchführen (Klassenlehrernachmittage, Ausflüge, Klassenreisen, Projekttage und Projektwochen, Betriebspraktika)
- Ämter und Dienste einführen, gegebenenfalls Einhaltung überwachen
- Klassensprecher wählen lassen, über Rechte und Pflichten informieren, regelmäßig einbinden
- Klassenrat etablieren
- Regeln und Rituale einführen und deren Einhaltung überwachen

Die Eltern

- Elternabende durchführen (ggf. zusammen mit Klassenelternvertretern)
- Kontakt zu Eltern und Elternvertretern halten, sie über alle wichtigen Vorkommnisse informieren (in Bezug auf einzelne Schüler und die Klasse insgesamt)
- Elternsprechtage durchführen
- Elterngespräche führen: In disziplinarischen Fragen, zur Schullaufbahnberatung, zum Leistungsstand, zu Förderfragen
- Gegebenenfalls Elternmitarbeit organisieren

Der Unterricht

- Den Jahresplan (Aktivitäten, Klassenarbeiten etc.) koordinieren
- Rechtzeitige Eintragung der Zensuren der Fachlehrer kontrollieren
- Zeugniskonferenzen mit vorbereiten und aktiv mit durchführen

- Pädagogische Konferenzen zur Klasse und Klassenkonferenzen vorbereiten und durchführen
- Schullaufbahnentscheidungen im Auge haben, gegebenenfalls beraten und rechtzeitig informieren
- Gegebenenfalls Förderpläne schreiben
- Fachlehrer und -lehrerinnen in der eigenen Klasse regelmäßig informieren, Kontakt halten
- Beratungen über Einzelschüler
- Gegebenenfalls Vermittlung zwischen Klasse und Fachlehrer
- Ansprechpartner für Schulleitung in allen Fragen, die die Klasse betreffen

Kontakt zu Fachlehrer/innen und Schulleitung

- Sozialamt o.ä.
- Gegebenenfalls. Sonderschulen (Sonderschulüberprüfung)
- Arbeitsamt und Berufsberatung
- Gesundheitsamt (z. B. Impfungen)
- Gegebenenfalls Stadtteileinrichtungen

Kontakt zu außerschulischen Institutionen

Im Anhang finden Sie einige Materialien mit Anregungen zur Gestaltung des Klassenraums (Material 15), für Ordnungssysteme im Zusammenhang mit der Klasse (Material 16), Vorschläge für Dienste und Ämter (Material 17).

Ich möchte mich an dieser Stelle darauf beschränken, Ihnen Vorschläge für die Etablierung eines Klassenrates zu unterbreiten – und für die Entwicklung erster Regeln und Rituale.

15.2 Wie führen Sie einen Klassenrat ein?

Die Einführung des Klassenrates ist eine Entwicklungsaufgabe, die Zeit benötigt.

Damit der Klassenrat funktioniert, muss Vertrauen der Schüler untereinander und eine gewisse Disziplin vorhanden sein. Des Weiteren müssen die Schüler gewöhnt sein, sich an Gesprächsregeln zu halten.

Ohne diese Grundlage läuft man als Klassenlehrer Gefahr, dass die Schülerinnen und Schüler im Klassenrat Kränkungen oder Verletzungen erfahren.

Folgendes Verfahren ist üblich:

1. Schüler sitzen in einer Runde
2. Es wird festgelegt, welche Schüler die Diskussion leiten
3. Es wird reihum gesammelt, worüber die Klasse reden will
4. Es wird entschieden, welche Themen heute behandelt werden (wenn über Anwesende und ihr Verhalten verhandelt werden soll, müssen diese einverstanden sein. Manchmal kann es sinnvoll sein, eine Vorklärung unter vier Augen vorzuschalten)
5. Das Anliegen wird geschildert
6. Es gibt Nachfragen
7. Es gibt Lösungsideen
8. Verabredungen werden getroffen

15.3 Welche Regeln und Rituale könnten Sie einführen?

Als Klassenlehrer sind Sie die Person des Vertrauens für die Schüler. In der Zusammenarbeit mit Ihnen entsteht Beziehung; ob die Klasse als Gruppe zusammenwächst, liegt erst einmal hauptsächlich in Ihrer Verantwortung. Wie das am Sinnvollsten geschieht, kann in diesem Einführungsbuch nicht ausführlich geschildert werden. Vergleichen Sie dazu bitte die Literaturliste. Aber was Sie gleich von Anfang an im Blick haben sollten, ist die Vereinbarung erster Regeln und Rituale – die dann in der weiteren Arbeit in der Klasse differenziert, verworfen, überarbeitet und ergänzt werden können.

Tipp: Regeln und Rituale setzen voraus, dass der Klassenraum eine Gesprächssituation ermöglicht, in der zum einen sich alle Schüler/innen anschauen – und zum anderen Schüler Ergebnisse so präsentieren können, dass auch möglichst alle Blickkontakt haben.

Die Erarbeitung erster Regeln

Egal wie alt Ihre Schüler sind – immer haben sie ein Interesse daran, sich in Ihrer Klasse als Mensch angenommen zu fühlen. Ein Garant dafür ist, dass bestimmte Gesprächsregeln von Anfang an vereinbart und konsequent eingehalten werden. Dies sollte in den ersten Stunden geschehen. Sie setzen ja vermutlich am Anfang eigene Regeln (vgl. dazu Kapitel 13). In einer der nächsten Stunden sollte dann die gemeinsame Erarbeitung von Kernregeln stehen. Das könnte folgendermaßen geschehen:

- die Schüler überlegen für sich allein, welches Verhalten von Mitschülern sie beeinträchtigt, stört, verletzt, hemmt usw. (gegebenenfalls müssen in bestimmten Klassen diese Sachverhalte mit den Schülern vorher am Beispiel erläutert werden, da ihnen die differenzierte Gefühls- und Sprachwirklichkeit oft gar nicht zur Verfügung steht – also z.B.: Was heißt beeinträchtigen? Gib' ein Beispiel!) etc.
- die Schüler überlegen für sich allein, welches Verhalten sie sich von den Mitschülern und den Lehrern wünschen.
- dann gibt es eine Austauschphase, zunächst zu zweit, dann in einer größeren Gruppe. Aufgabenstellung: Tauscht euch darüber aus, was euch stört. Schreibt fünf Regeln auf, wie sich Schüler und Lehrer in unserer Klasse verhalten sollen. Schreibt die Regeln positiv, also: Schüler unserer Klasse gehen respektvoll miteinander um. Schreibt sie auf ein großes Plakat.
- Die Gruppen hängen ihre Regeln im Klassenraum auf und präsentieren sie im Plenum; wenn Zeit vorhanden ist, sollten die einzelnen Regeln auch ruhig gespielt werden, das verankert sie fester.
- Am Ende bekommen alle Schüler fünf rote Punkte. Sie gehen an den aufgehängten Regeln vorbei und kleben ihre Punkte auf die Regeln, die sie für die wichtigsten erachten.
- Die so am häufigsten bepunkteten fünf Regeln gelten für die nächste Zeit als vereinbart.
- Die Klasse überlegt zusammen mit dem Lehrer mögliche Sanktionen bei Verstößen und beschließt diese feierlich.

- Das Amt des Regelwächters wird eingeführt und genau beschrieben; die Einhaltung der Regeln ist außerdem Thema in der Klassenkonferenz.

Die Wahl von Ritualen hängt von einer Vielzahl von Faktoren ab: Dem Alter, dem Sozialstatus sowie der Multikulturalität Ihrer Lerngruppe. Rituale sind dann wirkungsvoll, wenn sie wirklich von allen Schülern als sinnstiftend und verbindend wahrgenommen werden. Zu solchen Ritualen kann gehören:

Welche Rituale sind sinnvoll?

- Ausziehen der Straßenschuhe, Hineinschlüpfen in Hausschuhe
- Schulwochenanfangs- und -abschlussrituale (Was bringst du aus dem Wochenende mit? Was hast du in dieser Woche gelernt? Was waren für dich die Höhepunkte der Woche? Was willst du/wollt ihr uns zeigen?)
- Der wöchentliche Klassenrat
- Das Begehen der Geburtstage
- Das Feiern guter Ergebnisse
- Das gemeinsame Trauern und Trösten
- Das Blitzlicht (Schüler oder Lehrer dürfen sich wünschen, einmal kurz in einem Satz von allen in der Klasse zu hören, was sie zu einem bestimmten Punkt denken – ohne weitere Diskussion)
- Feed-Back auf Wunsch

Zentral bei Ritualen ist deren Pflege und regelmäßige Aufrechterhaltung, aber auch die Weiterentwicklung. Denn manche Rituale überholen sich irgendwann, und diesen Zeitpunkt sollte man nicht verpassen. Schülerinnen und Schüler sind Meister im Entwickeln und Ausgestalten von Ritualen, wenn sie einmal eingeführt sind. Sie sollten ihnen viel Verantwortung übergeben.

16 Unterrichtsstörungen – nervige Normalität?

Zunächst einmal gilt es mit einem Mythos endgültig aufzuräumen: Störungsfreien Unterricht gibt es nicht! Glauben Sie den Kollegen nicht, die Ihnen genüsslich unter die Nase reiben: „Ich weiß gar nicht, was du willst, bei mir ist die Klasse immer ganz lieb.“ Und seien Sie auch nicht enttäuscht, wenn Sie den freundlichen Ratschlägen erfahrener Kollegen folgen, wie man mit bestimmten Schülern oder Klassen umgehen sollte – und genau diese Ratschläge bei Ihnen gar nicht fruchten. Schließlich sind Sie auch nicht der ratgebende Kollege! Worum es geht, ist, Ihren eigenen Stil zu finden, Ihre eigene Lehrerpersönlichkeit. Es ist Ihre Aufgabe, auszuprobieren, was Sie glaubhaft und konsequent vertreten können – und was nicht. Ärgern Sie sich nicht, dass Sie in diesem Bereich noch viel lernen müssen. Genau diese Positionsbestimmung konnte im Referendariat nur begrenzt erfolgen, denn hier unterrichteten Sie ja noch mit geteilter Verantwortlichkeit und unter dem Druck der permanenten Beobachtung und Bewertung. Wer Sie wirklich als Lehrer sind, das kristallisiert sich erst jetzt heraus.

16.1 Erklärungsansätze für auffälliges Verhalten

Sie als selbstkritischer Berufseinsteiger haben vermutlich nicht selten die Neigung, sich selbst für Unterrichtsstörungen verantwortlich zu machen. Ich möchte Sie dazu auffordern, zunächst einmal einen Blick auf die veränderten gesellschaftlichen Rahmenbedingungen zu werfen und auch die Grenzen Ihrer Einflussnahme zu erkennen, bevor wir uns dann Ihren Handlungsmöglichkeiten widmen wollen, die immer noch beeindruckend groß sind.

Die gesellschaftliche Realität Ihrer Schüler ist häufig durch *Vereinzelung* gekennzeichnet und wird als Verlust von Großfamilie, von Elternteilen und/oder Geschwistern erlebt. Auch die Anonymität der Wohnsituation, die reduzierte gemeinsame Zeit für Spielen, Essen und Reden kann zu Defiziten in der Sozialkompetenz der Schüler führen.

Der Verlust von sozialen und moralischen Bindungen wie sie Kirche, Gemeinde, Nachbarschaft, Vereine und Gewerkschaften bieten, kann sich ebenfalls bemerkbar machen. Der gesellschaftliche Konsens über Normen und Werte geht verloren, die Schnelligkeit der Veränderungen, die Arbeitslosigkeit und der Zwang zu Mobilität können zu tiefer ökonomischer und sozialer Verunsicherung in den Elternhäusern führen, die die Kinder direkt erfahren.

Gleichzeitig mit dem Verlust der sicheren sozialen Position wachsen scheinbar auch die *individuellen Chancen*, alles ist scheinbar möglich, aber alles hängt auch von der Leistung des einzelnen Kindes ab. Entsprechend hoch sind die Erwartungen der Eltern an die Leistung ihrer Kinder, fast alle sehen in einem hohen Bildungsabschluss eine Erfolgschance und üben entsprechenden Druck aus. Schulisches Scheitern wird als persönliches Versagen erlebt. Jugendliche suchen in dieser Drucksituation häufig die Zugehörigkeit zur Peer-Kultur als Ausgleich.

Es gibt verbreitet eine *tiefe Verunsicherung der Eltern über das „richtige" Erziehungsverhalten* und damit Beziehungsverhalten gegenüber ihren Kindern. Es fehlen die Rollenvorbilder, und die Eltern empfinden einen hohen Leistungsdruck. Sie denken nicht selten: „Von meinem Erziehungsverhalten hängt die Zukunft meines Kindes ab!"

Diese Verunsicherung führt häufig zu pädagogischen Zickzack-Manövern, die die Schüler weiter verunsichern. Autoritäre Reaktionen wechseln mit Laissez faire und Desinteresse, Benimm-Unterricht in der Schule und Super-Nanny im Fernsehen sollen es richten. Ein solch inkonsistentes, inkonsequentes und für die Kinder und Jugendlichen nicht nachvollziehbares Erziehungsverhalten erodiert das Vertrauen in die Erwachsenen als Erzieher und Menschen.

Darüber hinaus gibt es auch noch „härtere" Fakten, die die Grundlage für abweichendes Verhalten und Unterrichtsstörungen sein können. Sie umfassen die sozioökonomische Deprivation schon in der Elterngeneration, beengte Wohnverhältnisse, die zu einer dramatischen Reduzierung der motorischen Fähigkeiten und damit gepaart häufig niedrigem Selbstvertrauen führen, Migrationshintergründe oder schädliche Umwelteinflüsse, die zu organischen oder psychosomatischen Störungen wie Neurodermitis, Pseudo-Krupp, ADS, Allergien usw. führen können.

Auffällige Schülerinnen und Schüler

All diese Faktoren können dazu führen, dass Schülerinnen und Schüler sich in Ihrem Unterricht auffällig verhalten – und an all diesen Ausgangspositionen können Sie persönlich nichts ändern. Das ist die schlechte Nachricht. Die gute Nachricht aber lautet: Ihre Handlungsmöglichkeiten sind dennoch sehr umfassend. Sie können Beziehungs- und Lernangebote machen, die vielen der oben beschriebenen Kindern helfen, aus dem Teufelskreis ihrer Herkunft zu entfliehen. Sie können den Schülern Zeit für Entwicklung geben, und Sie können sie in dieser Entwicklung begleiten. Ihre Schüler, so verkorkst deren häusliche Situation auch sein mag, bleiben dennoch lernfähige Wesen, die in einer entsprechend gestalteten schulischen Umwelt Fortschritte machen. Das heißt: Verzweifeln Sie nicht an den gesellschaftlichen Rahmenbedingungen, sondern gestalten Sie das schulische Lernumfeld!

16.2 Mögliche Handlungsfelder, in denen Sie Einfluss nehmen können auf Unterrichtsstörungen

Die folgende Übersicht ist dem sehr hilfreichen Buch von Lohmann „Mit Schülern klarkommen", entnommen. Sie zeigt auf, dass es zwölf Felder gibt, in denen Sie als Lehrkraft Unterrichtsstörungen begegnen können. Die waagerechten Dimensionen sind zeitlich und unterscheiden Handlungen, die Sie a) vorbeugend (Prävention), b) kurz bevor die Störung einsetzt (Antizipation), c) im Moment der Störung (Intervention) oder d) danach angfristig (Problemlösung) einsetzen können, um Störungen zu begegnen. Die vertikale Dimension unterscheidet inhaltliche Bereiche – den der Beziehungsangebote, den des Disziplin-Managements und den der Unterrichtsgestaltung – in allen drei Bereichen können Sie etwas gegen Unterrichtsstörungen tun. Sie können z.B. präventiv auf der Beziehungsebene agieren, wenn Sie Muhammad, von dem Sie wissen, dass er Ihnen am Montag die ganze Klasse aufmischen kann, um seinen familiären Wochenendfrust loszuwerden, vor Unterrichtsbeginn in ein intensives Gespräch über die Fußballergebnisse des Wochenendes verwickeln. Dann hat er einen Teil seines Beziehungsbedürfnisses bereits befriedigt und muss dies nicht mehr über Störungen tun. Oder Sie können antizipativ im Bereich des Unterrichts agieren, indem Sie schnell zu Jenny gehen, der Sie ansehen, dass sie mit der Matheaufgabe nicht zurechtkommt und gleich ausrasten wird. Wenn Sie sie leise ansprechen und für die bisher aufgebrachte Energie loben, gelingt es Ihnen vielleicht, dass sie Ihre Hilfe akzeptiert. Oder Sie können disziplinarisch intervenieren, indem Sie sagen: „Alle Schüler versuchen Aufgabe 4 allein zu lösen, auch du, Klaus!" und damit einerseits die Aufmerksamkeit auf die erwünschte Tätigkeit lenken, gleichzeitig alle Schüler, die so arbeiten, darin bestärken und gleichzeitig Klaus zu dieser Aufgabe zurückführen. Oder Sie können problemlösend im Bereich der Unterrichtsplanung Überlegungen dazu anstellen, wie es Ihnen in Zukunft besser gelingen kann, die Unterrichtsstunde zügig zu beginnen und nicht gleich zu Beginn zerfleddern zu lassen, weil Sie erkannt haben, dass dies das Einfallstor für Unterrichtsstörungen in Ihrer Klasse ist, denn die Schülerinnen und Schüler, die Schwierigkeiten haben sich selbst zu kontrollieren, beginnen in dieser diffusen Anfangsphase auffällig zu werden.

Mit anderen Worten: Die vorliegende Übersicht ist ein Instrument, um immer wieder zu überprüfen, an welchen Stellen Sie wie gegen Unterrichtsstörungen aktiv werden können.

Was kann ich wann und wie gegen Unterrichtsstörungen tun?
(Überarbeitung von Lohmann: „Mit Schülern klarkommen", S. 30–32)

Ebene	**Prävention Planung**	**Antizipation Bevor die Situation eskaliert**	**Intervention Wenn die Störung da ist**	**Problemlösung Zur langfristigen Bearbeitung vorhandener Störungen**
Beziehung	Beziehung aufbauen, z.B. durch Nebengespräche in den Pausen Humor Soziales Lernen von Anfang an Wertschätzung	Ermutigung Belohnung Positive Anreizsysteme Signalisieren von Wahrnehmung, Wertschätzung, Verständnis	Negative Gefühle vermeiden De-Eskalationsstrategien Alternativen anbieten Nicht bloßstellen Bühne räumen	Bewusste Beziehungsförderung zu SchülerInnen, die stören Konfliktschlichtung Kooperativer Führungsstil
Disziplin-Management	Formulieren von Rechten und Pflichten Regeln/Konsequenzen Struktur/Organisation Routinen Klassenrat Schulordnung	Nonverbale Kommunikation Signale/Techniken zur Aufmerksamkeitsrückführung	Systemische Techniken Auszeiten	Hilfen zur Selbststeuerung Pläne Verträge Verhaltensmodifikation Ggf. Ändern der Grundlagen und Regeln
Unterricht	Voraussetzungen der Lerner erfassen Lerntypen beachten Methodenwechsel planen Kooperation gewinnen Klare Phaseneinteilung Klare Definition der Erwartungen Didaktische Rekonstruktion	Positives Wiederholen Verstärken des Arbeitsauftrages Ggf. Modifizierung des Arbeitsauftrages (Aufgabe reduzieren) Pausen	Wechsel von: Methode Medien Sozialform Verlaufsform Ort	Grundlegendes Nachfragen bei Schülern (durch Fragebogen, durch „friendly visitor"): Was sollte didaktisch/methodisch am Unterricht geändert werden? Gezielte Lernförderung
Hinweis: Es gibt zwölf Handlungsfelder im Umgang mit Unterrichtsstörungen, die meisten Lehrer bewegen sich nur in den zwei grauen Feldern!				

16.3 Die konkrete Analyse von Einzelsituationen

Unterrichtsstörungen sind quasi Begleitmusik von Unterricht. Sie ereignen sich, aber Sie als Lehrkraft sind ja weiterhin für den Fortgang des Lernens zuständig und können sich nicht ganz der Störung widmen, es sei denn, diese ist so massiv, dass kein weiterer Unterricht möglich ist. Deswegen fehlt Ihnen in der eigentlichen Situation die Ruhe für eine Analyse. Ich möchte Sie ermutigen, sich diese Zeit zu nehmen, wenn sich in einer Ihrer Lerngruppen die Störungen häufen. Sie finden im Anhang als Material 18 einen Analysebogen zu Unterrichtsstörungen. Nehmen Sie sich ein oder zwei Situationen aus der jüngeren Vergangenheit vor und versuchen Sie, den Fragebogen auszufüllen. Dabei werden Sie merken, was Sie beobachtet haben, was Ihnen vielleicht entgangen ist – oder was Sie nicht mit Gewissheit sagen können. Daraus entstehen Anregungen, wo Sie beim nächsten Mal noch genauer hinschauen könnten, im Sinne einer besseren diagnostischen Ausgangslage. Gleichzeitig hält der Fragebogen Sie dazu an, Ihr eigenes Verhalten zu rekonstruieren und zu erforschen, ob es hier vielleicht Verhaltensmuster gibt, die Sie möglicherweise daran hindern, produktiv zu reagieren – weil dabei nämlich etwas bei Ihnen ausgelöst wird, das eine persönliche Vorgeschichte hat und von daher mehr oder weniger unbewusst abläuft. Die Arbeit an solchen Mustern, die echte Verhaltensänderung, braucht Zeit – die Sie sich geben sollten. Sehr hilfreich könnte es auch sein, befreundete Kollegen in den Unterricht einzuladen und einmal die Lehrer-Schüler-Interaktion oder das Lehrerverhalten in bestimmten Situationen genauer zu protokollieren. Auch eine Video-Dokumentation könnte Ihnen helfen, den eigenen Mechanismen auf die Spur zu kommen und sich an eine Veränderung zu wagen.

Das alles dauert seine Zeit – und geht weit über die Berufseingangsphase hinaus. Für die ersten Wochen und Monate möchte ich Ihnen aber gerne noch einige bewährte Tipps mit auf den Weg geben, aus denen Sie sich heraussuchen können, was zu Ihnen passt. Probieren Sie sie aus – und reflektieren Sie die Wirkung kritisch.

Tipp: Entfalten Sie aber bitte kein Feuerwerk der ständig wechselnden Interventionen. Gerade der Umgang mit schwierigen Schülern braucht Beständigkeit und Dauer, und Schüler können sich auf Regeln und Rituale nur einstellen, wenn Sie diese über eine bestimmte Zeit auch wirklich konsequent einhalten. Das Gleiche gilt für Ihr Lehrerverhalten.

16.4 Wie können Sie durch Unterrichtsgestaltung Unterrichtsstörungen vermeiden?

Klare, transparente und verlässliche Planung

Gerade in schwierigen Klassen hat es sich sehr bewährt, jeweils zu Beginn der Stunde die genaue Stundenplanung an die Tafel zu schreiben oder aber (wenn schon das der Klasse den Rücken Zuwenden ein Problem ist) als Folie aufzulegen. Aus der Planung ist erkennbar, was das Thema der Stunde ist, in wie viele Abschnitte sich die Stunde unterteilt und welche Aktivitäten in den jeweiligen Abschnitten von den Schülern verlangt werden, was sie aktiv tun sollen. Diese Planungsübersicht wird von der Lehrkraft als echter Bezugsrahmen genutzt: Immer, wenn ein Abschnitt „abgearbeitet" ist, wird er abgehakt – womöglich verbunden mit einem Lob für die Klasse – und gerade die Spalte mit den Schüleraktivitäten kann im Laufe der Stunde bei Nachfragen immer wieder genutzt werden für nonverbale Antworten. Auf die Frage: „Was soll ich tun?" folgt nur ein stummer Verweis auf den jeweiligen Abschnitt an der Tafel oder auf der Folie. Die Schüler gewinnen so ein Gefühl für den Fortgang des Unterrichts, sie spüren die Zeitstruktur und gehen leichter in die Mitverantwortung.

Sie finden ein Beispiel für eine Stundenübersicht als Material 19 im Anhang.

Prävention durch breite Aktivierung

Während es kaum erreichbar ist, immer alle Schüler für den Unterrichtsstoff zu motivieren, ist es eher zu schaffen, viele oder alle zum Mitmachen zu veranlassen oder wenigstens zu verhindern, dass sie stören. Eine breite Aktivierung ist leichter möglich, wenn jeder das bekommt, was ihn aktiviert. Ein Unterricht, der in sich vielfältig ist, erhöht die Chance, unterschiedlichen Fähigkeiten und Vorlieben gerecht zu werden Das kann durch die Art der Darbietung geschehen, wie beispielsweise anregende didaktisch-methodische Gestaltung oder entsprechendes Ausdrucksverhalten der Lehrkraft in Mimik, Gestik und Stimme.

Der Umgang mit Fragen kann ebenfalls zur Aktivierung beitragen:
- Frage stellen
- den Blick wandern lassen
- Denkpause gewähren
- Aufnehmen von Antworten: Alle mal drannehmen!

Auch die Gestaltung von Still- und Gruppenarbeit kann aktivierend wirken:
- Aufgaben sollen herausfordern, d.h. mit Anstrengung lösbar sein
- Präzise Instruktionen (möglichst auch schriftlich)
- breite Kontrolle (herumgehen während der Arbeit, Ergebniskontrolle)

Der Unterrichtsfluss sollte möglichst nicht unterbrochen werden. Das verlangt eine gute strategische Planung, denn es müssen Wartezeiten vermieden werden durch:
- Geschickte Einplanung, Auslagerung oder Delegation des Austeilens und Einsammelns von Materialien
- Zügigen Wechsel von einer Aktivität zu einer anderen mit klaren Instruktionen und klaren Signalen für den Beginn und das Ende von Aktivitäten
- Vorrang für Aktivitäten der ganzen Klasse vor der Beschäftigung mit Einzelnen oder Gruppen

Sparsame eigene Interventionen mit positiver Orientierung

In schwierigen Klassen entwickelt sich die Lehrkraft häufig zum wichtigsten Störfaktor, ohne dies zu wollen oder auch nur zu merken: Die Vielzahl der Ermahnungen und Zurechtweisungen durch den Lehrer, die meist nur auf Einzelne zielen, aber immer bei allen ankommen, bringt auch den zunächst noch willigen Teil der Schüler aus dem Tritt. Deswegen gibt es zwei goldene Regeln der Intervention:

Erste Regel: Jede Intervention der Lehrkraft sollte in zeitlichem Umfang und Störwirkung deutlich geringer ausfallen als die Störung, auf die sie reagiert!

Zweite Regel: Die Intervention der Lehrkraft sollte sich auf das richten, was der störende Schüler tun soll – und nicht dessen Fehlverhalten beschreiben oder pauschal missbilligen.

Ein Beispiel: Die Klasse beantwortet schriftlich Fragen zum Text. Jonas guckt in die Luft. Die Lehrkraft: „Jonas, los, fang an! Die anderen arbeiten schon längst!" Etliche Schüler schauen hoch und zu Jonas, einige irritiert, andere interessiert. Jonas duckt sich. Die Lehrkraft wendet sich ab. Zwei Minuten später sieht sie, wie Jonas unter seinem Tisch mit etwas spielt. Sie reagiert mit: „Jonas, was hast du da? Lass den Unsinn" und geht zu Jonas hin. Die Hälfte der Klasse ist aufgeschreckt und schaut auf Jonas. Der beugt sich inzwischen über sein Heft, aber die Lehrkraft will nun wissen, was er unter dem Tisch hat: „Zeig' mal, was ist denn das?" Jonas rückt mit dem Oberkörper ganz eng an den Tisch, so dass die Lehrkraft nicht sehen kann, was darunter liegt. Und nun beginnt ein Machtkampf. Längst arbeitet schon niemand mehr in der Klasse …

Zwei typische Verstöße gegen die eben formulierten Regeln sind erkennbar. Die verbale Zurechtweisung von Jonas zu Anfang ist in doppelter Weise unproduktiv: Sie stört die anderen und produziert schlechte Gefühle bei Jonas. Sinnvoller wäre es hier gewesen, leise zu Jonas zu treten und ihn allein durch die Annäherung, evtl. noch unterstützt durch auffordernde Mimik oder Gestik zum Arbeiten zu bewegen.

Auch in der zweiten Szene ist es ganz schlecht, für die Frage, was Jonas unter dem Tisch hat, die Bühne der Klassenraumöffentlichkeit zu wählen. Im Scheinwerfer der Aufmerksamkeit der ganzen Klasse darf Jonas nun nicht klein beigeben, sein inneres Programm lässt ihn in den Machtkampf gehen. Sinnvoller wäre es auch hier wieder gewesen, sich ihm leise zu nähern, dabei meist schon zu erkennen, was er denn unter dem Tisch hat – und ihn ebenso leise auf die zu erledigende Aufgabe hinzuweisen. Ein leises: „Pack' bitte x (den Gegenstand) in deine Tasche, dann lenkt er dich nicht ab" beendet die Szene. Denn eine so niedrig schwellige Intervention provoziert nicht zum Machtkampf.

Nonverbalen Interventionen möglichst den Vorzug geben!

Es gibt vier Bereiche nonverbaler Techniken:
- Verhalten und Stellung im Raum, Entfernung zu den Schülern
- Körpersprache: Haltung, Bewegungen, Gestik, Mimik, Blickverhalten
- Stimme: Lautstärke, Betonung, Geschwindigkeit
- Optische und akustische Hilfsmittel und Signale (Schilder, Symbolkarten, Laserpointer etc.)

Was beim Einsatz nonverbaler Techniken zu beachten ist:
- Nonverbale Techniken sind effektiver, wenn sie präventiv eingesetzt werden.
- Es sollten keine Widersprüche zu verbalem Verhalten auftreten.
- Nonverbale Kommunikation funktioniert schlecht, wenn die Lehrerin sitzt.

Allgemeine Regeln:
- Seien Sie körperlich präsent: Stehen Sie aufrecht in offener, neutraler Körperhaltung, wenden Sie sich den Schülerinnen und Schülern zu, verschränken Sie nicht die Arme vor der Brust.
- Nutzen Sie den gesamten Klassenraum aus, bewegen Sie sich ruhig darin herum (Achtung, Falle: kein hektisches Herumrennen, kein dompteurhaftes Umkreisen – von Ihnen soll ruhige Präsenz ausgehen!).
- Wechseln Sie zu Beginn bestimmter Aktivitäten oder Unterrichtsphasen den Standort.
- Bewegen Sie sich in Stillarbeitsphasen langsam, unsichtbar und unhörbar von Tisch zu Tisch. Flüstern Sie, wenn Sie Einzelgespräche führen. Setzen Sie gegebenenfalls Symbole und Karten ein.
- Nutzen Sie nonverbale Kommunikation auch auf der Beziehungsebene, z.B. zum Austausch von Befindlichkeiten oder einfach als freundliche, aufmunternde Signale.

Nonverbale Kommunikationstechniken zur Verhaltenssteuerung

- Variieren Sie Ihre Stimme. Sprechen Sie bei aufkommender Unruhe kurz lauter und schneller, um dann die Stimme zu senken und zu verlangsamen.
- Halten Sie gegebenenfalls mitten im Satz und „frieren" Sie dabei Ihre Körperhaltung ein.
- Bewegen Sie sich ohne Blickkontakt langsam von der Seite in die Nähe unruhiger oder abgelenkter Schüler. Führen Sie dabei den Unterricht unbeirrt mit unveränderter Stimme und Blickkontakt zur ganzen Klasse weiter. Bleiben Sie stehen, wenn sich das unerwünschte Verhalten ändert. Nähern Sie sich nicht weiter als bis auf einen halben Meter (persönliche Distanz).
- Suchen Sie kurz Blickkontakt zu störenden Schülerinnen und Schülern, geben Sie durch leichte mimische Signale eine Rückmeldung (Stirnrunzeln, Fixieren, Hochziehen der Augenbrauen). Lenken Sie dann sofort Ihren Blick auf das Arbeitsmaterial der Schüler, um sie zur Weiterarbeit anzuregen.
- Legen Sie einzelnen unaufmerksamen Schülern unauffällig im Vorübergehen ein Platzkärtchen auf den Tisch, z.B.: „Psst!"
- Geben Sie einen stummen Hinweis für SchülerInnen, dass diese eine Grenzüberschreitung begehen (Schild mit Symbol für Stille, Laserpointer auf Klassenregeln).
- Bei anhaltender diffuser Unruhe können Sie auch ein deutliches akustisches Signal verwenden (Klingel, Klangschale).

Positiv Verstärken statt Ermahnen

Die häufigste disziplinarische Intervention in deutschen Klassenzimmern ist gleichzeitig die wirkungsloseste: Die pauschale Ermahnung, häufig noch unselig verquickt mit Drohungen. Überprüfen Sie einmal kritisch, wie häufig Sie in Unterricht, den Sie selbst verantworten oder in Unterricht, den Sie hospitieren, pauschale Ermahnungen hören wie diese: „Paul!" Zwei Minuten später, deutlich genervter: *„Paul!"* Zwei Minuten später: „Donnerwetter, Paul, jetzt reicht's aber!" Eine Minute später: „Paul, wenn du jetzt nicht aufhörst zu sabbeln fliegst du raus!" Drei Minuten später: „Paul, erinnerst du dich noch, was ich dir eben gesagt habe?" Zwei Minuten später: „Paul, noch einmal…!" Zwei Minuten später: „So Paul, nun habe ich die Nase voll – jetzt gehst du raus!" Mit Abstand betrachtet, war die hier beschriebene

Lehrkraft 13 Minuten ohne jeden Fortschritt mit Pauls störendem Schwatzen beschäftigt. Sechsmal hat sie selbst den Unterrichtsfluss unterbrochen und alle Schüler gestört. Paul dagegen hat das angenehme Gefühl, sechs mal seinen Namen gehört zu haben im Zusammenhang mit Ungehorsam – und dann noch am Ende einen großen Auftritt zu haben; denn es ist ja nicht garantiert, dass er nach der letzten Intervention still die Klasse verlässt, vielleicht geht es jetzt erst richtig los: „Was? Wieso ich? Ich habe eben gar nicht geredet! Das sehe ich gar nicht ein"... etc. D.h. Pauls Programm, Aufmerksamkeit zu bekommen, ist erfolgreich gewesen. Da ist es zweitrangig für ihn, dass es Aufmerksamkeit für Störungen war – und deswegen war die Ermahnung auch so wirkungslos.

Pauschale Ermahnungen vermeiden

Statt wirkungsloser pauschaler Ermahnungen ist es ganz wichtig, produktives Verhalten zu verstärken. D.h. die erste Intervention könnte lauten: „Toll, alle Schülerinnen und Schüler an der Fensterseite arbeiten konzentriert." Damit werden alle Schüler, die gut arbeiten, gelobt – und die anderen bekommen den Spiegel vorgehalten, sie erhalten eine Orientierung, ohne dass sie ermahnt worden wären. Sie können sich nun entscheiden, auch anzufangen. Wenn Paul sich nun immerhin auch bequemt, sein Buch aufzuschlagen und den Füller in die Hand zu nehmen, kann das verstärkt werden: „Prima Paul, du fängst jetzt auch an!" Im weiteren Verlauf sollte versucht werden, Paul immer dann zu verstärken, zu loben, wenn er positiv im Unterricht agiert – und möglichst das Mahnen zwischendurch einzustellen, obwohl Paul sicher auch weiterhin stört.

Positives Verstärken kostet nicht mehr Zeit als Ermahnen, aber es fokussiert das gewünschte Verhalten, nicht das abweichende. Dennoch ist es einfacher gesagt als getan, das Mahnen ist so tief in den meisten Menschen verankert, weil es ein Verhalten ist, das wir die gesamte Kindheit über von unseren Eltern und Erziehern erfahren haben – und dieses Programm spulen wir automatisch wieder ab. Um es auf den Punkt zu bringen: Das Umsteuern auf Verstärken statt Mahnen bedarf der geballten Aufmerksamkeit und des Trainings.

Auf Drohung und Erpressung verzichten!

Im Zusammenhang mit wirkungslosem Mahnen kommt es immer wieder zu Drohungen und Erpressungen durch den Lehrer. Weil das Mahnen nichts fruchtet, steigt die Wut in der Lehrkraft auf, und ohne langes Nachdenken brechen sich Drohungen ihren Weg. Das perfide dabei: Meist setzen diese Drohungen die Lehrkraft mehr unter Druck als den Schüler! Denn kaum ist die Drohung: „Hör auf, sonst schmeiß' ich dich raus!" aus dem Mund, engt sie sofort die weiteren Handlungsmöglichkeiten entscheidend ein. Denn nun sind alle Schüler gespannt: Wird die Lehrkraft Ernst machen? Oder ist sie genau so ein „Weichei" wie viele andere, die die Schüler schon erlebt haben und wie jene Eltern, die so viel drohen, wie der Tag lang ist, aber dann wenig davon umsetzen. Wenn aber die Lehrkraft Ernst macht, hat sie immer noch nicht gewonnen, denn wer sagt ihr, dass sie es schafft, den Schüler vor die Tür zu setzen – und was, wenn es ihr nicht gelingt? Wie steht sie dann da?

Tipp: Vermeiden Sie als Lehrkraft in Auseinandersetzungen mit Schülern alles, was Sie selbst und den Schüler in ausweglose Lagen manövriert. Sie laufen sonst Gefahr, den Kürzeren zu ziehen, und Ihre Autorität nimmt womöglich bleibend Schaden.

Wenn gar nichts mehr hilft …

Was aber hilft dann, wenn sich Situationen zuspitzen? Zum einen ist es ganz wichtig, dass Sie selbst die Kontrolle über die Situation behalten, dass sich nicht negative Emotionen Ihrer bemächtigen und Sie „aus dem Bauch" heraus agieren. Damit meine ich nicht, dass Sie pseudo-neutral und künstlich kontrolliert agieren sollten. Die Schüler dürfen in zugespitzten Situationen merken, dass Sie wütend oder sogar fuchsteufelswild sind. Wichtig ist nur, dass Sie bei sich und Ihren Gefühlen bleiben: „Ich bin total sauer!" – ohne negative Zuwendung oder Entwürdigung gegenüber dem Schüler. Denn wenn Sie selbst beginnen, den Schüler zu beschimpfen, eröffnen Sie eine Eskalationskette, für die das oben Gesagte gilt: Die Wahrscheinlichkeit ist groß, dass Sie aus dieser Situation beschädigt herausgehen. Was Ihnen dabei hilft, negative Emotionen zu vermeiden, müssen sie selbst herausfinden. Hier sind einige Tipps (u.a. gestützt auf LOHMANN, S. 150/151), vielleicht ist etwas dabei, was Sie anspricht:

Greifen Sie bei aufkommender allgemeiner Unruhe frühzeitig ein. Entwickeln Sie ein Frühwarnsystem für aufsteigenden Ärger.

Halten Sie keine Moralpredigten – Sie bekommen schlechte Laune und bringen alle Schüler gegen sich auf.

Bleiben Sie cool – halten Sie Distanz zum Störer, zur eigenen Rolle, zur Situation. Gucken Sie sich die Situation von außen an.

Nehmen Sie nichts persönlich: „Der meint nicht mich, der macht nur ein soziales Geräusch!"

Benutzen Sie Stopp-Techniken: tief Luftholen, Fenster öffnen, bis drei zählen etc.

Stellen Sie keine Forderungen an Schüler, die sich gerade im emotionalen Ausnahmezustand befinden. Versuchen Sie ihre Gefühle zu identifizieren und geben Sie ihnen entsprechende Rückmeldungen.

Bieten Sie Schülern in Ausnahmesituationen möglichst zwei akzeptable Alternativen zur Wahl an.

Einsatz von gelben und roten Karten

Sie setzen Grenzen, Sie zeigen Ihre Gefühle, Sie verhalten sich konsequent, auch streng. Damit in zugespitzten Situationen noch Aktionsspielraum bleibt, ist es ganz wichtig, bestimmte Regeln vorher mit der Klasse zu besprechen und sich darauf zu einigen. Bewährt hat sich zum Beispiel die Abfolge von gelber und roter Karte. Wenn die rote Karte gezeigt wird, nimmt der Schüler eine Auszeit. Er kann sich entscheiden, den Stoff der Stunde an einem anderen Ort allein zu bearbeiten, oder einen Auszeitenbogen zu bearbeiten, indem er schriftlich reflektiert, wie es zu der Störung gekommen ist – und dann wiederkommen, wenn er einschätzt, dass es ihm gelingt, nun wieder konstruktiv mitzumachen. (Siehe Beispiele für Interventionen als Material 20 und für einen Auszeitenbogen im Anhang als Material 21.)

Andere Vereinbarungen könnten sein:

- in der Grundschule und in Jg. 5–7 wird ein Verhaltensheft geführt, das vom Lehrer täglich abgezeichnet und von den Eltern gegenzeichnend zur Kenntnis genommen wird
- Schüler gehen nach vorheriger Absprache mit den jeweiligen Kollegen in eine andere unbekannte möglichst höhere Klasse, um dort die geforderten Aufgaben zu lösen
- Schüler arbeiten nach der Unterrichtszeit Aufgaben nach

Im Falle von Sachbeschädigung, Unordnung oder Verschmutzung der Räume oder des Gebäudes könnten Schüler

- für eine bestimmte Zeit – z.B. eine Woche – einen klar beschriebenen und leicht zu kontrollierenden Ordnungsdienst in der Schule übernehmen, der konsequent überprüft werden muss
- Tische, Wände, Gebäudeteile unter professioneller Anleitung, z.B. des Hausmeisters reinigen
- Fahrräder oder andere Gegenstände innerhalb der Schule reparieren
- Wiedergutmachung in jeglicher Form leisten, d.h. den angerichteten Schaden ersetzen, wiederbeschaffen, Instand setzen, usw.

Bei Gewaltvorfällen sollte sofort geprüft werden, ob Schulleitung, Schulaufsicht, Gewaltpräventionsstellen und Polizei eingeschaltet werden müssen.

Tipp: In fast allen Bundesländern gibt es spezielle Vorschriften für das Verhalten in Gewaltsituationen. Besorgen Sie sich diesen Leitfaden und legen Sie ihn greifbar in Ihre Schulmappe, genauso wie die Telefonnummer Ihres schulischen Kontaktbeamten der Polizei.

Wenn Sie sich entscheiden, Konflikte in der Klasse selbst zu bearbeiten, so sollten Sie unbedingt auf restloser Klärung des Hergangs mit allen Beteiligten, direkter persönlicher Entschuldigung und/oder Erstattung des materiellen Schadens bei dem Geschädigten bestehen.

In den Schulgesetzen der Bundesländer werden mögliche Interventionen benannt; dabei handelt es sich meist um pädagogische Interventionen wie das erzieherische Gespräch mit dem Schüler, die Ermahnung, die mündliche oder schriftliche Missbilligung, die Beauftragung mit Aufgaben, das Nachholen schuldhaft versäumten Unterrichts und die zeitweise Wegnahme von Gegenständen.

Zum anderen gibt es Ordnungsmaßnahmen, die nur mit rechtlich vorgeschriebenen Verfahrensweisen zu beschließen sind. Genaueres müssen Sie für Ihr Bundesland herausfinden. Solche Ordnungsmaßnahmen sind u.a. der schriftliche Verweis, der Ausschluss auf Zeit von Schulveranstaltungen außerhalb des Unterrichts, der Ausschluss vom Unterricht auf Zeit, die Überweisung in eine Parallelklasse oder eine entsprechende organisatorische Gliederung, die Überweisung in eine andere Schule mit dem gleichen Bildungsabschluss.

17 Bewerten und beraten – ein Spagat

Als Lehrkraft müssen Sie beide Funktionen ausfüllen – Sie sind Lernberater, begleiten die Schüler auf ihrem Lernweg, ermutigen sie, erörtern mit ihnen Fortschritte, analysieren Fehler, diskutieren geeignete Lernstrategien und versuchen den Schülern dabei zu helfen, ihren eigenen Lernprozess kompetent und motiviert zu steuern. Bei dieser Beratungsfunktion steht die einzelne Schülerin, der einzelne Schüler im Mittelpunkt, es geht um individuelle Ausgangspositionen, Ressourcen und Fortschritte.

Gleichzeitig aber sind Sie als staatlicher Beamter an der Vergabe von Zeugnissen und Abschlüssen beteiligt. Hier geht es um Standards, die erreicht werden müssen, es geht um den Vergleich der Schüler untereinander, es geht um Rangordnungen – und letztlich um die Vergabe von Zugangsberechtigungen für weitere Ausbildungsgänge.

Diese beiden Funktionen wirken unterschiedlich auf den einzelnen Schüler. Alexander kann individuell einen Riesenfortschritt gemacht haben, indem er im Diktat in Klasse 3 nicht mehr 40, sondern nur noch 20 Fehler macht. Sie loben ihn für diesen wahnsinnigen Sprung nach vorn. Gleichzeitig aber erhält er auch für die 20 Fehler noch eine 5 oder 6 im Diktat, weil dieser Fortschritt – gemessen am Standard – immer noch nicht ausreicht.

Dieses Dilemma müssen Sie in Ihrer Lehrer-Rolle ein Leben lang aushalten – es gibt kein Entkommen! Sinnvoll allerdings ist es, die beiden Rollen möglichst zeitlich zu entflechten: Wenn Alexander gerade eine 5 im Diktat bekommen hat, ist das ein schlechter Zeitpunkt, um über Fortschritte zu reden. Aber vielleicht schreiben Sie in den nächsten Tagen unzensierte Übungsdiktate, in denen die reduzierte Fehlerzahl Thema und Inhalt von Lob und Zuspruch werden kann. Versuchen Sie möglichst die Rolle des Lernberaters und des Beurteilers für die Schüler zu verdeutlichen, machen Sie ihnen klar, in welcher Rolle Sie jeweils agieren.

17.1 Die Beurteilung mündlicher Leistungen

Die Rechtslage

Zunächst zwei Vorbemerkungen. Die erste betrifft die Rechtslage. Die Dokumentation von mündlichen Schülerleistungen ist eine Grundlage für den Verwaltungsakt der Zensurengebung in Zeugnissen. Art und Weise und Häufigkeit der Dokumentation sind dabei im Regelfall nicht vorgeschrieben, sondern in das Belieben der Lehrkraft gestellt. Ich rate Ihnen allerdings dringend zu einer schriftlichen Dokumentation der mündlichen Leistungen, weil Sie nur so im Falle von Widersprüchen gegen eine Zensur bestehen können. Aber nicht nur für diesen zugespitzten Fall ist die Dokumentation von Bedeutung. In den meisten Schulgesetzen und Versetzungsordnungen ist explizit festgelegt, dass die Lehrkraft in der Lage sein muss, auch im Laufe des Schuljahres zum Leistungsstand eines Schülers auf Nachfrage Auskunft zu geben. Wenn Sie dabei nicht in die Bredouille geraten wollen, sollten Sie regelmäßig mündliche Leistungen dokumentieren.

Zensuren und Unterrichtsstörungen

Die zweite Vorbemerkung betrifft mündliche Zensuren und Unterrichtsstörungen.

Zensuren sind kein Mittel, um disziplinarische Sachverhalte zu ahnden, auch wenn dies an Schulen immer wieder passiert. Sie können Störungen des Unterrichts nur disziplinarisch ahnden – nicht über Zensuren! Auch störende Schüler haben das Recht, eine mündliche Leistung attestiert zu bekommen, wenn sie sie erbringen, trotz gleichzeitiger Störung. Das ist ein komplizierter Sachverhalt; denn Sie als Lehrer fühlen sich vermutlich durch privat schwatzende Schüler irritiert, und auch wenn diese beispielsweise trotzdem gute Beiträge erbringen, tendieren Sie dazu, sie wegen der Störungen schlechter zu zensieren. Das hat juristisch keinen Bestand – und deswegen sollten Sie auch Ihren Schülern gegenüber nicht so argumentieren.

Umgekehrt gibt es aber auch einen Zusammenhang zwischen anhaltenden Störungen und mündlichen Leistungen. Schülerinnen und Schüler, die anhaltend in einzelnen Stunden privat reden, also stören, erbringen in dieser Zeit keine mündliche Leistung. Der kleine Hinweis: „Wegen deiner Unkonzentriertheit beziehungsweise deiner Beschäftigung mit anderen Dingen hast du in dieser Stunde nichts zum Unterrichtsgespräch beigetragen. Das ist eine 6 im Bereich der mündlichen Leistungen in dieser Stunde" ist natürlich sinnvoll und zulässig (und sollte am besten am Ende einer solchen Stunde dem Schüler direkt gesagt werden). Genauso wirken sich häufiger nicht gemachte Hausaufgaben dann doppelt negativ auf die Zensur aus, wenn im Unterrichtsgespräch massiv auf dieser Hausaufgabe aufgebaut wird – und der betroffene Schüler sich daran überhaupt nicht beteiligen kann. Auch darauf sollte man den Schüler persönlich hinweisen: „Wir haben nun die Hälfte der Stunde am Thema X gearbeitet, das deine Mitschüler mit der Hausaufgabe vorbereitet hatten. Du hast die Hausaufgabe nicht gemacht – und deswegen hast du in dem gesamten Teil der Stunde auch keine Leistungen erbringen können. Das hat Auswirkungen auf deine Zensur für die mündliche Leistung."

Dokumentation mündlicher Leistungen

Sie sollten gleich zu Beginn des Schuljahres Ihr Kriterienraster für die mündliche Mitarbeit veröffentlichen. Am besten händigen Sie es den Schülerinnen und Schülern aus und erläutern es kurz; gegebenenfalls können Sie es auch auf dem Elternabend vorstellen oder in einem Brief an die Eltern kurz skizzieren. (Vorschläge für ein solches Kriterienraster finden Sie als Material 22 im Anhang.)

Sie legen für verschiedene Dokumentationssachverhalte Listen an (für gemachte Hausaufgaben, für Heftführung, für mündliche Beteiligung, für übernommene Zusatzaufgaben), die Sie immer in Ihrer Schultasche dabei haben; entweder sortieren Sie sie in Ihre Kurshefte oder in Mappen für die einzelnen Fächer oder in eine Zentralmappe.

Während der laufenden Schulzeit machen Sie sich Kurznotizen in diesen Listen (oder anderen Dokumentationsformen), z.B.: – (ein Strich) bedeutet, der Schüler hat sich gar nicht beteiligt; o bedeutet, Schüler hat sich beteiligt, aber auf der rein reproduktiven Ebene, + bedeutet, dass der Schüler in dieser Stunde wichtige Beiträge geleistet hat; ++ bedeutet herausragende Mitarbeit.

Für diese Kurznotizen überfordern Sie sich nicht, sondern nehmen sich zunächst vor, pro Kurs oder Klasse einmal in der Woche entsprechende Einträge für alle zu machen. Achtung, realistisch bleiben bei der Planung: Es nützt nichts, wenn Sie sich vornehmen, Eintragungen zu machen, aber gleich im Anschluss an die Stunde Pausenaufsicht haben, den Unterrichtsraum räumen müssen oder aber wegen weiter Wege im Schulgelände am Ende der Stunden immer in Hetze sind. Dann gehen Sie lieber zum Schluss des Schultages noch einmal kurz ins Lehrerzimmer oder bleiben im Raum der letzten Stunde sitzen und holen die Eintragungen für diesen Tag nach. Bewährt hat es sich, im Kursheft, Klassenbuch oder Terminkalender die Stunden im Voraus zu markieren, in denen Sie sich Zeit für Notizen nehmen wollen.

Es gilt immer: Planen Sie nicht so, dass Sie Dinge nicht schaffen und ein schlechtes Gewissen haben, sondern planen Sie so, dass Sie die Dinge schaffen, die Sie sich vornehmen – und sich jedes Mal deutlich selbst auf die Schulter klopfen können.

Ca. alle 6–8 Wochen nehmen Sie sich Ihren Kriterienbogen, vervielfältigen ihn in der Anzahl der Schülerinnen und Schüler und tragen auf der Basis Ihrer Beobachtungen für jeden Schüler differenzierte Beobachtungen in Stichworten ein. Auch diesen Arbeitsschritt legen Sie planungstechnisch in Ihrem Kalender fest – sonst findet er nicht statt.

Planen Sie so, dass Sie diese ausführlicheren Überlegungen zum mündlichen Leistungsstand vor den Klassenarbeiten oder Klausuren machen, damit Sie vor der schriftlichen Bewertung durch diese Überlegungen nicht mehr beeinflusst sind.

Schüler neigen dazu, spontan nach ihren Leistungen zu fragen. Lassen Sie sich *nie* zu einer solchen unvorbereiteten Diskussion über mündliche Leistungen verleiten – sondern machen Sie deutlich, dass Sie derartige Gespräche auf der Basis Ihrer Notizen vorbereiten müssen. Sonst passiert es Ihnen zu leicht, dass Sie aus dem Eindruck der jeweiligen Stunde Aussagen machen, die Sie später bereuen, wenn Sie Ihre Notizen in Ruhe überprüfen.

Andererseits können Sie natürlich einzelnen Schülerinnen und Schülern gut am Ende der Stunde ein persönliches Feed-Back über die gezeigte Leistung geben. Aber verwenden Sie dabei keine Noten, sondern beschreiben Sie, was Ihnen positiv aufgefallen ist. (Wenn Sie nämlich mündliche Noten für einzelne Stunden geben, dann haben Sie bald die ganze Klasse oder den ganzen Kurs am Rockzipfel – alle wollen dann wissen, „was" sie haben – ohne dass daraus der geringste Erkenntnisgewinn für sie resultiert, so lange nicht über die Qualität der Beteiligung auf der Grundlage der Kriterien gesprochen wird.)

Schlagen Sie doch stillen Schülern vor, einen Selbstbeobachtungsbogen zu führen, auf dem sie eintragen, wie oft sie sich in der Stunde gemeldet haben, wann sie drangekommen sind, evtl. auch, wie sie ihre Mitarbeit inhaltlich einschätzen (grobe Kategorien). Meist hilft diese Beschäftigung mit der Mitarbeit, diese zu steigern.

Die Besprechung der mündlichen Zensuren sollte mindestens einmal mitten im Halbjahr stattfinden und nicht nur direkt vor den Zeugniskonferenzen, wenn den Schülern die Gesamtnotenvorschläge bekannt gemacht werden. Bevor Sie solche Zensurenbesprechungen ansetzen, sollten Sie Ihre Schüler fragen, ob diese öffentlich stattfinden sollen – oder einzeln. Wenn einige Ihrer Schüler keine öffentliche Besprechung wünschen, dann sollten Sie dies respektieren. Ein guter Weg, mit den Schülern ins Gespräch über ihre Leistungen zu kommen, ist die Aufforderung an die Schüler, sich selbst (für sich selbst, auf einem Blatt Papier) einzuschätzen. Diese Einschätzung soll nicht veröffentlicht werden (das würde in bestimmten Altersgruppen selbstkritische Überlegungen von vorn- herein ausschalten), sondern soll als Grundlage dienen, mit der Beurteilung durch den Lehrer umzugehen, gegebenenfalls auch über die Unterschiede in der Einschätzung nachzudenken und eventuell das Gespräch mit der Lehrerin zu suchen. Einen Beispielbogen für die Selbsteinschätzung finden Sie im Anhang als Material 23.

Tipp: Diskutieren Sie nie öffentlich über Zensuren, sondern geben Sie Ihre Einschätzungen bekannt, und hören Sie sich die Anmerkungen und Fragen sowie die Kritik der Schülerinnen und Schüler an.

Machen Sie von Anfang an deutlich, dass dies Zensurenvorschläge sind, die die Zeugniskonferenz endgültig festlegt. Versprechen Sie, über die Anmerkungen der Schüler noch einmal in Ruhe nachdenken zu wollen – und veröffentlichen Sie das Ergebnis Ihres Nachdenkens das nächste Mal. Damit gewinnen Sie zeitlichen Spielraum, um wirklich noch einmal Ihre Wahrnehmungen zu überprüfen – und Sie entziehen sich dem Druck, schnell eine womöglich fragwürdige Position einnehmen zu müssen. Bei bleibenden Unzufriedenheiten auf Seiten einzelner Schüler reden Sie auf keinen Fall in der Öffentlichkeit weiter, sondern vereinbaren Sie ein persönliches Gespräch mit dem betroffenen Schüler und – wenn Sie das für sinnvoll erachten – dem Klassensprecher oder einem anderen Schüler nach seiner Wahl, sozusagen als Fürsprecher.

Wenn Sie sich nämlich auf eine öffentliche Diskussion einlassen, entsteht bei den Schülern leicht der Eindruck eines Basars, sie erscheinen als Figur, die man an die Wand reden oder unter Druck setzen kann: „Wenn ich als Schüler nur ausdauernd und nachdrücklich argumentiere, bekomme ich eine bessere Zensur.“ Die Konsequenzen eines solchen Eindrucks sind nicht nur höchst anstrengend für Sie, sondern meist auch ungerecht gegenüber wenig durchsetzungsfähigen Schülern.

Unterscheidung von pädagogischen Kommentaren und Aussagen zur Leistung

Wenn Sie als Lehrkraft Kommentare zur mündlichen Mitarbeit im laufenden Unterricht abgeben, sollten Sie sehr stark inhaltlich und sprachlich differenzieren, damit die Schüler sich kein falsches Bild machen. Denn Ihre Rückmeldung als Lehrer auf mündliche Schülerbeiträge hat ja zwei Komponenten. Zum einen die pädagogische Seite: Sie freuen sich, wenn Schüler sich beteiligen, sie wollen ermutigen und ermuntern, sind besonders zugewandt (und positiv in Ihren Formulierungen) gegenüber stilleren oder leistungsschwächeren Schülern, wenn diese sich einmal trauen. Daneben gibt es aber die inhaltliche Aussage zur Leistung: Sie kommentieren die Qualität der Beiträge der Schüler. Es ist sehr wichtig, diesen Unterschied deutlich zu machen – und selbst darauf zu achten, dass Sie keine „Zensuren-Formulierungen“ für pädagogische Rückmeldungen verwenden.

Beispiel: Eine stille Schülerin meldet sich und gibt eine Antwort auf Reproduktionsebene. Sie sind begeistert und sagen: „Sehr schön, Karina!“ Karina verbucht dies als eine qualitative Rückmeldung – sie hat also den Eindruck, eine Einserleistung erbracht zu haben.

Besser melden Sie ihr zurück: „Prima, dass du dich beteiligst, Karina!" Dann wird klar, in welche Richtung Ihr Lob geht.

Lehrkräfte, die viel loben (was per se sehr positiv ist!), können, wenn sie nicht entsprechend klar machen, *was* sie loben, bei ihren Zensurenbesprechungen auf echte Schwierigkeiten stoßen; denn die ganze Klasse hat ja die Lobessprüche gehört und ist womöglich der Verwechslung der Ebenen aufgesessen.

Eine besondere Schwierigkeit besteht bei der Bewertung der mündlichen Leistung noch darin, dass eloquente Schülerinnen und Schüler tendenziell überbewertet werden, auch wenn sie inhaltlich nicht so viel zu bieten haben wie andere Schüler, die eher holprig oder zögerlich formulieren, aber durchaus sehr intelligente und eigenständige Ideen haben. Diesem Problem ist nie ganz beizukommen, vermutlich liegt hier auch ein Teil der dramatischen PISA-Ergebnisse begründet, dass nämlich Unterschichten-Kinder bei gleichem Leistungsvermögen so viel schlechtere Bildungschancen haben als Akademikerkinder. Letztere sprechen einfach durch den Kontakt mit ihren Eltern unsere Sprache, die Sprache der Lehrer, – und die anderen eben nicht. Schon sich diesen Sachverhalt immer wieder klar zu machen, kann ein erster Schritt sein. Und natürlich hilft der oben genannte Kriterienbogen dabei, nicht ein bestimmtes Sprachvermögen vorschnell mit Leistungsvermögen gleich zu setzen.

Die mündliche Zensur kann sich neben der mündlichen Beteiligung ja noch aus anderen Leistungen zusammensetzen wie beispielsweise Vorträge, Referate oder Ähnliches. Für die Beurteilung dieser Leistungen empfehle ich Ihnen die Verwendung von Bewertungsbögen, die Sie für das jeweilige Arbeitsvorhaben entwickeln und dann im PC speichern, um sie für den zukünftigen Unterricht jeweils nur noch modifizieren zu müssen. Ihre Schüler sollten diesen Bewertungsbogen zu Beginn der Arbeitsphase erhalten, dann können sie sich schon während der Arbeit daran orientieren – und Ihnen erleichtert es die Bewertung am Ende. Ein Beispiel für die Bewertung einer Projektmappe finden Sie im Anhang als Material 24.

17.2 Die Bewertung von schriftlichen Leistungen – Tests und Klassenarbeiten

Zu diesem Thema sind Sie sicherlich Spezialist, denn in der Lehrerausbildung wird die Bewertung von Klassenarbeiten ja in den Fachseminaren ausführlich behandelt.

Deswegen möchte ich Ihnen hier nur allgemeine Hinweise zum praktischen Umgang geben.

Einige Rahmenbedingungen sollten Sie von vornherein mit den Schülern klären, weil Ihnen diese das Korrigieren deutlich erleichtern. Dazu gehören die Festlegung eines Korrekturrandes, die Klärung, mit welchen Stiften geschrieben werden darf und auch eine kleine Erklärung der Korrekturzeichen für die Schülerinnen und Schüler. Achten Sie dann auch selbst darauf, diese Korrekturzeichen konsequent einheitlich zu verwenden. In vielen Bereichen wie dem Abitur sind diese Korrekturzeichen offiziell festgelegt, es bietet sich aber an, die Schüler schon frühzeitig daran zu gewöhnen.

Aufgabenstellung sorgfältig planen

Bedenken Sie die Korrektur schon bei der Erstellung und Konstruktion der Aufgabe. Ein Anfängerfehler besteht immer wieder darin, dass für die Konstruktion der Aufgabe nicht genügend Zeit und Sorgfalt verwendet wird. Hier Zeit zu sparen heißt, Zeit zu verschleudern, denn Sie sitzen um ein Vielfaches länger an der Korrektur einer unklaren, offenen Fragestellung. Überlegen Sie daher vorher, welche Schwerpunkte Sie setzen wollen und bepunkten Sie die Einzelteile der Aufgabe, oder geben Sie zumindest die Prozentanteile an der Gesamtleistung an. Formulieren Sie Ihre Arbeitsaufträge sehr präzise, insbesondere sollten Sie klar machen, wo Sie knappe und wo Sie ausführlichere Antworten erwarten. Hier schaffen Sie Klarheit, indem Sie die Operatoren, die Sie in Ihren Arbeiten verwenden, vorher mit Ihren Schülern üben. Was heißt benennen, was heißt skizzieren, was verstehen Sie unter einer Zusammenfassung, und was ist ein Argument? Nicht selten ist auch eine zahlenmäßige Eingrenzung hilfreich: „Gib zwei Beispiele! Führe drei Argumente dafür und drei dagegen an!"

Besonders hilfreich ist es, wenn Sie selbst vorher eine Lösungsskizze anfertigen; dabei stolpern Sie nicht selten über Unklarheiten oder Fehler in der Aufgabenkonstruktion. Gerade in der Anfangszeit als Lehrer sitzen Sie endlos an Korrekturen – weil Sie noch keine Routine haben und jedes geschriebene Wort wieder und wieder bedenken. Gerade deswegen – und wegen der ständig steigenden Klassen- und Kursfrequenzen, die einem als Lehrer wirklich manchmal den Schneid abkaufen können, wenn sich die zu korrigierenden Arbeiten auf dem Schreibtisch stapeln und kein Ende in Sicht ist – müssen Sie als Berufseinsteiger klug überlegen, wie Sie sich die Arbeit vereinfachen können.

Zu korrigierende Textvolumina reduzieren

Sie müssen die Schüler nicht stundenlang bis in die Pause schreiben lassen, sondern Sie können die Aufgaben auch durch die Angabe eines maximalen Umfangs geringer halten und am Ende für alle eine Zeit verbindlich machen, in der die Arbeiten noch einmal sorgfältig gelesen und verbessert werden. Gewöhnen Sie die Schüler so gleich an einen sorgsamen Umgang mit ihren eigenen schriftlichen Produkten. Ebenso müssen Sie keine Zeit auf die Lektüre unleserlicher Produkte verwenden. Setzen Sie Schüler, die unleserliche Arbeiten abliefern, gleich in der nächsten Stunde ins Lehrerzimmer, ins Schulbüro oder sonst irgendwohin unter Aufsicht (vie leicht eine andere Klasse, in der eine Arbeit geschrieben wird) und geben Sie ihnen den Auftrag, die Arbeit noch einmal gut lesbar abzuschreiben. Wenn Sie so verfahren, wird sich das bald herumsprechen, erst recht, wenn das saubere Abschreiben ans Ende des Schultags gelegt wird.

Zeit sparen können Sie auch, wenn Sie sorgfältig überlegen, wie Sie umfangreiche Arbeiten kürzen und dennoch aussagekräftig machen. So können Sie, wenn in Deutsch eine Erörterung geschrieben werden soll, lediglich die Gliederung, die Einleitung, zwei ausgeführte Argumente und den Schluss fordern; damit haben Sie alle Teile, anhand derer Sie erkennen können, ob der jeweilige Schüler die Textform beherrscht. Überhaupt gilt: Die Aussagefähigkeit über das schriftliche Leistungsvermögen von Schülern steigt nicht automatisch mit wachsendem Volumen der Klassenarbeiten. Vielmehr sollte vorher gut überlegt werden, welches Wissen auf welche

Weise am besten abgeprüft werden kann. Auch leicht zu korrigierende Arbeitsformen wie Tests, Lückentexte o.ä. können einen hohen diagnostischen Wert haben. Die Schreibkompetenz der Schüler muss nicht schwerpunktmäßig bei den Klassenarbeiten entwickelt werden.

Genaue Kontrolle beim Einsammeln

Nach dem Schreiben der Arbeiten sollten Sie unbedingt kontrollieren, wer gefehlt hat und ob alle Schüler vollständig abgegeben haben. Legen Sie am besten gleich alle Arbeitsbögen und Arbeiten in eine eigene Mappe. So sparen Sie viel Zeit und Nerven bei der Suche nach verloren gegangenen Exemplaren von Arbeiten – und verhindern auch, dass Sie sich den Ruf eines „zerstreuten Professors" erwerben. Dazu eine kleine Anekdote aus dem Beratungsalltag: Ein Biologiekollege hatte gegen Halbjahresende viele Klausuren auf seinem Schreibtisch und dazu noch einige Stapel Biologie-Mappen aus der Mittelstufe eingesammelt. Er korrigierte und korrigierte. Da fehlten ihm plötzlich zwei Klausuren aus Jg. 12, eine davon ausgerechnet von einer schnippischen Schülerin, die ohnehin ständig dabei war, ihm Fehler nachweisen zu wollen. Der Kollege krempelte sein Arbeitszimmer von oben nach unten um, er durchsuchte das Lehrerzimmer – ohne Erfolg. Er brachte es einfach nicht über sich, den Verlust der Klausuren zuzugeben. Die Zeugniskonferenz rückte näher, da wusste er sich keinen Rat mehr und beichtete den Verlust dem Oberstufenkurs. Wie erwartet beschimpfte ihn die Schülerin aufs Heftigste, verlangte eine Wiedergutmachung des ihr entstandenen Schadens durch eine gute Zensur, da sie ja schließlich, wie sie argumentierte, auch in der ersten Klausur ein „gut" geschrieben hatte. Keinesfalls sei ihr zuzumuten, wegen der Schusseligkeit ihres Lehrers erneut eine Klausur schreiben zu müssen. Der junge Kollege verbrachte eine schlaflose Nacht. Am nächsten Morgen war ihm klar: Er musste den Oberstufenleiter um Rat fragen, auch wenn das seinem Ruf an der Schule sehr abträglich sein konnte. Bevor es so weit kam, sprach ihn in einer 8. Klasse ein Schüler an: Er habe in seiner Biologiemappe, die er in der letzten Stunde zurückerhalten habe, fremde Arbeiten gefunden. Offensichtlich waren im Chaos des Schreibtisches Klausuren und Mappen ineinander gerutscht!

Vorgehen bei der Korrektur

Es ist sinnvoll, sich bei Beginn der Korrektur erst einmal zu orientieren und mindestens je eine Arbeit von einer Schülerin oder einem Schüler zu lesen, die zur Leistungsspitze bzw. eher zu den Leistungsschwächeren gehören. Diese Lektüre dient dazu, die Lösungsskizze noch einmal zu überprüfen und eventuell zu modifizieren.

Wenn Sie dann mit der Korrektur beginnen, bietet es sich an, die gleiche Aufgabe nacheinander von allen Schülern zu korrigieren, d.h. 31-mal Aufgabe 1, dann erst Aufgabe 2. Damit werden Sie den Schülern besser gerecht – und Sie sind jeweils im Fluss in Ihrer Korrekturroutine, müssen nicht jeweils neue Aspekte und Punktwerte in den Kopf nehmen.

Legen Sie sich zwei Schmierzettel neben die Korrektur und notieren Sie einerseits häufige Fehler, die es sich lohnt noch einmal nachzubesprechen – und andererseits besonders gelungene Lösungen oder Passagen, die die jeweiligen Schüler dann auch der Klasse präsentieren können.

Lange Texte des Lehrers – häufig vergeudete Liebesmühe!

Wenn Sie Arbeiten mit Zensuren bewerten und gleichzeitig lange Texte darunter schreiben, werden Sie immer wieder enttäuscht wahrnehmen, dass die Schüler Ihre Arbeit nicht honorieren, die Texte maximal überfliegen – und ansonsten die Zensur beachten. Dies ist umso ausgeprägter, je schlechter die Zensur ausgefallen ist. Ersparen Sie sich diese langen schriftlichen Kommentare. Gerade schwächere Schüler sind geradezu blockiert, wenn sie wieder einmal eine schlechte Zensur einstecken müssen und gar nicht aufnahmefähig für Ihre wohlgesetzten Worte. Bewertung und Entwicklung sind eben zwei sehr unterschiedliche Prozesse. Reden Sie lieber in der folgenden Stunde, wenn die Zensur ein bisschen „verdaut" ist, persönlich mit dem Schüler. Oder machen Sie sich folgendes Ritual zu eigen, was sich in der Praxis sehr bewährt hat: Teilen Sie die Arbeiten aus, unter denen nur die Zensuren stehen, geben Sie dann der ganzen Klasse einen Stillarbeitsauftrag und führen Sie in dieser Zeit Einzelgespräche mit einzelnen Schülerinnen und Schülern darüber, welche Schwierigkeiten diese bei der Arbeit hatten, fragen Sie genau nach dem Vorgehen und der Arbeitstechnik und entwickeln Sie gemeinsam Vorschläge, wie der jeweilige Schüler in Zukunft seine schriftlichen Arbeiten verbessern kann.

Exkurs: Täuschungsversuche, der Alptraum von Berufseinsteigern?

Erinnern Sie sich noch, wie es war, wenn Sie in Ihrer Schulzeit einen Schummelzettel anlegten? Hatten Sie Schweißausbrüche aus Angst vor der Entdeckung? Oder spielten Sie gern mit dem Feuer? Oder gehörten Sie zu den Schülern, die vor Ehrfurcht niemals daran gedacht hätten zu schummeln, aber heimlich die Mogler anhimmelten bzw. ihnen ihren Erfolg neideten?

Solange die Schülerinnen und Schüler an deutschen Schulen nicht überwiegend das Gefühl haben werden, dass sie für sich selbst lernen, so lange wird es das Phänomen des Täuschungsversuchs geben. Denn wenn es nur darum geht, Zensuren zu bekommen, egal wie – und nicht darum, einen persönlichen Zuwachs an Kenntnissen und Kompetenzen zu erfahren, dann scheint jedes Mittel recht, möglichst gute Zensuren zu erlangen. Es ist wichtig, sich diesen Zusammenhang klar zu machen, denn ein Bewusstsein davon entschärft die Täuschungssituationen erheblich. Bei der Täuschung geht es nämlich in den seltensten Fällen auf Schülerseite darum, einem Lehrer persönlich eins auszuwischen, vielmehr geht es darum, mit geringstem Aufwand und ohne große Anstrengung ein optimales Ergebnis zu erzielen – ziemlich marktkonform, oder? Wir als Lehrpersonen erleben den Täuschungsversuch aber vielfach anders, nämlich als Machtverlust, als Kampfansage an unsere Autorität, und entsprechend moralisch reagieren wir, wir fühlen uns herausgefordert und reagieren nicht selten aus dem Bauch – und hier dann mit einer Vehemenz, die wiederum die Schüler häufig nicht verstehen. In einer Gesellschaft, in der Mogeln, Beschubsen und Betrügen Volkssport ist, fällt es den Schülern schwer, die Verwerflichkeit ihres Tuns zu erkennen.

Mit anderen Worten: Beim Thema Täuschungsversuch prallen hochexplosive „Zutaten" aufeinander, und nicht selten trägt der Umgang mit dem Thema zu einer langsamen Vergiftung des Klimas zwischen Lehrer und Schülern bei. Damit Ihnen eine solche Entwicklung möglichst erspart bleibt, möchte ich Ihnen einige Tipps geben:

- Definieren Sie eindeutig vor dem ersten schriftlichen Leistungsnachweis, welche Verhaltensweisen zulässig und welche unzulässig sind.
- Schaffen Sie bei Leistungsnachweisen, die anfällig für Täuschungsversuche sind, möglichst Rahmenbedingungen, die Täuschungen erschweren: Sitzordnung, Taschen weglegen, nichts auf dem Tisch etc.

- Klären Sie die Schüler eindeutig über die Konsequenzen bei Verstößen auf und geben Sie eine Stufenfolge von Verwarnungen bekannt, damit die Schüler eine Chance der Selbstregulierung haben. Z.B.: Ich verwarne zweimal beim Versuch des Abguckens, beim dritten Mal sammle ich die Arbeit kommentarlos ein. Wenn ich einen Schummelzettel o.ä. entdecke, sammle ich die Arbeit sofort ein und bewerte sie mit ungenügend.
- Verhalten Sie sich konsequent so wie angekündigt.
- Agieren Sie immer auf der Basis von Tatsachen: Täuschungsversuche, bei denen Sie die Schüler ertappen, werden konsequent geahndet. Täuschungsversuche, die Sie nur vermuten, bleiben ungeahndet.
- Wenn Sie bei der Korrektur schriftlicher Arbeiten entdecken, dass Schüler identische Antworten mit womöglich identischen Fehlern abgegeben haben, so sprechen Sie mit beiden Schülern getrennt und kündigen Sie an, beiden eine 6 geben zu wollen – es sei denn, derjenige, der abgeschrieben hat, bekennt sich. Dann bekommt nur der eine 6. Im Regelfall führt dies dazu, dass sich der Sachverhalt aufklärt.
- Vor allem aber: Bleiben Sie gelassen, lassen Sie sich und Ihre Autorität nicht provozieren! So mancher Kollege hat im erregten Überreagieren auf (manchmal sogar vermeintliche) Täuschungsversuche das Vertrauensverhältnis zwischen sich und der gesamten Lerngruppe zerstört.

18 Vertretungsunterricht

Nicht selten sind die Berufseinsteiger an Schulen die heimlichen Vertretungslehrkräfte. Sie sind ja jung und belastbar, und vielleicht ist Ihre Stundenverteilung auch nicht ganz vollständig, so dass tatsächlich noch Platz für die ein oder andere Vertretungsstunde ist. Dann haben Sie das (zweifelhafte) Glück, Ihre Schule und deren Schüler schnell kennen zu lernen – bei Stippvisiten in allen möglichen Klassen und Jahrgängen. Im Anhang finden Sie als Material 25 eine Checkliste, mit deren Hilfe Sie der Struktur des Vertretungsunterrichts an Ihrer Schule auf die Spur kommen können. Wenn Sie viel vertreten müssen, sollten Sie diese strukturellen Fragen klären, damit Sie nicht persönlich alle Unklarheiten und Unorganisiertheiten ausbaden müssen. So sollte beispielsweise die Frage des Vorhandenseins von Klassenbuch, Sitzplan und Arbeitsmaterial in der Klasse geklärt sein, und es wäre gut zu wissen, ob der erkrankte Kollege eigentlich verpflichtet ist, Aufgaben zu stellen.

Darüber hinaus aber geht es schlicht darum, die Vertretungsstunde möglichst ohne Schaden an Leib und Seele zu überleben.

18.1 Vertretungsunterricht als persönliche Herausforderung – wie Sie möglichst unbeschädigt aus dieser Situation herauskommen

Da Sie in Ihrem früheren Leben, nämlich als Schüler, sicherlich reichlich Erfahrungen in Vertretungsstunden gesammelt haben – aber auch durch entsprechende Erlebnisse im Referendariat – haben Sie ganz sicher eine innere

Haltung zu Vertretungsstunden, eine Art inneres Programm, das mitläuft, sobald Sie in der Vertretungssituation stehen.

Innere Haltung

Mögliche Aspekte Ihres inneren Programms könnten sein:

- ich habe Angst vor Situationen, die mich und meinen Ruf an der Schule beschädigen könnten
- ich habe gehört, die Klasse ist grässlich
- ich habe keine Ahnung, was in der Klasse vorher gelaufen ist, das verunsichert mich zusätzlich
- ich kenne die Schüler nicht, habe große Sorge, wie es mir gelingen soll, sie anzusprechen, wenn ich ihre Namen nicht weiß
- ich habe eine Vorgeschichte, es sind mir seit Dienstantritt etliche Vertretungsstunden daneben gegangen
- mir fehlt mein Fachkorsett, denn ich soll ein Fach vertreten, in dem ich keine Ahnung habe, das verunsichert mich zusätzlich.

Auswirkungen

Es kann passieren, dass diese und mögliche andere Gefühle, wenn Sie sie sich nicht deutlich klar machen und eingestehen, Ihr Verhalten unbewusst steuern – und das dann in Form der Self-fulfilling-prophecy, der Etikettierung oder Stigmatisierung:

- entweder agieren Sie unbewusst so unsicher, so zaghaft, so unklar in Ihren Anforderungen und dem, was Sie wollen, dass die Schüler diese Verhaltens-Ambivalenz sofort wahrnehmen und als Einladung interpretieren, die Verantwortung für das Handeln zu übernehmen, nach dem Motto: Heute läuft hier unser Programm! – was auch immer das bedeuten mag,
- oder Sie versuchen Ihre Ängste krampfhaft zu überspielen, treten betont autoritär auf und begeben sich damit sofort auf die Ebene eines Machtkampfes, der in vielen Klassen gerne angenommen wird – und den Sie im Regelfall verlieren werden.

Das innere Programm der Schüler

Auch Schüler haben ein ihnen unbewusstes inneres Programm zu Vertretungsstunden, das sich einerseits aus ihren jeweiligen Vorerfahrungen speist – und andererseits aus den Erlebnissen am jeweiligen Schultag, vor Beginn der Vertretungsstunde. So könnten die Schüler denken:

- Wer kommt denn da?
- Wollen wir doch mal kurz austesten: Kannst du dich durchsetzen?
- Blöde, dass Frau X krank ist, die ist toll, auf dich haben wir keinen Bock!
- Eben, in der Stunde vorher, hat uns Herr Y zur Sau gemacht. Das kriegst du jetzt zurück, du bist ja auch Lehrer!
- Bin gespannt, vielleicht gibt es ja mal was Neues!
- Habe von meinen Freunden gehört, dass du toll beziehungsweise blöde bist, mal gucken, ob das stimmt!
- Wir haben bestimmte Verabredungen und Regeln, und uns ist wichtig, dass du sie beachtest!
- Lehrer sind link, mal gucken, ob wir zur Abwechslung mal dich reinlegen können … etc.

18.2 Konsequenzen für Ihr Verhalten als Vertretungslehrer

Folgende Sachverhalte sollten Sie sich klar machen und immer wieder ins Bewusstsein holen, wenn Sie auf dem Weg in den Vertretungsunterricht sind:

a) Als Vertretungslehrer sind Sie objektiv deutlich geringer mit Amtsautorität ausgestattet als im regulären Unterricht. Das bedeutet, dass Sie im Regelfall Eskalationen und Konfrontationen vermeiden sollten, denn Machtkämpfe werden Sie verlieren, weil Ihnen die Kenntnis der Regeln fehlt, der offenen und heimlichen, die in der Vertretungsklasse gelten. Auch nachträgliche Klärungs- und Aufarbeitungsversuche für disziplinarische Vorfälle aus dem Vertretungsunterricht belasten Sie und andere nur zusätzlich zeitlich und kräftemäßig, ohne dass der Ertrag das rechtfertigt. Denn wenn Sie nicht wirklich in Beziehung zu den Schülern treten können, sondern Ihre Rolle ein reines Gastspiel war, wissen dies die Schüler und Klassenlehrer – und reagieren entsprechend wenig engagiert, was bedeutet, dass sie kaum Energie in die Nachbearbeitung investieren.

b) Die Rahmenbedingungen für regulären Unterricht sind im Regelfall im Vertretungsunterricht schlechter als im restlichen Unterricht. Die Lernausgangslage der Schüler ist unklar, meist ist nicht sicher, ob Materialien in der Klasse vorhanden sind – und im Zweifelsfall erwarten die Schüler, dass kein regulärer Unterricht stattfindet. D.h., um nicht von vornherein selbst unter Druck zu geraten, sollten Sie Ihre Ansprüche innerlich bewusst herunterschrauben und sich nicht zu viel erwarten.

c) Andererseits bietet der Vertretungsunterricht Ihnen Chancen durch das Moment, dass hier eine neue Begegnung erfolgt, dass zunächst einmal Neugier auf beiden Seiten da ist und dass es einen Freiraum zur Gestaltung gibt. Deswegen sollten Sie sich innerlich programmieren mit: „Ich überrasche die Schüler mit einem neuen Angebot oder einem unbekannten Lehrerverhalten. Ich bin gespannt, wie sie reagieren werden. Das wird schon klappen!" Es empfiehlt sich also, für Inhalte und Methoden des Vertretungsunterrichts etwas auszusuchen, was Ihnen selbst Spaß macht, so dass Sie immer etwas für Vertretungsstunden in petto haben sollten. (Achtung, Falle: Damit ist nicht gemeint, in Vertretungsstunden Herzblut zu investieren. Das macht Sie nur zusätzlich verletzbar!)

d) Auf alle disziplinarischen Zuspitzungen reagieren Sie mit folgendem Dreierschritt:
   - Sie setzen die Schwelle für Reaktionen bei allgemeinen Störungen höher als im eigenen Unterricht, reagieren nicht auf jede Störung mit Unterbrechung Ihres Unterrichts, sondern versuchen vor allem durch Blickkontakt und Bewegung im Raum zu reagieren
   - auf Provokationen, Beleidigungen etc., die direkt an Ihre Adresse gehen, reagieren Sie immer, und zwar nach innen mit dem Satz: „Du bist nicht gemeint – du stehst hier nur als Rollenmaske!" Nach außen versuchen Sie zu deeskalieren. Die beste Methode ist entweder eine schlagfertige selbstironische Antwort oder aber ein Rückfragen. Beides macht der Klasse deutlich: Hier wird eine Grenze markiert, er oder sie lässt nicht alles mit sich machen – und gleichzeitig wird für

die Zuschauer der Ball zurückgespielt, aber ohne den Störer zu provozieren und damit eine weitere Eskalation auszulösen.

- Sie kehren so schnell wie möglich, und zwar mit zugewandter, freundlicher Mimik und Gestik, zur eigentlichen Arbeit zurück, rollen sozusagen dem Rest der Klasse jedes Mal einen roten Teppich aus für Mitarbeit. Dem können sich Schüler auf die Dauer wenig entziehen.

18.3 Nachreflexion

Nach der Vertretungsstunde sollten Sie sich einen Moment Zeit nehmen, um den Ablauf zu reflektieren. Haben Sie Ihr inneres Programm unter Kontrolle gehabt? Wo sind Sie aus der Haut gefahren? Was war trotz aller Überlegungen der Auslöser für eine Eskalationssituation?

Denn gerade in Vertretungsstunden reagieren wir wegen der geringen Vorbereitung ungehemmter mit unserem inneren Programm, mit Verhaltensmustern, die unter Umständen tief eingeschliffen, aber dennoch oder gerade deswegen unproduktiv sind – weil sie auch dann kommen, wenn sie nicht situationsadäquat sind. Eine gesunde und fröhliche Lehrerin zu werden und zu bleiben, das heißt aber gerade: Diese inneren Programme zu kennen und beherrschen zu lernen, unproduktive Teile zu löschen, neue, bessere Routinen zu entwickeln.

18.4 Eingreifprogramm Vertretungsstunde

Zum Schluss ein kleines Eingreifprogramm. Ich komme in eine Klasse, und dann …

Wie ich dafür sorgen kann, dass die Vertretungsstunde nicht gleich zu Beginn schief geht:

1. **Entspannung statt Verkrampfung, bevor ich die Klasse betrete:**
   Innerer Monolog:
   Locker bleiben! Die Umstände sind schwierig, aber ich bin nicht schuld!
   Vielleicht ist diesmal ja alles anders als in anderen Vertretungsstunden!
   Was noch:
   Tief durchatmen, bewusst Körper anspannen und entspannen!
2. **Freundlichkeitsoffensive**
   Lächeln, offen in die Runde gucken, Blickkontakt mit Einzelnen aufnehmen
3. **Überraschungsmoment, Neugierde nutzen**
   Ein, zwei persönliche Sätze – dann schnelle Überleitung zu eigenem Vorschlag für die Stunde
4. **Klar vermitteln: In dieser Stunde passiert etwas**
   Deutlich auftreten (Vermeidung jeder Anfangsambivalenz)
   Temporeich agieren
   Stimmmodulation einsetzen, d.h. interessant sprechen
   Knappen Vorschlag für Arbeit in der Stunde an die Tafel (nicht mehr als 3 Sätze)

5. **Kurze Rückversicherung (Signal: Ich nehme euch ernst!)**
   Ihr habt meinen Vorschlag gehört. Gibt es von eurer Seite einen anderen Vorschlag für eine sinnvolle Arbeit in dieser Stunde?
   Kurz abwarten, auf evtl. Vorschlag kurz eingehen
   Ist er sinnvoll, kurz abwägen, ob alle Materialien dafür vorhanden sind
   Evtl. Schüler abstimmen lassen, Alternative: beide Vorhaben parallel laufen lassen (nur in höheren Klassen sinnvoll)
6. **Kurze Rückversicherung über Regeln**
   Ich sehe an der Wand die Regeln, die in eurer Klasse gelten. Ich werde mich bemühen, sie einzuhalten und bitte euch darum, dies auch zu tun.
   Alternative: Gibt es bestimmte Regeln für den Umgang miteinander, die ihr vereinbart habt und die ich kennen sollte?

19 Hausaufgaben zur Angelegenheit der Schüler machen

Hausaufgaben sind schon gleich zu Beginn der Berufslaufbahn ein quälendes Thema für viele neue junge Kolleginnen und Kollegen. Sie fragen sich z.B:

- Wieso machen die Schüler bei mir keine Hausaufgaben, wohl aber bei Kollegen X (jedenfalls behauptet er das)?
- Muss ich in jeder Stunde wertvolle Unterrichtszeit auf Kontrolle und Disziplinarmaßnahmen im Hinblick auf nicht gemachte Hausaufgaben verwenden?
- Wie verhindere ich, dass jede Stunde erst einmal mit einem Misserfolg für viele Schüler beginnt und sofort schlechte Stimmung herrscht, bei mir und den Schülern?
- Wie soll ich im Stoff vorankommen, wenn die Schüler keinerlei Bereitschaft entwickeln, zu Hause nach- und vorzuarbeiten?

Schnell entsteht der Wunsch, eine knappe, erfolgreiche Kontrollroutine zu entwickeln, erfahrene Kollegen werden befragt und nicht selten deren Modelle kopiert. Der Erfolg bleibt jedoch in den meisten Fällen bescheiden.

19.1 Hausaufgaben sind häufig ein Beziehungsthema!

Nicht selten spielt das Thema Hausaufgaben auch für Schüler eine größere Rolle, als sie sich selbst eingestehen. Sie fühlen sich unter Druck, haben ein schlechtes Gewissen, aber es fehlt ihnen das Handwerkszeug, um aus schädlichen Routinen auszubrechen. Ein Schülertag mit dem Thema Hausaufgaben könnte so aussehen:

a) beim Aufwachen der zweite Gedanke: Verflixt, ich habe ja die Hausaufgaben nicht. Mir ist übel. Ob ich wohl krank bin? Soll ich überhaupt zur Schule gehen?
b) Vor Unterrichtsbeginn: Jetzt noch schnell abschreiben. Wer gibt mir ein Heft? Schnell, schnell, hoffentlich schaffe ich es!
c) Im Unterricht: O Mist, gleich erwischt sie mich. Dann werde ich bloß-

gestellt. Also, ganz wichtig: Cool bleiben, so tun, als ob mir das alles am Arsch vorbei geht! Dann bin ich zwar bei der Lehrerin unten durch, aber wenigstens ist mein Ruf in der Klasse gerettet.

d) Zuhause: Ich will mit meinen Kumpels zum Skateboarden. Also sag' ich mal lieber meiner Mutter, dass ich nichts aufhabe, sonst beginnt wieder die lästige Fragerei. Ich kann die Sachen ja heute Abend machen.

e) Abends, nach 20 Uhr: Jetzt ist es eh zu spät, ich bin zu k. o., um jetzt noch was für die Schule zu tun. Lieber zieh' ich mir noch einen Film rein.

Der geschilderte Schüler wird seinen Schultag mit einer Gefühlsmischung aus Angst, Druck und Trotz erleben. Der Lehrer dagegen, der diesen Schüler wiederholt als Hausaufgabenverweigerer wahrnimmt, empfindet Ärger, Enttäuschung und Wut – eine explosive Mischung, wenn diese beiden Gefühlslagen aufeinander treffen – und wird bald eine eigene Beziehungsdynamik entwickeln. Wie könnte ein Ausweg aussehen?

19.2 Das Thema Hausaufgaben diagnostisch bearbeiten: Ein Fragebogen

Gerade als Klassenlehrer lohnt es sich, das Thema Hausaufgaben diagnostisch zu betrachten. Bevor ich disziplinierend auf wiederholt nicht gemachte Hausaufgaben reagiere, versuche ich zu verstehen, *warum* die Hausaufgaben nicht gemacht wurden. Dann kann mein anschließendes Agieren zielgerichteter dort ansetzen, ich vergeude keine Kraft mit Interventionen, die evtl. ins Leere gehen, weil sie gar nicht an der Ursache ansetzen.

Der folgende Fragebogen wurde in einer Austauschgruppe in der Berufseingangsphase als Instrument für eine genauere Ausleuchtung der konkreten Bedingungen bei jedem einzelnen Schüler entwickelt.

Häusliche Situation*	
Bist du allein, wenn du aus der Schule kommst? Wann kommt deine Mutter/dein Vater nach Hause?	
Hilfst du am Nachmittag im Haushalt/betreust du kleinere Geschwister? Wenn ja, wie lange?	
Erzählst du Zuhause über die Schule? Fragen deine Eltern/deine Mutter/dein Vater dich regelmäßig, was in der Schule war?	
Fragen deine Eltern nach, ob du Hausaufgaben auf hast?	
Helfen dir deine Eltern bei den Hausaufgaben?	
Gibt es sonst jemanden, den du fragen könntest?	

Häusliche Situation*	
Hast du einen eigenen Schreibtisch? Oder hast du einen Platz bei euch in der Wohnung, wo du jederzeit deine Hausaufgaben machen könntest?	
Organisation/Tagesablauf	
Was machst du, wenn du aus der Schule kommst?	
Hast du besondere Sachen vor am Nachmittag?	
Gibt es eine bestimmte Zeit, zu der du die Hausaufgaben machst?	
Wann stehst du auf?	
Wann gehst du ins Bett? Packst du täglich deine Tasche?	
Hast du einen Stundenplan, nach dem du deine Tasche packst?	
Hast du ein Hausaufgabenheft?	
Woran liegt es deiner Meinung nach, dass du die Hausaufgaben selten machst?	
Ich verstehe die Fragen nicht.	
Ich weiß nicht, wie ich anfangen soll.	
Ich habe den Stoff meistens schon im Unterricht nicht verstanden.	
Ich kann mich nicht konzentrieren.	
Mir fällt nichts ein.	
Ich habe keine Lust, mich überhaupt an die Hausaufgaben zu setzen.	
Es ist immer so viel und dauert so lang, dass ich von Anfang an weiß, ich schaffe es sowieso nicht.	
Was müsste sich ändern, damit du deine Hausaufgaben schaffst?	

* Da Fragen nach der häuslichen Situation immer heikel sind, sollten die Eltern bzw. zumindest die Elternvertreter vor Beginn der Befragung über Ziel und Inhalt des Fragebogens informiert werden. Der Fragebogen sollte aber in der Schule ausgefüllt und nicht mit nach Hause gegeben werden. Bei guter Zusammenarbeit mit den Eltern könnte es allerdings sinnvoll sein, die Schüler und Eltern die Bögen getrennt ausfüllen zu lassen und mit beiden Seiten gemeinsam die Ergebnisse zu vergleichen.

19.3 Methodische Alternativen beim Einsatz des Fragebogens

Fragebogen für einzelne Schüler

Der Fragebogen kann als solcher eingesetzt werden, d.h. einzelnen Schülern mit großen Problemen zum Ausfüllen gegeben werden. Auf der Basis des ausgefüllten Fragebogens führt dann der Lehrer ein Gespräch, in dem u.a. folgende Fragen gestellt werden könnten: Was denkst du, woran liegt es, dass du große Schwierigkeiten hast, deine Hausaufgaben zu erledigen? Wie könntest du das ändern? Was wollen wir verabreden?

Eine andere Variante wäre es, sich des Fragebogens nur als Raster für ein zu führendes Gespräch zu bedienen

Einsatz des Fragebogens in der ganzen Klasse

Die Schüler bilden Tandems, füllen jeder für sich den Fragebogen aus und stellen sich gegenseitig die Ergebnisse vor. Dann erörtern sie Vorschläge für Lösungen.

Anschließend werden in der Klasse Lösungsideen vorgestellt.

Zum Abschluss formuliert jeder Schüler für sich eine Entwicklungsaufgabe im Hinblick auf Hausaufgaben und legt einen Zeitraum fest, in dem die Veränderung greifen soll.

Der Lehrer sorgt dafür, dass dem Thema in der Zukunft während der Unterrichtszeit Raum gegeben wird für Austausch und Würdigung von Veränderungen.

20 Lehrer und Eltern – natürliche Feinde?

20.1 Die verschiedenen Aufgabenbereiche in der Elternarbeit

Im Folgenden möchte ich Ihnen einen Überblick über verschiedene Tätigkeiten und Aufgaben geben, die auf Sie als neue Lehrkraft im Zusammenhang mit Eltern zukommen. Dabei werden Sie als Fachlehrer einige Punkte streichen können; für Sie als Klassenlehrer sind alle Punkte von Bedeutung.

- Regelmäßige allgemeine Information über Ihre Planung
- Gestaltung von Klassenkonferenzen, Information vor Zeugniskonferenzen
- Zusammenarbeit mit den Klassenelternvertretern
- Telefonkontakte
- Einzelgespräche, als Informations- oder Beratungsgespräch (über Leistung, Sozialverhalten, disziplinarisch relevantes Verhalten)
- Gespräche auf dem Elternsprechtag
- Zeugnisübergabegespräche
- Schullaufbahnberatungsgespräche
- Weitergehende Formen: Elternmitarbeit im Unterricht, bei Ausflügen etc.
- Elternstammtisch

Regelmäßige allgemeine Information über Ihre Planung

Eltern möchten gerne Bescheid wissen, was Sie in Ihren Klassen oder Lerngruppen planen. Je ungewöhnlicher Ihre Vorhaben für die Eltern sind (bedenken Sie immer, deren Bild von Schule orientiert sich häufig noch an den eigenen Erfahrungen als Schüler!), desto wichtiger ist die Information im Vorwege. Dazu möchte ich Ihnen zwei Beispiele nennen.

Fall 1: Ein Klassenlehrer einer 5. Klasse in einer deutschen Großstadt macht einen Tagesausflug mit seiner Klasse, und zwar in ein Museum in der Stadtmitte. Seine Schule liegt am Stadtrand. Nach Ende des Museumsprojekts erklärt er den Schülern die Verkehrsverbindung nach Hause (über Fahrkarten verfügen die Schüler) und entlässt sie mit der Auflage, die Heimfahrt in Kleingruppen zu machen. Kaum selbst Zuhause angekommen, überhäufen ihn empörte Eltern mit Anrufen – es sei unerhört, dass er die Schüler dem Drogen- und Gewaltbrennpunkt Hauptbahnhof ungeschützt und unbegleitet ausgesetzt habe. Der Schulleiter wird von den Eltern eingeschaltet, der junge Kollege erhält eine Abmahnung, das Vertrauensverhältnis zu den Eltern ist zerrüttet – und der junge Kollege versteht die Welt nicht mehr. Alle Schüler sind unbehelligt und unversehrt zu Hause angekommen – was sollte der ganze Aufstand? Durch Gespräche mit anderen Kolleginnen und Kollegen erfährt er mehr über das Klima an der Schule. Die Kinder seiner neuen 5. Klasse bewegen sich keineswegs wie die Kinder seiner vorherigen Klasse allein im Bereich des Öffentlichen Nahverkehrs. Vielmehr ist es in diesem Stadtteil üblich, dass die Eltern die Kinder fahren – sogar zur Schule, aber auch zu allen anderen nachmittäglichen Aktivitäten. Der Hauptbahnhof ist aus der Perspektive dieser Eltern ein Höllenloch, und die primäre Aufgabe des Lehrers wäre es gewesen, die Kinder hier zu begleiten.

Der junge Kollege erkennt, dass es ganz wichtig gewesen wäre, den Eltern vorher bekannt zu machen, dass er plane, die Kinder am Hauptbahnhof zu entlassen. Dann wären entsprechende Bedenken sofort bei ihm gelandet, und er hätte sich damit auseinander setzen können. Denn natürlich muss der junge Kollege nicht widerspruchslos Overprotection für sich selbst als pädagogische Grundhaltung übernehmen, nur weil die Eltern so agieren. Aber wenn er andere Vorstellungen hat, muss der diesen Dissens im Vorwege klar machen und austragen.

Hier also wäre es wichtig gewesen, den Eltern im Infobrief zum Ausflug nicht nur aufzuschreiben, worum es geht, von wann bis wann der Ausflug dauern soll, wie viel er kostet und welches Proviant mitgebracht werden soll – sondern auch, dass geplant ist, die Kinder nach einer Einweisung in Kleingruppen am Hauptbahnhof zu entlassen.

Fall 2: Eine Kollegin führt im Deutschunterricht Jg. 7 eine Unterrichtseinheit durch, in der die Schüler regelmäßig jeden Tag ein Lesetagebuch schreiben sollen. Schon nach dem ersten Wochenende realisiert sie, dass zwei Schüler diese Aufgabe nicht erledigt haben, sie mahnt sie ab, in den nächsten Tagen geht es gut, aber nach dem nächsten Wochenende steht wieder nichts in den entsprechenden Lesetagebüchern. Erneut ermahnt die Kollegin die Schüler. Als sie nach vier Wochen die Lesetagebücher einsammelt, haben 6 von 30 Schülern große Lücken in ihren Eintragungen. Die Zensierung fällt entsprechend aus. Zwei Tage später erhält die Kollegin wütende Anrufe empörter Eltern. Tenor: Wenn Aufgaben gestellt werden, in denen tägliche häusliche Arbeit vorausgesetzt wird und die anschließend bewertet werden, dann solle sie das gefälligst vorher sagen, damit die Eltern dies unterstützen könnten. Auch in diesem Fall standen Anlass und ausgelöste Verstimmung in keinem akzeptablen Verhältnis. Eine kurze Information, z.B. im Mitteilungsheft der Schüler, mit der Bitte um Kenntnisnahme und Unterschrift hätte all diesen Ärger vermeiden helfen.

Verstehen Sie mich nicht falsch. Ich möchte Sie nicht in eine Haltung der Verunsicherung oder gar Rechtfertigung treiben. Sie verantworten als akademisch gebildete Fachkraft pädagogische Akte aller Art – und das ist auch gut so. Nur ein Bruchteil davon betrifft Schnittstellen zu Eltern. Aber ich plädiere dafür, diese Schnittstellen offensiv zu gestalten, nach dem Motto: Lieber einmal zu viel im Vorwege präventiv informieren als hinterher Stunden meines Lebens mit der Klärung von Missverständnissen und der Moderation von Konflikten zu verbringen.

Die erste Frage lautet also: An welchen Stellen muss ich mit verstärktem Informationsinteresse der Eltern rechnen?

Die Antwort ist relativ einfach:

Zum einen immer da, wo es um Leistung, Bewertung, Beurteilung und Entscheidungen über die Schullaufbahn geht;

zum anderen, wenn es im weitesten Sinne um Berührungen zwischen Ihrem pädagogischen Auftrag und dem Erziehungskonzept der Eltern geht, also in allen Fragen beispielsweise von Kontrolle versus Entwicklung zur Selbständigkeit; Umgang mit Regelverletzungen; Sexualerziehung; religiöse Erziehung etc.;

und zum Dritten in allen Fragen mit hohem Symbolcharakter beziehungsweise hoher Öffentlichkeitswirksamkeit, wie z.B. Gewalt, Drogen, Mobbing usw.

Die zweite Frage lautet: Wie kann ich das Bedürfnis der Eltern nach Informationen möglichst unaufwendig befriedigen?

Hier möchte ich einige Tipps als Antwort formulieren:

Informieren Sie möglichst schon auf den Elternabenden zu Schuljahresbeginn grob über Ihre inhaltlichen und organisatorischen Planungen; das schafft bei den Eltern eine Grundorientierung und nicht selten ein Grundvertrauen.

Machen Sie Ihr pädagogisches Grundkonzept transparent, dann können die Eltern Ihr Agieren auf dem Hintergrund dieses Referenzrahmens besser verstehen. Wenn für Sie z.B. die Erziehung zur Selbständigkeit einen hohen Stellenwert hat und Sie dies auf dem Elternabend erläutern, dann wird Ihnen bei entsprechendem Agieren mehr Verständnis entgegengebracht.

Wenn Sie nicht am Elternabend teilnehmen können (weil Sie z.B. nur Fachlehrer sind und nicht alle Elternabende besuchen können), dann schreiben Sie bei Aufnahme Ihrer Tätigkeit einen kurzen Brief an die Eltern Ihrer neuen Lerngruppe – mit Unterschriftsabschnitt, den Sie zurückfordern. Stellen Sie in diesem Brief einige wesentliche Informationen über Ihre Arbeitsweise zusammen. Sie finden ein Beispiel als Material 26 im Anhang.

Schreiben Sie als Klassenlehrer im Laufe des Schuljahres zwei bis drei kurze schriftliche Informationen an alle Eltern.

Informieren Sie die Elternvertreter (mehr dazu weiter unten).

Zusammenarbeit als Klassenlehrer mit Klasseneltern-vertretern

Klassenelternvertreter haben je nach Bundesland unterschiedliche Rechte und Pflichten. Sie sollten sich in einem ersten Schritt einen Überblick über deren rechtlichen Status verschaffen. Im nächsten Schritt könnten Sie erkunden, welche Formen der Zusammenarbeit an Ihrer Schule üblich sind; denn die Zusammenarbeit mit Eltern und speziell Elternvertretern wird an Schulen sehr, sehr unterschiedlich gestaltet. Bevor Sie also Ihr Konzept der Zusammenarbeit realisieren, sollten Sie einmal „schnuppern“, wie das Klima an Ihrer Schule allgemein in dieser Frage ist. Das hat deswegen eine so hohe Bedeutung, weil Ihr Agieren als neue Lehrkraft natürlich im Regelfall von den gestandenen Teilen des Kollegiums mit Argusaugen betrachtet wird. Wenn Sie beispielsweise in einem Kollegium, in dem die Zusammenarbeit noch wenig ausgeprägt ist, sehr stark kooperativ agieren, könnten Sie sich dadurch im Kollegium isolieren – jedenfalls dann, wenn Sie Ihr Agieren nicht mit einer Informationsoffensive begleiten. Dazu möchte ich Sie explizit ermutigen. Ohne eine vertrauensvolle Zusammenarbeit mit Eltern, die diese ernst nimmt und nicht nur taktisch traktiert, werden Sie nur noch selten erfolgreich als Klassenlehrer arbeiten können. Deswegen sollten Sie für Ihr Vorgehen gegenüber Ihren Kollegen deutlich und freundlich werben. Folgende Formen der Zusammenarbeit zwischen Klassenlehrer und Eltern bzw. Elternvertretern haben sich bewährt:

Formen der Zusammenarbeit zwischen Lehrer und Eltern

- Einmal im Monat telefonische Rückkopplung zwischen Lehrer und Klassenelternvertreter; bei dieser Gelegenheit wird erforscht, ob es irgendwelche Fragen, Anliegen oder Unklarheiten gibt. Man könnte dieses Telefonat auch als „Frühwarnsystem" in Richtung auf die Stimmung unter den Eltern verstehen. Gleichzeitig kann der Klassenlehrer wichtige Informationen über seine Planungen für die nächsten Wochen geben und sich auch bei bestimmten Fragen mit den Elternvertretern beraten
- Die Aufgaben, die Klassenelternvertreter in der jeweiligen Klasse übernehmen wollen und sollen, sollten zu Anfang gemeinsam geklärt und den Klasseneltern bekannt gemacht werden. Dann kann der Klassenlehrer sich in Zukunft auf diese Aufgabenverteilung beziehen und Tätigkeiten delegieren. Damit macht er deutlich, dass er die Elternvertreter ernst nimmt – und gleichzeitig entlastet er sich. Beispiele für solche Aufgabenübertragungen können sein: Protokoll des Elternabends schreiben; Gelder für den Schulverein eintreiben; nicht anwesende Eltern nach dem Elternabend über die Diskussion und evtl. Beschlüsse informieren; Teilnahme an Gesprächen mit anderen Eltern; Einrichten einer Sprechzeit, deren Ergebnisse an den Klassenlehrer rückgekoppelt wird etc.
- Zwei- bis viermal im Jahr könnte ein Informationsbrief an die Eltern geschrieben werden, mit vermischten Nachrichten aus der Klasse, positiven Ergebnissen aus der Arbeit und Informationen über zukünftige Planungen.
- Eltern und Elternvertreter sollten auch weitere Verantwortung übertragen bekommen (je nach Stadtteil und Kompetenz): Unterstützung einzelner Eltern bei Problemen, Betreuungsaufgaben bei Ausflügen, Gestaltung des Klassenraumes etc.
- Eltern sollten als Gesprächspartner für Fragen der Erziehung ernst genommen werden, indem pädagogische Diskussionsthemen auf die Tagesordnung der Elternabende gesetzt werden, gegebenenfalls Fachleute oder Referenten sprechen und ein Erfahrungs- und Meinungsaustausch stattfindet.
- Eltern-Kinder-Abende sind eine wunderbare Gelegenheit, um die Schüler die Ergebnisse des Unterrichts präsentieren zu lassen; das muss keine Aufführung sein, auch ein schlichtes Vorführen von Arbeitsmappen sowie ein gemeinsames Eltern-Kind-Gespräch an Tischgruppen kann diesen Zweck erfüllen.

Gestaltung von Klassenkonferenzen; Information vor Zeugniskonferenzen

Je nach Rechtslage in Ihrem Bundesland werden Sie die Elternvertreter Ihrer Klasse als Mitglieder der Klassenkonferenzen und eventuell auch Zeugniskonferenzen begrüßen. Diese Zusammenarbeit ist im Hinblick auf Ihre Rolle besonders anspruchsvoll; denn hier begegnen sich Lehrer- und Elternperspektive zuweilen ungefiltert, und neben der Befruchtung durch die unterschiedlichen Sichtweisen können auch urplötzlich gegenseitige Ressentiments oder handfeste Vorwürfe (z.B.: „Sie haben Lieblinge!" „Sie zensieren zu hart!" aus Sicht der Eltern; „Sie kümmern sich nicht um Ihre Kinder", „Sie schieben mir die gesamte Erziehungsarbeit zu" aus Sicht der Lehrer) im Raum stehen. Deswegen ist es für die Zusammenarbeit mit Eltern auf Konferenzen essentiell, dass:

- vorher bestimmte Gesprächsregeln geklärt werden (keine pauschalen Vorwürfe, stattdessen präzise Beschreibung eigener Beobachtungen und Fragen, vgl. dazu Material 33 im Anhang)
- mit allen Beteiligten Vertraulichkeit in Bezug auf die den Konferenzinhalte vereinbart ist
- klar ist, dass die Elternvertreter ihre Rolle abgeben müssen, wenn es um ihr eigenes Kind geht
- bestimmte Vorgehensweisen und Schritte für die Konferenzen regelhaft vereinbart werden (vgl. dazu Material 27 im Anhang).

Telefonkontakte

Atmosphärisch wichtig ist für Eltern die telefonische Erreichbarkeit von Lehrkräften. Deswegen möchte ich Ihnen raten, diese Erreichbarkeit nicht grundsätzlich abzulehnen. Gleichzeitig gibt es hier für Sie als Berufseinsteiger aber einen Zielkonflikt: Ihre Zeit ist ohnehin so begrenzt; viel zu selten haben Sie Zeit für sich selbst – da kann es schon nervenaufreibend sein, wenn auch noch immerzu abends das Telefon klingelt. Als gute Lösung hat sich hier die Veröffentlichung einer telefonischen Sprechzeit in der Woche erwiesen – oder, wenn Sie eine Klasse mit jungen Schülern haben, von vielleicht zwei Sprechzeiten pro Woche. Vertreten Sie die Regelung einer Telefonsprechstunde offensiv, z.B. so: „Liebe Eltern, damit ich am nächsten Tag wieder frisch und kräftig agieren kann, brauche ich meinen Feierabend. Auch ich habe ein Privatleben. Aus diesem Grund möchte ich an bestimmten Abenden in der Woche nicht gestört werden. Aber am Dienstag und Donnerstag bin ich von 19 bis 20 Uhr für Sie telefonisch erreichbar." Auch die Schaltung und Veröffentlichung einer getrennten Nummer für Dienstgespräche macht Sinn – und ebenso die Verwendung eines Anrufbeantworters. Der ermöglicht Ihnen häufig, das Anliegen der Eltern erst einmal zu hören und sich darauf einzustellen, bevor Sie in das Gespräch einsteigen.

Einzelgespräche

Der wichtigste Kontakt zu den Eltern wird in Gesprächen hergestellt, sei es als Informations- oder als Beratungsgespräch (über Leistung, Sozialverhalten und disziplinarisch relevantes Verhalten). Eltern bitten Sie um Gespräche – aber auch Sie können anrufen oder einladen. Gespräche dienen Ihrer Arbeit und der Entwicklung Ihrer Schüler auf vielfältige Weise – indem Sie das gegenseitige Verständnis vertiefen, notwendige Informationen vermitteln, Maßnahmen koordinieren, Ideen entwickeln etc. Damit Gespräche diese produktive Wirkung entfalten können, müssen mehrere Grundvoraussetzungen gewährleistet sein:

- alle Gesprächsteilnehmer müssen das Gespräch führen wollen

- Thema und Zeitbedarf sowie zeitliche Lage müssen abgesprochen sein, sie dürfen nicht diktiert werden
- es muss Klarheit über den Charakter des Gesprächs bestehen
- das Ziel des Gespräches muss allen Beteiligten klar sein.

Es gibt noch weitere wichtige Aspekte, die in Kapitel 21 vertieft werden. An dieser Stelle möchte ich Ihnen nur verdeutlichen, dass Sie die oben benannten Punkte beachten sollten, um Fehlentwicklungen im Gespräch zwischen Lehrern und Eltern zu vermeiden – z.B. das an Schulen verbreitete unkonkrete, beliebige Reden nach dem Motto „Schön, dass wir mal drüber geredet haben" – ohne Zielorientierung und ohne echtes Ergebnis. Es macht einen Unterschied, ob ich ein Gespräch vereinbare, in dem ich den Eltern eine Rückmeldung über das schwierige Verhalten ihres Kindes geben möchte, oder ob das Gespräch dazu dienen soll, meine Hypothesen über den Grund für das Fehlverhalten eines Schülers zu überprüfen. In letzterem Fall werde ich ganz viel fragen und Konfrontation vermeiden – denn ich möchte ja Informationen sammeln, um im Anschluss eine Einschätzung für mich zu klären. Im ersten Fall dagegen bereite ich mich auf eine möglichst präzise Beschreibung des Fehlverhaltens vor und frage erst im zweiten Schritt danach, ob die Eltern im häuslichen Bereich Ähnliches beobachten oder ob sie Erklärungen für das Fehlverhalten haben. Meine konkrete Vorbereitung hängt also von der Art des Gespräches ab.

Zeugnisübergabegespräche

Die Ausgabe von Zeugnissen ist immer noch ein ganz, ganz einschneidender Moment in jeder Schülerlaufbahn. In der Grundschule, aber auch in Jahrgang 5/6 der weiterführenden Schulen kann es Sinn machen, anlässlich der Zeugnisausgabe ein Eltern-Kind-Gespräch zum Erläutern des Zeugnisses anzusetzen, damit Fragen und Sorgen sich nicht erst Zuhause aufschaukeln und dann überdimensioniert in die Schule zurückschwappen. Technisch ist dies umsetzbar, indem Sie den frühen Abend vor der offiziellen Zeugnisausgabe für die Eltern wählen, die nicht am Vormittag kommen können – und am nächsten Vormittag alle übrigen Eltern einladen. Für die Klasse bereiten Sie Freiarbeitsangebote vor und bitten die Klassenelternvertreter oder andere Eltern, sich die Aufsicht zu teilen.

Schullaufbahnberatungsgespräche

Wenn Eltern sich an Sie wenden, weil sie Rat für die weitere Schullaufbahn ihres Kindes suchen oder wenn Sie Eltern einladen, weil Sie ihnen eine Mitteilung zur Schullaufbahn machen müssen, dann geht es meist um eine Gemengelage aus Ängsten, Befürchtungen, Unsicherheiten, Enttäuschungen – und um die sachliche Beratung der nächsten Schritte. Eine solche Veranstaltung ist für Sie als Berufseinsteiger in mehrfacher Hinsicht eine echte Herausforderung: Sie haben meist noch kein lebensgeschichtliches Standing gegenüber den meist älteren Eltern; Ihnen fehlt noch die Erfahrung im Führen solcher Gespräche, in denen sich jäh emotionale Abgründe auftun können; Sie sind vermutlich noch nicht geübt im Beobachten mit diagnostischem Blick – und Sie verfügen meist noch nicht über profunde Kenntnisse der Schullandschaft, die Voraussetzung für eine Schullaufbahnberatung sind. All dies schwächt Ihre Position. Deswegen möchte ich Ihnen raten, Schullaufbahnberatungen gut vorzubereiten: Holen Sie sich die Einschätzung der anderen Kollegen zu dem betreffenden Schüler ein; befragen Sie Ihre Schulleitung oder Beratungslehrkräfte vorher über die zur Verfügung stehenden Laufbahnalternativen, klären Sie insbesondere auch die Rechtslage – und versuchen Sie, das Gespräch atmosphärisch so entspannt wie möglich zu führen, indem Sie die Gefühle der Eltern ernst nehmen. Trauen Sie sich lieber ein: „Ich weiß darüber noch nicht Bescheid, ich erkundige mich aber gerne und rufe Sie morgen beziehungsweise übermorgen an" – als dass Sie aus Unsicherheit oder Unwissen falsche Auskünfte erteilen.

Weitergehende Elternmitarbeit

Besonders in der Grundschule bieten sich immer wieder Eltern an, im Unterricht oder bei nachmittäglichen Veranstaltungen wie beispielsweise Ausflügen mitzuhelfen. Stimmen Sie dem nicht unreflektiert sofort zu, sondern bedanken Sie sich für das Angebot und bitten Sie um Verständnis, dass Sie zunächst die rechtliche Lage klären müssen. Das tun Sie am besten im Gespräch mit der Schulleitung. Je nach Bundesland gibt es hier unterschiedliche Regelungen, z.B. die Auflage eines Gesundheitszeugnisses, die Zustimmung des Elternabends o. ä. Wenn Sie grünes Licht für Elternmitarbeit erhalten, dann werden Sie im Regelfall sehr davon profitieren. Elternbegleitung bei Ausflügen oder Klassenreisen schafft neue Ansprechpartner für die Schüler und entspannt die Situation. Wenn es allerdings um Mitarbeit im Unterricht geht, sollten Sie vor einer Zusage noch einmal gründlich überlegen: Verträgt es das Kind des mitarbeitswilligen Elternteils, wenn plötzlich die Mutter im Klassenraum steht? Kann das jeweilige Elternteil überparteilich agieren, oder ist das eigentliche Motiv für die Mitarbeit, die Startposition des eigenen Kindes zu verbessern? Und gut wäre es auf alle Fälle, die Klasseneltern von der bevorstehenden Mitarbeit zu informieren. Sollte es Akzeptanzprobleme geben, die Sie nicht wahrgenommen haben, dann können Sie hier notfalls noch vor Beginn korrigieren.

Elternstammtisch

In vielen Schulen gibt es den so genannten Elternstammtisch als einen unregelmäßigen informellen Treffpunkt von Eltern einer Klasse, zu dem auch die Klassenlehrkraft eingeladen ist. Ca. 2–4 Mal im Schuljahr trifft man zusammen, häufig in einer Kneipe, und tauscht sich über die Klasse und die Entwicklung in der Schule aus. Ein solcher Stammtisch wird von den Eltern ins Leben gerufen. Die Erfahrungen sind sehr unterschiedlich: Auf der einen Seite erscheint der Stammtisch als eine Möglichkeit, in vertrautere und vertrauensvollere Kommunikation zu treten, häufig entstehen hier auch gute Ideen für die Klasse – und ebenso ist ein solcher Stammtisch auch ein Frühwarnsystem, denn vielen Eltern fällt es leichter, kritische Punkte in einem solchen Rahmen anzusprechen. Auf der anderen Seite können Elternstammtische auch eine schwierige Rolle in der Entwicklung einer Klasse spielen – wenn sich hier nämlich eine Ingroup von Eltern trifft, meist ohne Lehrer, und hemmungslos lästert und sich nicht selten auch in eigenen (eigentlich kritischen) Wahrnehmungen bestärkt, so dass im Elternkreis, aber auch zwischen Eltern und Lehrern, Fronten entstehen. Deswegen ist es für Sie als Berufseinsteiger wichtig, sich zu positionieren. Wenn ein Elternstammtisch schon existiert oder neu eingerichtet wird, sollten Sie auf alle Fälle auf die nächste oder erste Sitzung gehen, um sich einen Eindruck von der Situation zu verschaffen. Wenn es Ihnen zeitlich möglich ist, sollten Sie auch weiterhin teilnehmen. Im anderen Falle sollten Sie ein regelhaftes Informationsgespräch aus dem Elternstammtisch etablieren, d.h. Sie sollten offen ein Elternteil oder einen Elternvertreter bitten, Ihnen jeweils zu berichten, welche Punkte besprochen wurden und ob und welche Wünsche es an Sie gibt.

20.2 Vorschlag für Grundregeln der Kommunikation zwischen Eltern und Lehrern

Die Kommunikation zwischen Eltern und Lehrern ist nicht immer einfach. Auf der einen Seite ein manchmal belehrender Habitus der Lehrkräfte, verbunden mit Verunsicherung und Ängsten beziehungsweise einem schlechten Gewissen, weil es keiner Lehrkraft an Schulen heute möglich ist, die Vielzahl der an sie herangetragenen Aufgaben zu erfüllen – und auf der Seite der Eltern unangenehme Erinnerungen an die eigene Schulzeit, nicht selten Sorgen, Ängste oder Verzweiflung über die Entwicklung des eigenen Kindes, Gefühle, die nicht offen gezeigt werden, sondern als Ärger und Wut nach außen treten – und das Ganze in einem gesellschaftlichen Umfeld, in dem den Lehrern die grundlegende Anerkennung für ihre schwierige Aufgabe versagt wird: All das bildet einen unangenehmen Begrüßungscocktail für die Begegnung von Eltern und Lehrern.

Sie selbst als Berufseinsteiger können diese Mechanismen durchbrechen, indem Sie bei der ersten Begegnung einfach aussprechen, was Sie sich im gegenseitigen Umgang wünschen – und die Eltern bitten, gemeinsam mit Ihnen an einem vertrauensvollen Umgang zum Wohle ihrer Kinder zu arbeiten.

Kommunikationsgrundlagen für die Arbeit mit Eltern

Was ein Lehrer den Eltern als Grundregeln zur Kommunikation mitteilen könnte:

„Meine Grundeinstellung ist: Eltern und Lehrer haben das gleiche Ziel, nämlich dass das jeweilige Kind oder der jeweilige Schüler in seiner Individualität wahrgenommen wird, sich in der Schule wohl fühlt und sich entsprechend seinen Möglichkeiten entwickelt. Daraus ergibt sich, dass Vorwürfe in der Kommunikation keinen Platz haben (denn die unterstellen ja bösen Willen), sondern dass die Kommunikation auf der Basis von gegenseitigem Respekt erfolgt.

Das ist umso wahrscheinlicher, je konstruktiver wir als Eltern und Lehrer zusammenarbeiten, deswegen gilt bei mir: Vorschläge sind immer willkommen!

Wenn Sie sich wundern, besorgt oder verärgert sind über etwas, was Ihr Kind aus der Schule berichtet oder über eine Information anderer Elternteile: Bitte fragen Sie immer direkt bei mir nach, überprüfen Sie, ob die Nachricht stimmt oder ob eventuell ein Missverständnis vorliegt. Ich werde mich genauso verhalten. Lassen Sie uns gemeinsam verhindern, dass Urteile aufgrund von Vorurteilen gefällt werden!

Lassen Sie uns immer direkt kommunizieren, d.h. nicht über nicht anwesende Dritte reden!

Lassen Sie uns verabreden, dass wir Kritik offen und direkt äußern, in einer Form, die auf die Sache zielt und nicht auf die Person.

21 Ihr erster Elternabend – der Beginn einer wunderbaren Freundschaft?

Der erste Elternabend als neue Lehrkraft stellt hohe Anforderungen an Sie, bietet Ihnen aber auch große Chancen für eine Weichenstellung Ihrer zukünftigen pädagogischen Arbeit. Deswegen möchte ich Sie ermutigen, der Vorbereitung des Elternabends eine hohe Bedeutung beizumessen.

21.1 Mentale Voreinstimmung

Eltern als Partner

Die Eltern sind meine Partner, nicht meine Gegner! Für jede pädagogische Arbeit gilt: Je einvernehmlicher und atmosphärisch entspannter sie ablaufen kann, desto erfolgreicher ist sie. Deswegen sollten Sie auf Ihrem ersten Elternabend die Hand ausstrecken und den Eltern das Angebot zur Zusammenarbeit machen. Das wird nicht verhindern, dass Sie es womöglich auch mit Stänkerern, Nörglern oder Intriganten unter den Eltern zu tun haben werden – wie in allen gesellschaftlichen Zusammenhängen! Aber die gutwillige Mehrheit Ihrer Eltern binden Sie so von Anfang an ein – und diese wird Ihnen auch helfen, sollten Sie einmal mit Einzelnen Probleme bekommen.

Anzahl der Teilnehmer

Wie viele Eltern kommen, hat nichts mit mir zu tun! Der Besuch der Elternabende kann extrem unterschiedlich sein. Beziehen Sie einen geringen Besuch nicht automatisch auf sich (nach dem Motto: Die Eltern haben gar kein Interesse an mir!), sondern machen Sie sich klar, mit welchen Belastungen viele Familien heute leben, wie viele Eltern Probleme haben, ihr eigenes Leben zu organisieren. Sollten Sie in einer Stadt oder Gemeinde Klassenlehrer sein, in der sich diese Probleme häufen, dann müssen Sie möglicherweise über andere Methoden der Elternarbeit nachdenken.

Aber auch in sozial gut gestellten Gemeinden kann es Schulen geben, in denen die Elternabende nur spärlich besucht werden. Typisch ist auch die Abnahme des Besuches, je älter die Kinder werden.

Immer aber gilt es auch zu hinterfragen: Sind die bisherigen Elternabende, die diese Eltern besucht haben, so verlaufen, dass ihr Interesse geweckt worden ist und sie gerne wiederkommen? Sind sie in ihren Anliegen und Kompetenzen ernst genommen worden? In diesem Sinne wird dann der Besuch der *kommenden* Elternabende vielleicht doch etwas mit Ihnen zu tun haben: Wenn sich nämlich herumspricht, dass Ihr Elternabend eine interessante, von der Atmosphäre her angenehme und produktive Veranstaltung war, dann haben Sie vermutlich das nächste Mal mehr Besuch.

Die Perspektive der Eltern

Machen Sie sich die Perspektive der Eltern klar. Diese wollen:

- Sie kennen lernen und einen ersten Eindruck von Ihnen als Lehrkraft gewinnen
- Bei neuen Klassen: die neue Schule und ihre Atmosphäre kennen lernen
- Etwas erfahren über Inhalte des Unterrichts und den vorherrschenden pädagogischen Stil
- Manchmal: etwas über ihr eigenes Kind mitteilen
- Manchmal: die Richtung mitbestimmen, in die gearbeitet wird

Dabei hängt sehr von Schulform, Gemeinde und Bildungsstand der Eltern ab, welche Anteile diese unterschiedlichen Erwartungen ausmachen. Nicht zu unterschätzen sind drei problematische Stimmungen, die einzelne Eltern am Elternabend mitbringen:

- Angst vor der Schule und auch vor Ihnen, besonders wenn es Sprach- und Bildungsbarrieren gibt
- Wut, Aggression als übrig gebliebener Rest von unbearbeiteten Erlebnissen während der eigenen Schulzeit (Schulversagen, Niederlagen, Demütigungen usw.), lange vorbei und doch nicht vergessen, sondern beim Besuch der Schule der eigenen Kinder plötzlich wieder aktuell
- Wunsch nach Selbstdarstellung

Ihre Perspektive

Sie selbst sind ein wenig verunsichert: Ihr erster Auftritt als verantwortliche Lehrkraft!

Sie stellen sich vielleicht folgende Fragen:

- Welche Erwartungen werden die Eltern haben?
- Werden die Eltern zur Zusammenarbeit bereit sein?
- Werden die Eltern Fragen stellen, die ich nicht beantworten kann?
- Werden die Eltern Anforderungen formulieren, die ich nicht erfüllen kann?

Machen Sie sich klar: Die Tatsache, dass Sie als neue Lehrkraft vor den Eltern stehen, verschafft Ihnen erst einmal einen Sympathiebonus – alle freuen sich über den frischen Wind, den Sie mitbringen.

21.2 Inhaltliche Planung

Was soll aus Ihrer Sicht auf dem Elternabend passieren? Hier folgen einige Vorschläge:

- sich selbst vorstellen. Überlegen Sie, was Sie den Eltern über sich persönlich sagen wollen. Eine kleine persönliche Vorstellung schafft eine Brücke!
- gegebenenfalls anderen Kolleginnen und Kollegen Raum für eine Vorstellung lassen
- Organisatorisches abklären (Klassenkasse; Handhabung von Entschuldigungen; Klärung, wie Mitteilungen an die Eltern gelangen sollen; abklären, ob es eine Klassenliste geben soll; eventuell Anschaffungen für die Klasse oder für einzelne Schüler; gegebenenfalls Klassenreise). Bereiten Sie alle organisatorischen Punkte gut vor, dann sind Sie innerlich entlastet.
- Einige Informationen zu den Inhalten der Arbeit geben
- Ihre pädagogischen Grundsätze (soweit Ihnen diese schon klar sind, darstellen). Formulieren Sie wenige konkrete Leitsätze für Ihr pädagogisches Handeln als Klassenlehrer – damit stecken Sie sozusagen das Terrain ab.
- Den Eltern Raum geben für eine eigene Vorstellung; Benennen Sie Felder der Zusammenarbeit mit den Eltern und signalisieren Sie damit, dass Sie wirklich an einer Zusammenarbeit interessiert sind
- Raum geben für Nachfragen
- Was noch?

21.3 Klärungsbedarf vor Verfassen des Einladungsschreibens

Bevor Sie die Einladung schreiben, sollten Sie einige inhaltliche und organisatorische Fragen abklären, damit Sie nicht nachsteuern müssen, weil Sie bestimmte Rahmenbedingungen an der Schule nicht beachtet haben:

- Klären Sie, ob es an Ihrer Schule Absprachen hinsichtlich der Lage des Elternabends gibt, z.B. alle Klassen eines Jahrganges zur gleichen Zeit; klären Sie gegebenenfalls auch, ob es in Ihrer Klasse Schüler mit Geschwisterkindern an der gleichen Schule gibt, so dass es Probleme geben könnte, wenn die Elternabende parallel liegen, besonders bei allein erziehenden Eltern.
- Wollen Sie ein Mitglied der Schulleitung auf Ihrem Elternabend haben für eine Begrüßung oder einen Tagesordnungspunkt? (Dies wird häufig von Schulleitungen bei neuen Klassen gewünscht!) Dann sollten Sie den Umfang und die zeitliche Lage dieses Besuches klären, damit nicht Ihr ganzes Konzept, Ihre Choreographie des Abends ins Trudeln gerät. Das können Sie dem Schulleiter ruhig deutlich sagen: „Es ist ja mein erster Elternabend, und ich plane, auch die Eltern aktiv werden zu lassen. Deswegen wäre ich Ihnen sehr dankbar, wenn Sie mit mir einen genauen Zeitpunkt absprechen könnten und sich auch, was die Länge Ihres Besuches angeht, an unsere Verabredung halten würden."
- Sollen Fachlehrer aus Ihrer Klasse kommen? (Eltern finden das meistens hilfreich, dieser Besuch muss nicht lange dauern, stellt aber einen ersten Kontakt her; besonders empfehlenswert ist diese Vorstellung bei neuen Klassen.) Achtung, Falle: Manche Fachkollegen könnten Ihre Bitte als unzumutbare Mehrarbeit empfinden. Wenn Sie noch kein Gefühl für den Kooperationsstil an Ihrer neuen Schule haben, stellen Sie sich innerlich darauf ein, hier auch unfreundliche Reaktionen zu bekommen! Aber lassen Sie sich nicht entmutigen – die Idee ist gut!
- Sie müssen geltende Fristen beachten. Klären Sie, welche in Ihrem Bundesland gelten. Im Regelfall muss die Einladung spätestens eine Woche vor dem gewünschten Termin verteilt worden sein.
- Wenn Sie eine bestehende Klasse übernehmen, dann sollten Sie den Ablauf des Elternabends mit den Klassenelternvertretern absprechen. Nehmen Sie sich in diesem Fall Zeit für ein Treffen mit den Klassenelternvertretern zur Vorbereitung. Bedenken Sie, dass der erste Eindruck häufig prägend ist. Die ein bis zwei Stunden, die Sie sich wirklich für ein Treffen und Kennen lernen Zeit nehmen, werden sich für Sie auszahlen. Sorgen Sie für einen ungestörten Raum und einen angenehmen Rahmen (zumindest Wasser oder Kaffee bereitstellen) für das Treffen (vielleicht werden Sie sogar nach Hause eingeladen?) und erfragen Sie die bisherigen Erfahrungen – und die Wünsche für die Zusammenarbeit in der Zukunft. Besser können Sie gar nicht in das Klima der Kooperation eingeführt werden, Sie wissen dann schon vor dem Elternabend, was Sie in etwa erwartet. Und gleichzeitig können Sie eine Basis legen für eine vertrauensvolle Zusammenarbeit, wenn Sie den Elternvertretern darlegen, was Ihnen wichtig ist.
- Überprüfen Sie, ob in Ihrem Bundesland die Klassensprecher das Recht auf Anwesenheit auf dem Elternabend haben. Achtung, Falle: Auch wenn

es diese rechtliche Bestimmung in Ihrem Bundesland gibt, ist noch längst nicht sicher, dass sie auch an Ihrer Schule umgesetzt wird, denn die Anwesenheit von Schülern ist an vielen Schulen immer noch ein Thema von hoher Brisanz. Damit es keinen Ärger gibt, weil Eltern (und Lehrer?) sich durch die Anwesenheit von Schülern beeinträchtigt fühlen könnten, ist es wichtig, dass Sie die Praxis an Ihrer Schule klären. War es bisher unüblich, dass Klassensprecher teilnahmen, gibt es aber rechtlich diese Vorschrift, so empfiehlt es sich, diese Frage mit den Eltern auf dem ersten Elternabend zu besprechen, sie über die Rechtslage zu informieren und ein Verfahren zu vereinbaren. Natürlich müssen Sie diese Frage auch mit der Klasse klären. Je nach Altersstufe Ihrer Klasse kann es hilfreich sein, wenn Sie mit den Klassensprechern deren Rolle und das erwünschte Agieren auf dem Elternabend vorher abklären.
- Melden Sie den Termin des Elternabends beim Hausmeister an, am besten mit einer Kopie der Einladung. Klären Sie bei dieser Gelegenheit auch mit ihm persönlich die Gepflogenheiten an Ihrer Schule: Welches Zeitlimit gilt am Abend? Wie strikt ist dieses? Ist der Haupteingang Ihrer Schule den ganzen Abend geöffnet, so dass Nachzügler noch hereinkommen? Benötigen Sie in einer technischen Frage Hilfestellung vom Hausmeister?

21.4 Das Einladungsschreiben

Das Einladungsschreiben ist Ihre Visitenkarte – über dieses Schreiben haben die Eltern den ersten Eindruck von Ihnen, bevor Sie sich persönlich kennen lernen. Achten Sie deshalb auf:
- eine freundliche Ansprache
- eine ansprechende Form
- vergessen Sie nicht, einen Antwortabschnitt unten auf dem Schreiben unterzubringen; damit signalisieren Sie, wie wichtig Ihnen die Anwesenheit und auch gegebenenfalls eine schriftliche Absage ist.

Wenn Sie den Elternabend zusammen mit den Klassenelternvertretern durchführen, sollten diese auch mit unterschreiben.

Besprechen Sie die Einladung beim Verteilen mit den Schülern und sorgen Sie dafür, dass diese Zuhause den Zettel auch abgeben und ihren Eltern deutlich machen, dass deren Erscheinen erwartet wird.

21.5 Organisatorische Vorbereitung am Tag des Elternabends

Sie können sich für den Abend selbst sehr stark entlasten, wenn Sie die im Folgenden aufgelisteten Vorschläge für organisatorische Vorbereitungen durchgehen und überlegen, was auf Sie und Ihre Klasse zutrifft.

Tipp: Sorgen Sie bei Ihrer Planung des Tages dafür, dass Sie zwischen Schule und Elternabend eine reelle Pause haben! Die beste Vorbereitung ist nicht wirklich hilfreich, wenn Sie zu erschöpft und abgehetzt sind, um gelassen und kraftvoll zu agieren.

- Klären Sie, ob Ihr Klassenraum nach der Schule gereinigt wird; wenn das nicht der Fall ist (z.B. wegen einer Umstellung auf 2-Tage-Reinigung), sollten Sie den Raum mit der Klasse gemeinsam reinigen.
- Gibt es schon allererste Ergebnisse des Unterrichts – z.B. Vorstellungen der einzelnen Kinder auf Plakaten o.ä., womit Sie die Klasse ausgestalten können?
- Haben Sie schon Regeln und Rituale vereinbart, Ämter verteilt? Dann sollten diese Regeln beziehungsweise Ämterlisten auch in der Klasse sichtbar sein.
- Hängt der Stundenplan irgendwo gut sichtbar aus – falls es Nachfragen gibt?
- Wollen Sie Unterrichtsmaterial in einer Ecke der Klasse auslegen, zum Stöbern für die Eltern?
- Werfen Sie einen Blick in die Toiletten, die Ihre Eltern nutzen sollen – und bitten Sie gegebenenfalls den Hausmeister, Toilettenpapier und Handtücher nachzulegen – Sie glauben gar nicht, wie häufig Schulgremien sich mit der Situation in den Toiletten beschäftigen, nicht selten ausgelöst durch „Realbegegnungen" von Eltern.
- Bauen Sie eine kommunikative Sitzordnung auf (einen Stuhlkreis, ein U, Kleingruppen).
- Sorgen Sie für Getränke, mindestens Wasser – oder klären Sie mit den Klassenelternvertreter, dass diese sich darum kümmern.
- Erstellen Sie Namensschilder für die angemeldeten Eltern (alternativ reicht es auch, eine Krepprolle mit einem Edding-Stift bereitzulegen, damit die Eltern sich selbst am Abend einen Namensstreifen schreiben und ankleben können).
- Legen Sie das in Ihrem Bundesland gültige Schulgesetz griffbereit, für den Fall von Nachfragen.
- Erstellen Sie Listen für Eintragungen (die Zeit, die Sie dafür aufwenden, einmal im Vorhinein vernünftige Listen für verschiedene Zwecke zu erstellen, wird Ihnen im Laufe des Schuljahres sehr viel Zeit sparen) und legen Sie diese bereit (Schulverein, Klassenkasse, Klassenliste). Bevor Sie eine Liste mit Namen, Adressen und Telefonnummern an alle Eltern und Schüler verteilen, müssen Sie sich auf dem Elternabend vergewissern, dass alle mit dieser Veröffentlichung einverstanden sind.
- Halten Sie Zettel bereit, die als Stimmzettel dienen können (falls die Eltern die Klassenelternvertreter schriftlich wählen wollen) und Adressbögen, die die gewählten Vertreter fürs Schulbüro ausfüllen müssen (manche Schulen haben dafür auch Formulare, dann daran denken, dass diese bereitliegen).
- Schreiben Sie den Vorschlag für die Tagesordnung an die Tafel.

Und nun ab nach Hause und Beine hoch!

21.6 Vorschlag für einen Ablauf des Elternabends

1. Begrüßung der Eltern, Sie als Lehrer stellen sich persönlich vor.
2. Vorstellung der Tagesordnung. Wenn Sie den Abend gemeinsam mit Klassenelternvertreter durchführen, Ihre Arbeitsteilung zu Beginn deutlich machen (wer führt die Rednerliste?).
3. Vorstellungsrunde der Eltern – schön ist es, wenn Sie ein paar Gesichtspunkte vorgeben und an die Tafel schreiben: z. B.:
   Wie heißen Sie?
   Wie heißt Ihr Kind?
   Gibt es Geschwister?
   Was wünschen Sie sich vom Elternabend?
   Was können Sie für die Klasse beitragen? (Es gibt KollegInnen, die legen am ersten Elternabend gleich eine Talente-Kartei der Eltern an und signalisieren damit zweierlei: Nicht nur reden, auch etwas tun! Und „Ich meine es ernst mit meinem Angebot einer Zusammenarbeit".)
   Alternativ haben Kollegen auch sehr gute Erfahrungen mit Vorstellungsrunden in Kleingruppen gemacht, mit etwas detaillierteren Fragen und einer anschließenden gegenseitigen Vorstellungsrunde im Plenum; dies setzt aber eine gewisse Beweglichkeit der Eltern voraus, für die man werben kann, z.B.: „Sie machen jetzt das Gleiche, was Ihre Kinder auch in der ersten Stunde gemacht haben!" Achtung Falle: Nicht nach Berufen fragen; die Hausfrauen und die von Sozialtransferzahlungen abhängigen Eltern empfinden dies häufig als diskriminierend!
4. Was mir als Klassenlehrer wichtig ist – im Umgang mit den Schülern und mit Ihnen. Dies sollte ein kleiner Vortrag von Ihnen sein mit anschließender Nachfrage- beziehungsweise Aussprachemöglichkeit durch die Eltern. Hier zeigen Sie sich mit Ihrem Selbstverständnis als Pädagoge.
5. Was haben wir in der Klasse und in meinen Fächern vor? Erster Überblick über fachliche und pädagogische Planungen; gegebenenfalls hier auch Vorstellungen anderer Fachkolleginnen und –Kollegen.
6. Organisatorisches.
7. Wahl der Elternvertreter/innen (bitten Sie zwei Eltern um Hilfe und um das Protokoll der Wahl).
8. Offener Ausklang mit Möglichkeit zu Feed-Back, Einzelgesprächen, Austausch der Eltern untereinander. Wenn Sie mögen, fragen Sie doch die Eltern, wie es ihnen gefallen hat und ob sie Verbesserungsvorschläge für den nächsten Elternabend haben.

21.7 Danach …

Auch wenn Sie wirklich geschafft sind:

Wenn Sie nicht am nächsten Tag in der ersten Stunde in der Klasse sind, bitten Sie die Eltern um Mithilfe, um den Raum wieder in die ursprüngliche Sitzordnung zu bringen. (Sonst können Sie das mit Ihrer Klasse am nächsten Tag in der 1. Stunde machen.)

Am nächsten Tag sollten Sie

- die Anwesenheitsliste durchgehen und notieren, wer nicht da war – müssen Sie die nicht anwesenden Eltern über Sachverhalte informieren?
- Die Adressbögen der Elternvertreter und eventuell andere Listen, die Sie weitergeben müssten, auf Vollständigkeit überprüfen und im Schulbüro abgeben.
- Wenn Sie mögen: ein paar Eindrücke notieren – welche Eltern sind Ihnen aufgefallen? Von welchen Eltern haben Sie trotz Anwesenheit praktisch nichts gehört und gesehen? Wo klingeln bei Ihnen Alarmglocken? Solche Notizen können sich für die zukünftige Arbeit, gerade wenn Sie die Klasse mehrere Jahre führen werden, als sehr nützlich erweisen.

22 Der Elternsprechtag – Chance der Begegnung

22.1 Der Elternsprechtag – Grundsätzliches

Passt die Praxis an Ihrer neuen Schule zu Ihrem Verständnis von Elternarbeit?

Jede Schule hat ihre eigenen Gepflogenheiten, den Elternsprechtag zu organisieren – und deswegen sind Sie nicht von vornherein frei, alles so zu machen, wie Sie es gerne möchten. Das gilt insbesondere für die Frage der Anwesenheit von Schülern beim Elternsprechtag. Im Regelfall wird es Ihnen Arbeit und Zeit sparen, wenn Sie mit Eltern und Schülern zusammen reden. Andererseits kann das Verhältnis von Eltern und Schülern untereinander so belastet sein, dass Sie bei einem Zusammentreffen beider mehr mit Konfliktmoderation als mit Beratung beschäftigt sein werden oder aber erleben, dass einer der beiden völlig verstummt. Deswegen rate ich Ihnen, beim Erstgespräch die Eltern alleine kennen zu lernen und dann das weitere Verfahren nach Ihren Eindrücken zu gestalten.

Wenn Sie sich gründlich nach den Rahmenbedingungen Ihrer neuen Schule erkundigt haben, sollten Sie überlegen, was davon zu Ihnen passt – und was Sie stört oder eventuell sogar in Ihrer Arbeit behindert. In diesem Fall sollten Sie überlegen:

Was kann ich sofort für mich selbst ändern, ohne dass die anderen Kolleginnen und Kollegen oder die gesamte Organisation davon betroffen sind?

Gibt es Punkte, die den Gesamtrahmen betreffen? Dann lasse ich von diesen beim ersten Durchgang an der neuen Schule am besten die Finger. Aber direkt nach dem Elternsprechtag überlege ich: Mit wem kann ich darüber reden, um die Stimmung und eventuell auch die Veränderungsbereitschaft im Kollegium zu sondieren? Habe ich Zeit und Kraft, meine Veränderungswünsche der Schulleitung rückzumelden? Dann gibt es vielleicht die Chance, dass ich mich im nächsten Jahr wohler fühle!

22.2 Vorbereitung des Raums

Sorgen Sie dafür, dass der Raum, in dem Sie die nächsten beiden Tage sitzen werden, aufgeräumt ist und sauber gemacht wird (Rückkopplung mit Hausmeister, Reinemachfrau). Im Winterhalbjahr sollte auch die Frage der Heizung geklärt sein; viele Heizungsanlagen haben eine Absenkung der Raumtemperatur am Nachmittag einprogrammiert, und dann sitzen Sie womöglich in Mantel und Schal ebenfalls frierenden Eltern gegenüber. Da ist nicht mehr viel Zusätzliches nötig, um die Stimmung in den Keller zu bringen.

Wenn Sie den Elternsprechtag in Ihrem eigenen Klassenraum durchführen, räumen Sie mit Ihrer Klasse auf, überlegen Sie, was Sie an den Wänden oder auf den Fensterbänken für die Eltern ausstellen könnten.

Sorgen Sie für ein angenehmes Ambiente

Im Klassenraum wird die Besprechungsgruppe aufgebaut – zwei Schultische zu einem Rechteck zusammengerückt und 4–5 Stühle drum herum (denn vielleicht kommen aus einzelnen Familien Ihrer Schüler beide Elternteile und möglicherweise auch noch ein drittes Familienmitglied zum Übersetzen).

Stellen Sie 3–4 Stühle vor die Tür für Besucher, die auf ein Gespräch mit Ihnen warten. Stellen Sie einen Blumenstrauß oder eine blühende Topfpflanze auf den Besprechungstisch, natürlich nicht zwischen sich und Ihre Gesprächspartner, sondern seitlich. Halten Sie Mineralwasser und Becher bereit – für sich und Ihre Besucher (vgl. Checkliste 28 im Anhang).

22.3 Mentale Voreinstimmung: Der Elternsprechtag – ein ganz besonderes Setting!

Für jede pädagogische Arbeit gilt: Je einvernehmlicher und atmosphärisch entspannter sie ablaufen kann, desto erfolgreicher ist sie. Gleichzeitig gilt aber für den Elternsprechtag, dass Ihre fachliche und pädagogische Autorität stärker als in anderen Gesprächszusammenhängen gefordert ist; denn viele Eltern wollen neben der Rückmeldung über den Leistungsstand ihres Kindes auch Beratung, und das macht die Gesprächslage tendenziell hierarchisch. Zudem treten nicht selten unangenehme Überraschungen auf. Sie stellen beispielsweise plötzlich fest, dass die Eltern über die Situation ihres Kindes gar nicht informiert sind oder Sie erleben massive Wahrnehmungsstörungen bei den Eltern hinsichtlich der Leistungsfähigkeit des eigenen Kindes, die zu lautstarken Protesten gegen Ihre Einschätzung führen.

Aus diesen Gründen rate ich zu einer gründlichen Vorbereitung und einer einheitlichen Gesprächsstruktur, die Sie den Eltern gegenüber zu Beginn des Gesprächs veröffentlichen. Das gibt Ihnen Sicherheit in der Sache, steckt einen Rahmen ab und macht den Ablauf für die Eltern transparent und nimmt ihnen gleichzeitig Ängste.

Die Perspektive der Eltern

Wenn Sie keine eigenen Kinder im Schulalter haben, dann machen Sie sich mit der Perspektive der Eltern vertraut. Es gibt wohl kaum einen Zeitpunkt im Schuljahr, an dem Eltern mehr unter Dampf stehen als zum Elternsprechtag.

Da gibt es zunächst die Grundeinstellung:

- Möglicherweise Angst vor der Schule und auch vor Ihnen, besonders wenn es Sprach- und Bildungsbarrieren gibt und vielleicht auch schon eine Vorgeschichte von Schul(leistungs)problemen existiert.
- Wut und Aggression aus den oben genannten Gründen – als Ausdruck einer anderen Bewältigungsstrategie – oder aber auch als übrig gebliebener Rest von unbearbeiteten Erlebnissen während der eigenen Schulzeit (Schulversagen, Niederlagen, Demütigungen usw.).
- Wunsch nach Selbstdarstellung, nicht selten auch die Einstellung, als Elternteil, das ja selbst einmal zur Schule gegangen ist, eigentlich Experte für schulisches Lernen zu sein.

Dann gibt es die aktuellen Ängste und Verunsicherungen, z.B.:

- Hat mein Kind mir alles erzählt – oder erfahre ich womöglich unangenehme Neuigkeiten? Wie stehe ich dann vor der Lehrerin da?
- Hat mein Kind die Chance, den von uns allen gewünschten Schulabschluss zu erreichen – oder höre ich heute, dass es dabei Schwierigkeiten gibt? Was soll ich dann tun?
- Schaffe ich es, dem Lehrer die Dinge zu sagen, die ich auf meinem Zettel habe – oder redet er mich in Grund und Boden?

Sachlich wollen die meisten Eltern:

- Sie als Person kennen lernen und sich einen eigenen Eindruck von Ihnen als Lehrer verschaffen; deswegen ist es auch so schwer, Eltern davon abzuhalten, einen Termin mit Ihnen auszumachen, wenn aus Ihrer Sicht wirklich gar nichts anliegt und Sie die Zeit dringend für wichtigere Problemfälle bräuchten;
- Bei neu eingerichteten Klassen etwas über die neue Schule und Klasse sowie die Gesamtatmosphäre erfahren;
- Zuallererst aber: etwas über Leistung und Verhalten ihres Kindes erfahren, am liebsten im Vergleich zur Klasse;
- Manchmal: etwas über ihr eigenes Kind mitteilen;
- Manchmal: Beratung bekommen.

Ihre Perspektive

Sie selbst sind ein wenig verunsichert: Ihr erster Auftritt als verantwortlicher Pädagoge im persönlichen Gespräch!

Welche Erwartungen werden die Eltern haben?

Werden die Eltern Fragen stellen, die Sie nicht beantworten können?

Werden die Eltern Anforderungen formulieren, die Sie nicht erfüllen können?

Machen Sie sich klar: Die Tatsache, dass Sie als neue Lehrkraft vor den Eltern sitzen, verschafft Ihnen erst einmal einen Sympathiebonus – alle freuen sich über den frischen Wind, den Sie mitbringen.

22.4 Organisatorische Vorbereitung

Zeitplanung

(vgl. Materialien 28, 29 und 30 im Anhang)

Die Anmeldungen trudeln bei Ihnen ein. Der seltene Fall tritt ein: Sie haben nur wenige Anmeldungen!

Wenn dies der Fall sein sollte (höchst selten werden Sie ihn erleben!), überlegen Sie genau, ob es Eltern gibt, die Sie von sich aus sprechen wollen und die Sie daher bitten werden, doch zu einem Gespräch zu kommen. Denn nun sitzen Sie ohnehin in der Schule (jedenfalls, wenn es bei Ihnen Präsenzzeiten während der Sprechtage gibt) – und wirklich konzentriert arbeiten werden Sie in den Zeitlücken auch nicht können.

Der Regelfall: Zu viele Anmeldungen

Sortieren Sie die Anmeldungen kritisch: Welchen Eltern wollen auch Sie dringend etwas mitteilen? Diese Gespräche müssen Priorität haben. Allen anderen Eltern schicken Sie einen Vierzeiler (siehe Material 31 im Anhang) mit einer Absage.

Sie schreiben einen Zeitplan, in den Sie die Namen der Eltern eintragen, ein Exemplar ist für Sie und liegt der während der zwei Tage auf Ihrem Tisch – und das andere hängen Sie außen an Ihre Tür. Damit wissen alle Besucher genau Bescheid – und Sie vermeiden Störungen durch ständiges Türöffnen (siehe Material 30 im Anhang).

Pausen

Planen Sie nach zwei Zeitstunden eine Pause von 10–15 Minuten ein. Ein Toilettenbesuch, einmal frische Luft schnappen, ein Happen Essen, ein, zwei Entspannungsübungen müssen möglich sein. Ist das bisher an Ihrer Schule nicht üblich? Macht nichts – es ist aber klug, und deswegen fangen Sie mit dieser Praxis an.

22.5 Inhaltliche Vorbereitung der Gespräche

(vgl. Material 32 im Anhang)

Folgende Dinge bereiten Sie vor:

Ihre Kurshefte, Ihren Kalender oder andere Hilfsmittel, mit denen Sie die Leistungen Ihrer Schüler dokumentieren; hier können Sie gegebenenfalls bei Nachfragen zu Leistungen nachschlagen und detailliert Auskunft geben.

Bereiten Sie sich einen Notizzettel für jede Schülerin und jeden Schüler vor. Notieren Sie den Namen und eventuell Punkte, die Sie von sich aus individuell zu diesem Schüler ansprechen wollen. Sortieren Sie die Zettel in einer Mappe in der Reihenfolge der Gespräche, so kommen Sie nicht durcheinander und haben in der Situation einen minimalen Aufwand.

Bereiten Sie eine allgemeine Tagesordnung für die Gespräche vor, d.h. überlegen Sie sich, worüber Sie mit allen Eltern einer Klasse reden wollen. Diese Punkte schreiben Sie vorher auf, stecken sie in eine Plastikhülle und legen sie allen Eltern zu Beginn des Gespräches vor: „Frau X, das sind die Punkte, die ich mit allen Eltern meiner Klasse oder meines Englischkurses besprechen möchte. Schauen Sie sie sich bitte an. Was möchten Sie noch zusätzlich besprechen?" Die zusätzlichen Wünsche der Eltern notieren Sie dann auf dem Notizzettel für den jeweiligen Schüler, schauen dann noch einmal, ob Sie selbst hier auch Punkte notiert hatten, die Sie speziell über diesen Schüler besprechen wollten. Wenn dies der Fall ist, benennen Sie die Punkte gegenüber den Eltern – und dann beginnen Sie das Gespräch in der Reihenfolge der Punkte, erst das Allgemeine, dann das Spezielle.

Warum diese Mühe?

Wenn Sie eine allgemeine Struktur vorgeben, verhindern Sie, dass das

Gespräch dahinplätschert und am Ende alle Beteiligten das Gefühl haben, die Zeit nicht gut genutzt zu haben. Zum anderen sorgen Sie dafür, dass die Gespräche vergleichbar verlaufen. Das ist nicht unwichtig, denn die Eltern tauschen sich in den Pausen und an den Tagen nach dem Elternsprechtag durchaus über das Erfahrene aus. Wenn Sie nun mit dem einen Elternteil über den Leistungsstand der Klasse reden, mit dem anderen nicht, dann können schnell durch Übermittlungsfehler Gerüchte entstehen, mit deren Klarstellung Sie lange zu tun haben können (nach dem Motto: Frau B erzählt Frau A: „Lehrer X hat sich bei mir über den katastrophalen Leistungsstand der Klasse beklagt." Frau A ist verwundert, sie hat von dem Lehrer nichts dergleichen erfahren, sie macht sich ein eigenes Bild und erzählt Frau C weiter:" Lehrer X hat gesagt, der vorherige Lehrer, Herr Y, hat die Klasse nicht genug vorbereitet, sie hinkt leistungsmäßig hinterher." usw.) Malen Sie sich ruhig einmal aus, was am Ende einer solchen Stillen Post alles an Pseudo-Informationen in der Welt ist. Wenn Sie dagegen allen Gesprächspartnern die gleichen Allgemeininformationen geben, ist hier sofort ein Filter eingebaut und falsche Wiedergaben nebst Interpretationen werden verhindert.

Die Gliederung – kein Dogma!

Natürlich soll dies kein Dogma sein, in bestimmten Gesprächen gibt es vielleicht ein so drängendes Einzelproblem, dass Sie die Zeit ausschließlich dafür benötigen. Aber vielleicht ist es auch in einem solchen Fall angenehm, zumindest am Ende noch einmal auf allgemeine Informationen zu kommen.

Wie könnte die Gliederung aussehen? Als Klassenlehrer könnten Sie über die Atmosphäre in der Klasse reden, über Ihren ersten allgemeinen Eindruck zum Leistungsstand, über ein zentrales Problem, das Sie möglicherweise mit der Klasse haben, über Ihre nächsten unterrichtlichen Vorhaben mit der Klasse (Referattechnik, Einsatz neuer Medien, Besuch der Bücherhalle, der Zooschule etc.) oder über die Planung von Freizeitaktivitäten. Benennen Sie ruhig auch als Thema, welche Unterstützung Sie sich von den Eltern in der Klassenführung erwarten – auch Sie dürfen Wünsche äußern!

Als Fachlehrer erwarten die Eltern von Ihnen sicher eine Rückmeldung über den Leistungsstand der Klasse insgesamt und ihres Kindes speziell. Sie könnten auch als Thema wählen: Wie können Sie als Eltern meine Arbeit im Fach … unterstützen? Wie viel Zeit sollten die Schülerinnen und Schüler aus Ihrer Sicht für die Hausaufgaben verwenden? Welche Bücher oder Lernsoftware könnten den Lernprozess befördern?

22.6 Durchführung der Gespräche

(vgl. Material 33 im Anhang)

Die Art und Weise, wie Sie das Gespräch führen, wird einen großen Einfluss auf den zukünftigen Ertrag haben. Halten Sie sich deshalb möglichst an folgende grobe Regeln:

Verzichten Sie auf Beurteilungen, Bewertungen, Werturteile – beschreiben Sie lieber so genau wie möglich, was Sie bei einzelnen Schüler/innen wahrgenommen haben, im Verhaltens- und im Leistungsbereich. „Ich habe festgestellt, dass Maria relativ lange braucht, bis sie mit schriftlichen Aufgaben beginnt," statt „Maria hat Konzentrationsprobleme".

Beschränken Sie Ihre wertenden Aussagen auf die Fälle, in denen es um versetzungs- oder schullaufbahnrelevante Rückmeldungen oder disziplinarische Angelegenheiten geht. Diese Aussagen überlegen Sie sich vorher in der Formulierung, eventuell schreiben Sie sie auch auf, damit Sie in der Lage sind, sie mehrfach gleichlautend zu wiederholen.

Nutzen Sie die Gelegenheit und fragen Sie die Eltern – jetzt haben Sie die Chance, Ihr Bild von der Schülerin oder dem Schüler zu vervollständigen.

Beraten Sie nur in Bereichen, die Sie kompetent verantworten können. Niemand nimmt es Ihnen übel, wenn Sie sagen: „Darüber weiß ich noch nicht ausreichend Bescheid. Ich werde mich erkundigen und mich wieder bei Ihnen melden."

Reden Sie nicht über nicht anwesende Dritte.

Ein Plädoyer für Notizen

Notizpausen sind von zentraler Wichtigkeit! Sie erfahren so viel, lernen so viele neue Menschen kennen, treffen Verabredungen, übernehmen Aufträge. Ohne schriftliches Festhalten wird Ihnen unter Garantie das eine oder andere wegrutschen! Unterscheiden Sie zwischen sachlichen und atmosphärischen Notizen.

Sachnotizen

Alle Verabredungen und Sachinformationen sollten direkt nach jedem Gespräch notiert werden, z.B.: „Klaus nimmt alle drei Stunden das Medikament xy." „Für Verena führen wir ein Hausaufgabenheft ein, das die Eltern und ich jeden Tag abzeichnen." „Ich habe den Eltern von Jens mitgeteilt, dass eine Versetzung mit dem gegenwärtigen Leistungsstand ausgeschlossen ist." „Frau Müller wird sich um eine psychomotorische Betreuung ihres Sohnes kümmern." „Ehepaar Meier möchte Unterlagen für ein Auslandsjahr." Aus diesen sachlichen Notizen filtern Sie am Ende des Elternsprechtages, was in die jeweilige Schülerakte gehört.

Wenn Sie in der Zeitplanung unabhängig sind, dann planen Sie jeweils 15–30 Minuten pro Gespräch, je nachdem, um welche Art des Elternsprechtages es sich handelt. Bei Gesprächen als Klassenlehrer zum Halbjahr der Klasse 4 mit Übergangsempfehlung auf die weiterführende Schule und bei Elternsprechtagen, an denen Berichtszeugnisse erläutert werden sollen, benötigen Sie mindestens 30 Minuten, sind Sie Fachlehrer, so müssen 15 Minuten reichen.

Planen Sie jeweils zwei, drei Minuten am Ende eines Gespräches für Notizen ein. Wenn Sie die Zeitplanung nicht selbst machen, sondern in einem vorgegebenen Zeittakt stecken (und das wird der Regelfall sein), so nehmen Sie sich trotzdem kurz Zeit für wichtige Notizen. Damit Sie nicht unter Stress geraten, machen Sie dies offen. Resümieren Sie zusammen mit dem jeweiligen Elternteil: Bitte helfen Sie mir noch einmal, Herr/Frau ...! Was haben wir verabredet? Ich möchte das kurz notieren!" Dann notieren Sie in Anwesenheit der Eltern – das schafft Klarheit und Vertrauen und zeigt, dass Sie diese Gespräche ernst nehmen. Gleichzeitig haben Sie sofort ein kleines Protokoll und Ihnen entfällt nichts.

Atmosphärische Notizen

Darüber hinaus erfahren Sie am Elternsprechtag vieles, was für Ihre weitere Beurteilung der Schüler und Ihren Umgang mit den Elternhäusern wichtig ist. Diese eher atmosphärischen Informationen sind ausschließlich für Sie selbst bestimmt. Die meisten nehmen Sie intuitiv auf und integrieren Sie in Ihr Vorwissen. Es gibt aber auch Erfahrungen am Elternsprechtag, die zwar atmosphärisch und damit fragwürdig (es kann ja an Ihrer Wahrnehmung liegen!) sind, aber dennoch so wichtig, dass sie kurz dokumentiert werden sollten. Solche Informationen gehören in ein vertrauliches Lehrertagebuch. Ich möchte Sie dazu ermutigen, diese atmosphärischen Auffälligkeiten zu notieren. Häufig trügt Ihre Intuition nicht – und Ihre Beobachtung kann zum wichtigen Thema werden. Auch hier einige Beispiele: Frau E. kommt mit einem blauen Auge zum Elternsprechtag und ist „gefallen". Sie sind sich nicht sicher, ob hier häusliche Gewalt ein Thema sein könnte. Herr D. attackiert Sie in völlig unverhältnismäßigem Ton wegen der schlechten Leistungen seines Sohnes. Die Kommunikation ist deutlich gestört. Frau M. reagiert erkennbar überrascht auf Mitteilungen über den Leistungsstand ihres Kindes. Sie wundern sich – schließlich hat sie die schlechten Arbeiten ihres Kindes unterschrieben! Sie fragen nach, Frau M. behauptet plötzlich entschieden, nichts gewusst zu haben. All diese Beobachtungen können Hinweise auf zukünftige Konflikte sein, eine kurze Notiz in Ihrem vertraulichen Lehrertagebuch am Ende des Tages stellt eine Grundlage für den weiteren sensiblen Umgang mit den Eltern dar. Bitte erschrecken Sie jetzt nicht – die Wahrscheinlichkeit, dass Sie viele solcher Eindrücke haben, ist nicht besonders groß – wahrscheinlich wird Ihr Lehrertagebuch nicht belastet!

22.7 Die Auswertung

Nehmen Sie sich am Ende des Elternsprechtages oder am nächsten Tag Zeit für ein kleines Resümee. Was hat Ihnen selbst gut gefallen? Wie war das Feed-Back der Eltern – zu Ihrem Unterricht, zum Ablauf des Elternsprechtages? Klopfen Sie sich ruhig auf die Schulter, wenn Sie gute Rückmeldungen bekommen haben: Ein Elternsprechtag kann auch eine der seltenen Gelegenheiten sein, einmal positiv zu tanken!

Wenn es Kritik gab, sortieren Sie: Was empfinden Sie als unzulässigen Übergriff? Was davon trauen Sie sich zu zu bearbeiten? Wo können Sie etwas ändern? Sind Sie sich in Ihrer Beurteilung sicher? Wollen Sie sich in bestimmten Punkten Beratung holen?

Denken Sie daran: Lehrerinnen und Lehrer lernen lebenslang, Ihre Bereitschaft etwas zu ändern ist ein Zeichen Ihrer Stärke, ein Zeichen des Einsatzes, sich weiterzuentwickeln.

Nehmen Sie sich nicht zu viel vor!

Gehen Sie nun an die Auswertung der Absprachen und oder Verabredungen, indem Sie in einem ersten Schritt alle übernommenen Aufgaben abarbeiten.

Gehen Sie die Notizzettel zu den einzelnen Schülern noch einmal kurz durch. Welche Aufgaben haben Sie übernommen? (z.B. Adresse von Schulpsychologen an Frau X, neue Klassenliste an Herrn Y [alte verloren!], Liste von Ausbildungsbetrieben an Ehepaar U etc.). Legen Sie sich einen Aufgabenzettel an, den Sie in den nächsten Tagen zielstrebig abarbeiten. Die

Eltern erleben Sie als effektiv und zuverlässig, Sie reduzieren Ihren Stress, wenn Sie nichts auf die lange Bank schieben.

Darüber hinaus gibt es sicherlich Verabredungen im Hinblick auf den Umgang mit einzelnen Schülerinnen und Schülern, die Sie in Ihrem weiteren Schulalltag beachten müssen. Dann schreiben Sie eine entsprechende Notiz, die Sie zu Ihren jeweiligen Unterrichtsunterlagen legen (z.B. schreiben Sie eine Karte: „Jans Hausaufgabenheft täglich kontrollieren" oder „Lena einmal in der Woche Rückmeldung über ihre mündliche Beteiligung geben"). In der Regel werden diese Karten nach ein paar Tagen überflüssig, weil Sie entsprechende Routinen bilden, wenn Sie diese Verabredungen erst ein paar Mal eingehalten haben. Vor allem aber: Besprechen Sie mit den Schülern (wenn diese nicht ohnehin dabei waren), was die Eltern oder Sie vorgeschlagen haben und fordern Sie die Schüler auf, Verantwortung für die Einhaltung der Verabredungen zu übernehmen!

Schülerakte bestücken und eventuell Schulleitung informieren

Sortieren Sie, ob es Informationen in Ihren handschriftlichen Kurzprotokollen gibt, die in die Schülerakte gehören. Dann legen Sie den Zettel einfach einmal auf den Kopierer, versehen ihn mit Datum und Unterschrift und heften ihn ab (z.B. „Eltern A darauf hingewiesen, dass Sohn B mehrfach morgens zu spät gekommen ist." Oder: „Mit Eltern besprochen, ob für Tochter C wegen großer Begabung in Mathematik nicht eine besondere Förderung sinnvoll wäre"). Genauso sollten Sie kurz überlegen: Gab es Informationen, die Sie an Ihre Schulleitung oder Abteilungsleitung weitergeben sollten? Das sind Informationen, die die Schule allgemein betreffen, z.B. Klagen über beschädigte Fahrräder im schulischen Fahrradunterstand, Bericht über Belästigungen durch alkoholisierte Bewohner des Viertels auf dem Schulweg – aber auch beispielsweise der Hinweis, dass ein Elternteil Journalist ist und sich eine Mitarbeit bei der Schulzeitung vorstellen kann.

Material 1:
Frageliste für das Einstellungsgespräch

Je mehr Sie über Ihre potentielle neue Schule wissen, desto begründeter kann Ihre Entscheidung ausfallen – denn auch Sie sollten sich entscheiden, sollten klar abwägen, ob das, was Sie hören, wirklich gut zu Ihnen passt. Viele Schulen stellen sich im Internet vor – nutzen Sie diese Information als Grundlage und fragen Sie mit Hilfe der folgenden Liste gezielt an einzelnen Stellen nach. Die folgenden Fragen verstehen sich also als Anregung für Sie, Sie sollten sie keineswegs vollständig „abarbeiten“, sondern der Situation und Ihrem Gesprächsverhalten anpassen – und Sie sollten Sie nicht als Frageformular mitnehmen, sondern sich Ihre Fragen auf einem eigenen Blatt notieren.

Gesichtspunkt	
Was können Sie mir über den Ort/Gemeinde/ Stadtteil erzählen? Gibt es evtl. Kooperationen der Schule im Stadtteil?	
Gibt es Besonderheiten bei der Schülerschaft Ihrer Schule?	
Gibt es ein vereinbartes Schulentwicklungsthema? Gibt es schon Ergebnisse der Entwicklungsarbeit, die ich einmal durchlesen könnte?	
Arbeiten Lehrer und Eltern an Ihrer Schule zusammen?	
Ich würde gerne etwas über das Leben an Ihrer Schule erfahren – gibt es AGs und Neigungskurse, gibt es Fest-Traditionen etc.?	
Gibt es einen Jahresterminplan, welche Konferenzen gibt es – und sind diese längerfristig geplant?	
Stehen die Protokolle der Gremien irgendwo, so dass ich sie bei Bedarf mal nachlesen könnte?	
Könnten Sie mir etwas zum Kollegium, zur kollegialen Zusammenarbeit erzählen?	
Gibt es an Ihrer Schule Teams, damit meine ich echte Teams, mit festgelegter Rollenverteilung, regelmäßigen Treffen etc.?	
Gibt es besondere Erwartungen, die Sie gegenüber neuen Kollegen haben?	
Kann ich vor der endgültigen Entscheidung einmal im Unterricht hospitieren?	
Kann ich einige der Kollegen kennenlernen, mit denen ich in Zukunft zusammen arbeiten würde?	

Material 2: Checkliste für das Gespräch über den Unterrichtseinsatz zwischen Schulleitung und neuen Kollegen

Über die folgenden Gesichtspunkte sollten Sie sich als Kollege, der an der neuen Schule beginnt, im Vorfeld klar werden, also z. B. : Was können Sie besonders gut? Was trauen Sie sich noch nicht so recht zu? Wollen Sie im Team arbeiten? Bedeutet es für Sie eine Erleichterung, gleich eine Klasse zu übernehmen, weil Sie hier sofort selbst die pädagogischen Rahmenbedingungen deutlich beeinflussen können – oder möchten Sie zunächst als Fachlehrer arbeiten? Welche besonderen Talente könnten Sie für sich und die Schule produktiv nutzen? Wenn Sie diese und andere unten stehende Aspekte für sich selbst durchdacht haben, können Sie im Gespräch über den Unterrichtseinsatz aktiver agieren. Falls die Schulleitung einige dieser Aspekte nicht selbst anspricht, tun Sie dies!

Gesichtspunkt	
Einsatz als Fachlehrer	
Einsatz als Klassenlehrer/Tutor	
Arbeit im Team	
Einsatz in bestimmten Schulstufen	
Einsatz in bestimmten Schulformen	
Bisherige Unterrichtserfahrungen	
Fachfremder Einsatz	
Besondere unterrichtliche Kompetenzen	
Besondere außerunterrichtliche Kompetenzen	
Wünsche zum Stundenplan	
Unterricht in parallelen Kursen zur Arbeitserleichterung	
Einsatz in Maßnahmen der Integration Behinderter	
Einsatz in Maßnahmen mit hohem Anteil von Jugendlichen mit nichtdeutscher Muttersprache	
Erfahrungen mit Heterogenität von Lerngruppen	
Übernahme von innerschulischen Funktionen (z. B. Fachleitung)	
Gewünschte Fortbildung (z. B. Qualifizierung für fachfremden Einsatz)	

Material 3:
Selbständiges Lernen anbahnen

Wie erreiche ich bei den Schülerinnen und Schülern mehr Selbständigkeit?

1. Selbständiges Lernen muss viele Hemmnisse überwinden. Schüler denken und fühlen:

- Ich weiß nicht, was ich tun soll (Unklarheit)
- Ich habe den Arbeitsauftrag nicht verstanden (Verständnisprobleme)
- Ich weiß nicht, wie ich nachfragen soll (ich stehe wie der Ochs vorm Berg und finde keinen Anfang)
- Ich kann mich nicht konzentrieren
- Ich schaffe/kann das sowieso nicht (grundlegende Entmutigung)

2. Wie kann ich all diesen Hemmnissen als Lehrerin oder Lehrer begegnen?

- Ich muss Routinen schaffen, die ich immer wiederhole, die in der Struktur klar sind
- Ich muss sprachlich eindeutige und einfache Anweisungen geben, darf mich bei den Arbeitsaufträgen erst langsam steigern
- Ich muss ein klares Nacheinander im Arbeiten anbieten, so dass sich die Arbeitsschritte erschließen
- Ich muss den Anfang der Arbeit klar und akzentuiert setzen, damit ein Sog der Mitarbeit entsteht, dem sich der einzelne Schüler schlecht entziehen kann
- Ich muss die Erfolge der Schülerinnen und Schüler von Anfang an würdigen und dabei sofort drauf achten, dass sie nicht nur von meinem Lob, sondern auch von positiver Rückmeldung des Nachbarn profitieren und langfristig lernen, sich selbst zu loben (das muss ich durch kleine Rituale unterstützen)
- Ich muss mit den Schülerinnen und Schülern immer wieder darüber reden, wie sie die Aufgaben gelöst haben, was für sie einfach und was schwierig war – damit sie langsam lernen, ihre eigene Arbeit selbst zu beobachten, damit sie Prozesskompetenz erwerben
- Ich muss selber darauf achten, bei Bitten um Hilfe nicht ergebnis-, sondern prozessorientiert zu agieren – vor allem aber muss ich in dieser Hinsicht mit meinen Teamkollegen an einem Strang ziehen

Material 4: Entspannungsübungen

Kleine Alltagsrituale zur Stressmilderung

Aufgestauten Ärger loswerden
1. **Papier** zusammenknüllen und genussvoll in den Papierkorb pfeffern.
2. Altes Papier Schritt für Schritt **zerreißen**; sich dabei gemeine Phantasien erlauben.
3. Ein **Stressbällchen** kneten und würgen, dann auf den Boden werfen.
4. Mit den Füßen locker und spielerisch in die Luft **kicken** und treten, so als wollte man die festgehaltene Spannung aus dem Körper herausbefördern. Dabei tief ein- und ausatmen.
5. Nach hinten austreten wie ein **Pferd**. Wenn's Spaß macht, kann man auch Töne dazu machen oder Sätze sprechen: „hau ab!", „weg damit!"
6. Mit Schaumstoffschlägern, **Schwimmnudeln** oder einem alten Gummischlauch auf eine Matratze oder ein altes Telefonbuch schlagen.
7. Mit den Händen den Körper **ausstreichen**, so als wollte man schlechte Energie abstreifen. Bei den Armen und Schultern beginnen, dann bis zu den Beinen und Füßen fortfahren.

Vegetativen Ausgleich schaffen (Bürogymnastik)
1. **Die Katze**; sich genüsslich dehnen und strecken, dabei den Atem fließen lassen.
2. **Majestix**; aufrecht sitzen, Hände ineinander verschränken und mit den Handinnenflächen nach oben gegen den Himmel strecken. Sich gleichzeitig vorstellen, das Becken würde wie ein nasser Sack nach unten gezogen. Atem erlauben, nicht festhalten.
3. **Siegfried**: Hände hinter dem Rücken verschränken. Dann nach schräg unten und hinten die Schulterblätter zusammenziehen.
4. **Autofahrerübung**: Zehen zu sich heranziehen; dann Muskeln des Unterschenkels, des Oberschenkels und des Gesäßes anspannen, 5–7 Sekunden die Spannung halten. Sich vorstellen, dabei den Atem in das Bein fließen zu lassen. Dann Spannung lösen und Zeit zur Erholung lassen. Anschließend das andere Bein.
5. **Strandübung**; sich vorstellen an einem schönen Strand zu stehen.
   Man steht mit den Beinen etwa schulterbreit und verlagert das Gewicht auf eine Seite. Dann den Fuß lustvoll durchwalken, so, als wollten Sie im Sand einen vollständigen Fußabdruck hinterlassen. Danach die andere Seite.

Zur Entspannung der Augenmuskulatur
1. Tempo und Rhythmus der Augenbewegungen so wählen, dass es angenehm ist. Den Blick nach oben richten und dann sanft von einer Zimmerecke in die andere gleiten lassen. Horizontale Bewegung.
2. Den Blick nach unten richten und dann von einer Zimmerecke in die andere gleiten lassen.
3. Den Blick in der Vertikalen von oben nach unten und zurück gleiten lassen.
4. In die Handfläche blicken, die Hand allmählich entfernen. Dann ins Weite blicken. Erneut die Hand ins Blickfeld bringen und langsam wieder dichter vor die Augen führen.
5. Mit den Augen den eigenen Namen in die Luft schreiben. Schriftart- und Größe nach Belieben.

Vitalisierende Übungen
1. Leichtes **Joggen** auf der Stelle. Dabei die Knie anheben und das Tempo bei Bedarf erhöhen, um die Atmung noch stärker anzuregen.
2. Sauerstofftanken, nach Möglichkeit in frischer Luft oder an einem offenen Fenster. Ein **Nasenloch** zuhalten und 1–2x tief durch das freie Nasenloch einatmen, durch den Mund ausatmen. Dann die andere Seite beatmen.
3. Hallo-wach-**Klopfmassage**; mit den Handflächen oder einer leicht geschlossenen Faust die eigenen Arme und Beine wachklopfen. Eventuell auch leicht auf den Brustkorb, den Rücken oder Bauch trommeln.

Material 5:
Lösungsorientierte Besprechung

Das folgende Material eignet sich für intensive Beratungen mit Schülern und Kollegen. Es muss natürlich der jeweiligen Situation angepasst werden. Es kann dabei helfen, fruchtlose, womöglich zirkuläre Gespräche zu verhindern, weil es immer wieder die Verantwortung da belässt, wo sie hingehört: Bei dem Menschen, der etwas verändern will.

Die systematische Problemlösung

1. **Beschreibung des Problems.**
   - Was ist genau das Problem?
   - Wann tritt es auf? Wie lange schon? Wie häufig?
   - Was denkst du/denken Sie in solchen Situationen?
   - Was fühlst du/fühlen Sie in solchen Situationen?
   - Welche körperlichen Reaktionen treten auf?
   - Was tust du/tun Sie in solchen Situationen?
   - Wie trägst du/tragen Sie zur Entstehung des Problems bei?
   - Was erhoffst du dir/erhoffen Sie sich von der Lösung des Problems?
2. **Erarbeitung von Lösungsmöglichkeiten**
   Im Brainstorming-Verfahren möglichst viele Lösungsideen notieren ohne Bewertung und ohne Schere im Kopf. Dabei können folgende Fragen helfen:
   - Was fällt mir spontan ein?
   - Was würde ich am liebsten tun?
   - Was würden mir meine besten Freunde raten?
   - Wie verhalten sich andere in solchen Situationen?
   - Was wären besonders verrückte Lösungsideen?
3. **Bewertung und Auswahl einer Lösung**
   - Welche kurz- und langfristigen Folgen haben die verschiedenen Lösungsvorschläge für dich/Sie und andere?
   - Vor- und Nachteile zu jedem Vorschlag auflisten. (Fragen: Was würde ich dadurch gewinnen? Worauf müsste ich verzichten? Welche Folgen hätte das für andere?)
   - Jeden Vorschlag bewerten (geeignet, ungeeignet)
   - Ungeeignete Vorschläge streichen. Aus den geeigneten Vorschlägen den aussuchen, den du umsetzen willst/Sie umsetzen wollen.
4. **Handlungsplan**
   - Welche einzelnen Schritte sind erforderlich?
   - Wann und wo/in welchen Situationen willst du/wollen Sie sie umsetzen?
   - Wie wirst du dich/werden Sie sich dabei konkret verhalten?
   - Über welchen Zeitraum willst du/wollen Sie das neue Verhalten ausprobieren?
   - Was und wer könnte dich/Sie dabei unterstützen?
   - Wann und mit wem willst du/wollen Sie Ihre Erfahrungen bilanzieren?
   - Wie willst du dich/wollen Sie sich selbst für den Erfolg belohnen?
   - Wie könntest du dich/könnten Sie sich selbst daran hindern, erfolgreich zu sein?
5. **Umsetzung**
   - Das neue Verhalten zunächst in einfachen Belastungssituationen erproben.
   - Genug Zeit zur Verwirklichung nehmen.
   - Nicht zu viel auf einmal vornehmen.
6. **Überprüfung des Erfolgs**
   - Zu einem vorher festgelegten Zeitpunkt überprüfen, wie sich der Handlungsplan in der Praxis bewährt hat (ggf. Freunde, Kollegen dazu befragen).
   - Welche Hindernisse sind aufgetreten? Wie sind sie auszuräumen?
   - Wie müssen in Zukunft die Umsetzungsschritte modifiziert werden?
   - Bei völligem Misserfolg: Ist die Lösung überhaupt zielführend? War das Problem richtig definiert?

Material 6:
Kollegiale Beratung

Dieses Material eignet sich gut für die Arbeit in kleinen Lehrergruppen.
Um zu vermeiden, dass das von einem Gruppenmitglied eingebrachte Problem nur oberflächlich diskutiert wird und vorschnell Rezepte aufgedrängt werden, bietet sich das Phasenmodell an, das auch in damit nicht vertrauten Gruppen gut zu praktizieren ist.
Eine Person sollte sich mit dem Ablauf bekannt machen und die Gesprächsführung übernehmen, eine andere Person sollte helfen, dass die Regeln und die Phasen klar eingehalten werden.

Phase 1
In der Gruppe klären, wer eine kollegiale Beratung wünscht und ob die anderen Gruppenmitglieder dazu bereit sind.

Phase 2
Das ratsuchende Gruppenmitglied schildert das Problem/die Situation, um die es geht möglichst genau und mit einem kleinen Plakat optisch aufbereitet.
In dieser Phase soll keine Unterbrechung durch die Berater stattfinden.

Phase 3
Die Berater können nun rückfragen, aber ausschließlich zum Verständnis der Situation.
Zum Beispiel „Wie war das …?" nicht aber „Warum hast du nicht …?"
Darauf achten, dass kein verdeckter Ratschlag und keine verdeckte Kritik in Frageform erteilt werden.

Phase 4
Die Berater legen eine kurze persönliche Reflexionspause ein und versuchen, sich die Situation zu vergegenwärtigen und sich die erwähnten Personen in ihren Rollen plastisch vorzustellen.

Phase 5
Die Berater wenden sich einander zu, stellen ihre Gedanken vor und diskutieren Umstände, vermutete Ursachen und Lösungsansätze. In dieser Phase schweigt der Ratsuchende.
Hatte er zuvor gesprochen („gesendet") schaltet er jetzt um auf Zuhören („Empfang") und macht sich Notizen.

Phase 6
Der Ratsuchende nimmt zu den genannten und diskutierten Punkten Stellung, klärt, was für ihn unbrauchbar war, was neu und interessant war, räumt eventuelle Missverständnisse aus usw.

Hier sollte die Gruppe klären, ob sie noch einmal die Phasen 4–6 durchlaufen will.

Phase 7
Reihum nennt jeder Berater nun seinen Vorschlag zur Veränderung oder Lösung des Problems, wenn er einen hat.

Phase 8
Das beratene Gruppenmitglied gibt zu Inhalt und Durchführung der Beratung ein abschließendes Feedback.

Material 7:

Die folgende Checkliste soll Ihnen Anhaltspunkte geben, welche Informationen Sie auf alle Fälle in den ersten Tagen von der Schulleitung einfordern sollten. Es werden auch Vorschläge für Verfahrensweisen gemacht. Nicht an allen Schulen sind sie üblich – aber Sie können ja durchaus anregen, dass über einige dieser Verfahren einmal nachgedacht wird. Das gilt insbesondere für die Benennung einer schulischen Patin oder eines Paten.

Checkliste für die ersten Tage		
Maßnahme	**Verantwortlich:**	**Erfolgt:**
Benennung eines schulinternen Paten	Schulleitung	
Aushändigen der schulischen Informationsschrift „Herzlich willkommen" (sofern vorhanden!)	Schulleitung	
Aushändigen einer Mappe mit wichtigen schriftlichen Unterlagen • Ggf. Prüfungsordnungen • Schulprogramm • Lehrpläne, Rahmenpläne • Persönlicher Stundenplan • Raumplan • Hausordnung • Kollegiumsliste • Organigramm der Schule oder Liste der schulischen Funktionen mit aktueller Besetzung • Pausenregelung, Stundentakt • Raucherregelung • Ggf. Sonderregelungen bezüglich Parken/Fahrradaufbewahrung • Jahresterminplan • Wichtige Lehrerkonferenzbeschlüsse	Schulleitung	
Treffen zwischen neu eingestelltem Kollegen und Paten zu Beginn des ersten Schultages arrangieren	Schulleitung	
Vorstellung im Büro; Aufnahme der Personalien für Kollegiumsliste	Schulleitung	
Dienstantrittsmeldung*	Schulleitung	
Vorstellung beim Hausmeister	Schulleitung	
Aushändigen der Schlüssel	Schulleitung	
Schulführung	Pate/Schulleitung	
Vorstellen im kleinen Kollegenkreis (Team, parallel unterrichtende Fachkollegen, „Nachbarn" im Lehrerzimmer	Pate	
Bekanntmachen mit Fachvertretern	Pate	
Vorstellung in Schulleitung, v. a. bei stellvertretendem Schulleiter	Schulleiter	
Klärung der Modalitäten im Krankheitsfall und bei Vertretung	Stellv. Schulleiter	
Bekanntmachen mit schulinternen Informationssystemen (Stundenplan, Vertretungsplan, Raumpläne, Mitteilungsbuch, Protokolle der Gremien etc.)	Pate	
Bekanntmachen mit schulinternen Gepflogenheiten der Terminplanung (Jahresterminplan, Konferenzen, Elternabende, Klassenreise- und Projektzeiten, Praktika etc.)	Pate	
Ggf. Klärung aller Fragen hinsichtlich des Arbeitsvertrages	Schulleitung	
Ggf. Beratung zu Beihilfe/Krankenversicherung	Schulleitung	

* Diese Meldung muss die Schulleitung ausfüllen und an die Personalabteilung schicken. Dies ist noch einmal eine gute Gelegenheit, die Details Ihres Vertrages zu verifizieren.

Material 8:
Was ich alles über meine neue Schule erfragen sollte

Zu den folgenden Stichworten könnte eine schulinterne Begrüßungsschrift, wenn es sie an Ihrer neuen Schule gibt, Informationen enthalten. Wenn das nicht der Fall ist, sollten Sie die Informationen nach und nach mündlich erfragen.

- Abschlussprüfungen, zentrale (in welchen Jahrgängen und Fächern gibt es sie? Wann liegen die Termine? Welche Aufgabenformate gibt es? Sind dafür Handreichungen vorhanden?)
- Abwasch (Wer macht ihn, wird dafür Geld eingesammelt?)
- Alarm (Signal, Fluchtpläne)
- Ämterliste/Funktionsaufstellung (Who is who der Ämter, Aufstellung der schulinternen Funktionen, ggf. Arbeitsplatzbeschreibungen)
- Anschaffungen (An wen müssen Sie sich wenden, wenn Sie noch kleine Anschaffungen für Ihre Klasse machen wollen? Wie wird abgerechnet?)
- Anträge (Welche Antragsformulare sind für Sie wichtig? Wo gibt es diese?)
- Attestregelung, schulinterne, für Schülerinnen und Schüler
- Audiovisuelle Medien (Welche gibt es, wo lagern sie, welche Ausleihmodalitäten?)
- Aufsichten (Wie viele müssen Sie machen, wie ist Ihr Aufsichtsbereich abgegrenzt, was wird von Ihnen in dieser Aufsicht Besonderes erwartet?)
- Beratungsdienst, Beratungslehrer o. ä.: Gibt es speziell ausgebildete Kolleginnen und Kollegen an Ihrer Schule zur Schülerbetreuung in Krisensituationen?
- Berichtszeugnisse (Achtung: Unterrichten Sie in einer Klasse, in der keine Zensuren erteilt werden? Frühzeitig Notizen machen für die Berichte! Natürlich dürfen dann auch Arbeiten nicht zensiert werden!)
- Betriebspraktikum (Steht für Ihre Klasse im kommenden Schuljahr eines an? Welche Materialien gibt es dafür an der Schule, welche Verabredungen hinsichtlich der Besuche bei den Schülern/Freistellung der Kolleginnen und Kollegen dafür?)
- Büro (Personen, Öffnungszeiten, Zuständigkeiten, welche Gepflogenheiten gibt es? Unbedingt zu Beginn des Schuljahres Bescheid sagen, wenn Sie Partner und oder Kinder haben, die anrufen könnten und die andere Namen haben oder wenn Anrufe aus Kindertagesstätten o. ä. wahrscheinlich sind. Verabreden, wie dann zu verfahren ist.)
- Cafeteria/Brötchenverkauf
- Computer (Computerräume, PCs in Klassenräumen, PCs für Stillarbeit für Lehrer, Internetzugang für Schüler, im Unterricht, in Freistunden)
- Dienstweg
- Elternabende (Welche Gepflogenheiten gibt es an der Schule? Rechtzeitige Anmeldung beim Hausmeister!)
- Elterngespräche (Gibt es einen Raum für ungestörte Gespräche in Ihrer Schule?)
- Elternrat/Elternvertretung
- Elternsprechtag (Wann liegt er, was wird von Ihnen erwartet, wollen Sie selbst aktiv Eltern einladen?)
- Energie (Gibt es Energiesparprogramme an Ihrer Schule? Welche Verhaltensweisen wollen Sie mit Ihren Schülern einüben?)

- Erste Hilfe (Wo ist entsprechendes Material, wo der Erste-Hilfe-Raum in der Schule, wer ist ausgebildeter Ersthelfer – vielleicht Sie?)
- Fachraumbelegung (Für viele Räume gibt es gesonderte Pläne zum Eintragen – wo hängen diese?)
- Fachvertreter bzw. Fachleiter
- Fahrpläne für Schulbusse (Falls Ihre Schüler damit geholt und gebracht werden)
- Fax (Wo steht das Gerät, Bedienung, Nummer lernen oder notieren)
- Festausschuss
- Feuerlöscher (Wo hängt der nächste?)
- Folien (Achtung: es gibt OHP- und Kopierfolien. Wenn Sie erstere in den Kopierer legen, machen Sie sich anhaltend unbeliebt (aufwändige Reparatur). Wer verwaltet die Folien?)
- Formulare (Welche sind an Ihrer Schule gebräuchlich, z. B. zur Rückmeldung über Fehlstunden von Fachlehrer an Klassenlehrer oder zur Rückmeldung an Eltern bei nicht gemachten Hausaufgaben etc. Besorgen Sie sie und kopieren einige auf Vorrat.)
- Fortbildung (Welche schulinternen Angebote gibt es, welche Gepflogenheiten herrschen bezüglich Beurlaubung für Fortbildung während der Schulzeit? Gibt es eine Fortbildungsverpflichtung? Ist Fortbildung grundsätzlich genehmigungspflichtig durch Schulleitung?)
- Freud-und-Leid-Kasse
- Ganztagsschule (Welchen Planungsstand gibt es an Ihrer Schule? Welche Konsequenzen hat das für Sie?)
- Gebäude (Klären Sie, wenn Sie an verschiedenen Standorten/in verschiedenen Gebäudetrakten arbeiten, ob es Besonderheiten zu beachten gilt)
- Geburtstage, Geburtstagskalender (Wie ist das an Ihrer Schule – werden Geburtstage ignoriert, registriert, zelebriert?)
- Gewalt (Schulinterne Verabredungen)
- Hausmeister und Hausarbeiter (Erreichbarkeit, welche Kompetenzen haben sie, wo können Sie Unterstützung erwarten?)
- Hofdienst (Wann muss Ihre Klasse den Hof säubern?)
- Hospitation durch die Schulleitung (Welches übliche Verfahren gibt es an Ihrer Schule dafür?)
- Informationen (Wie kommen Informationen der Schulleitung, einzelner Fachbereiche, der Fortbildungsinstitute etc. zu Ihnen? Gibt es bestimmte schwarze Bretter, gibt es regelmäßige Mitteilungsblätter der Schulleitung, gibt es ein Mitteilungsbuch ...?)
- „Insel" o. ä.: Gibt es einen Ort/Personen in der Schule, wohin Sie Schülerinnen und Schüler schicken können, die in Ihrem Unterricht untragbar geworden sind?
- Jahresterminplan (Unbedingt Termine in persönlichen Kalender übertragen, für Klassen wichtige Termine in Klassen-Terminplan umsetzen)
- Kaffee und Tee (Kaffeekasse?)
- Kammerprüfungen (nur für Berufliche Schulen, Termine, Verfahren und Zuständigkeiten erfragen)
- Klassenarbeiten (Gibt es einen zentralen Plan?)
- Klassenbuch (Wo lagert es, sammelt Schulleitung es regelmäßig ein?)
- Klassenreisen (Gibt es eine zentrale Terminschiene, gibt es schulinterne Beschlusslagen/ Verabredungen?)
- Klausurenpläne (Gibt es einen zentralen Plan? Wie ist das Nachschreiben geregelt?)

- Kommentarbögen zum Arbeits- und Sozialverhalten, Anlage zu Zeugnissen (Gibt es sie? Frühzeitig Notizen machen!)
- Konferenzbeschlüsse (Schulleitung fragen, welche wichtigen Konferenzbeschlüsse Ihnen bekannt sein müssen)
- Konferenzen (Welche Konferenzen gibt es? Bei welchen besteht Anwesenheitspflicht? Bei wem melden Sie sich ggf. ab? Gibt es einen Konferenztag?)
- Kopieren (Kontingentierung der Kopien? Kopierkarte? Wer repariert? Wo ist Nachschub für Papier oder Farbe?)
- Krankmeldung (Verfahren klären)
- Kreide und Schwamm (Wo bekommen Sie Nachschub?)
- Kurse (Bei Organisation des Unterrichts nicht nur in Klassen: Welche Niveaus gibt es, was ist bei Kursen zu beachten – z. B. regelmäßige Rückmeldung von Fehlstunden an Tutor/Klassenlehrer?)
- Kursheft
- Lehrerbücherei
- Lehrerzimmer (Gibt es bestimmte Sitzordnungen? Können Sie irgendwo in Ruhe arbeiten?)
- Lehr- und Lernmittelbeschaffung (Wer ist zuständig? Müssen die Eltern die Bücher beschaffen? Haben Sie in diesem Zusammenhang Verwaltungsaufgaben?)
- Materialien für den Unterricht (Wo gibt es Materialsammlungen, Handreichungen, Kopiervorlagen etc. – gibt es Fachsammlungen, gibt es ein didaktisches Zentrum, wie sind die Austauschgepflogenheiten unter den Kollegen?)
- Müll(trennung) (Konsequenzen für Ihre Klasse)
- Neigungskurse (Nachmittagskurse)
- Pädagogische Jahres- oder Planungskonferenz (Gibt es sie? Wann, Thema?)
- Parken (An manchen Schulen muss für den Parkplatz bezahlt werden, manche haben Parkausweise)
- Pausenzeiten
- Polizei (zuständige Wache, Telefonnr. notieren)
- Post/Postfach
- Präsenztage (Gibt es Ferientage, an denen Sie in der Schule anwesend sein müssen?)
- Projektwochen
- Protokolle (Wo sind die Protokolle der Gremien zum Nachlesen?)
- Raucher-Regelung, ggf. Rauchverbot
- Referendarinnen/Referendare (Falls Sie als neue Kolleg/in gleich selbst in der Referendarsbetreuung eingesetzt sind: Was wird von Ihnen erwartet? Wer im Kollegium ist koordinierender Mentor – oder, falls es diese Funktion nicht gibt – wer in der Schulleitung ist zuständig?)
- Reinigung (Müssen die Klassen ihre Räume selbst reinigen?)
- Ruheraum (Gibt es eine Möglichkeit für Sie, in der Schule zu entspannen?)
- Sammlungen (Was müssen Sie bei der Nutzung der Fachsammlungen beachten?)
- Schlüssel
- Schülerbogen/Schülerakte – Wie ist der Zugang für Sie geregelt?
- Schülerrat und Schulsprecherin bzw. Schulsprecher
- Schularztstelle, Schulzahnärztin
- Schulbeirat

- Schulkonferenz
- Schulleitung (Gibt es eine Aufgabenverteilung, die für das Kollegium transparent ist? Wer ist für Sie in welcher Frage Ansprechpartner)
- Schulordnung/Hausordnung; Wie ist das Verbot zum Verlassen des Schulgeländes geregelt?
- Schulprogramm
- Schulzeitung/Schülerzeitung
- Schwimmen (Hier gelten besondere Aufsichtsvorschriften. Vom Schulleiter anfordern!)
- Sicherheitsbeauftragter
- Sonderurlaub
- Sport (Auch hier gibt es besondere Vorschriften hinsichtlich der Unfallvermeidung, der Aufsicht und des Treibens von Sport an Tagen mit hohen Ozonwerten)
- Stundenplan (Besonders bei großen Schulen: wo können Sie nachschlagen, wo welcher Schüler gerade Unterricht hat?)
- Stundentafel (Gibt es an Ihrer Schule Abweichungen von der geltenden Stundentafel?)
- Telefonieren (Wo können Sie ungestört telefonieren?)
- Unfallmeldung für Unfälle von Schülern (Wo liegen die Formulare? Lassen Sie sich das Ausfüllen erklären!)
- Verbindungs-/Vertrauenslehrer für Schüler
- Vergleichsarbeiten (In welchen Jahrgängen und zu welchem Zeitpunkt werden an Ihrer Schule Vergleichsarbeiten geschrieben, welche davon sind zentrale, welche schulinterne Arbeiten? Gleich in die Jahresplanung übernehmen!)
- Verkehrsverbindungen, öffentliche zur Schule (auch dann erkunden, wenn Sie passionierter Autofahrer sind – die nächste Panne kommt bestimmt, und dann müssen Sie nicht lange überlegen, wie Sie zur Schule kommen)
- Verkehrserziehung
- Vertrauensausschuss oder schulinterner Personalrat
- Vertretungsunterricht (Gibt es eine Sammlung mit Vertretungsmaterialien? Gibt es Hinweise des zu vertretenden Kollegen – und ist es üblich, dass solche Hinweise vorbereitet werden müssen?)
- Wartung technischer Geräte (Gibt es einen Laboranten? Wer wartet sonst die Geräte in den Fachsammlungen? Was machen Sie mit defekten Geräten?)
- Zeugnisse (Welche Zeugnisformulare gibt es? Schreiben Sie die Zeugnisse, werden diese zentral ausgedruckt, werden sie vom Büro erstellt (Abschlusszeugnisse)? Frühzeitig klären und entsprechende Zeit einplanen!)
- Zeugniskonferenzen (Wer bereitet sie vor, welche Aufgabe haben Sie als Klassenlehrer oder Tutor in der Vorbereitung?)

Material 9:
Einarbeitungsplan zur Verabredung zwischen Schulleiter und Berufseinsteiger

Dies ist ein Vorschlag, in welchen Schritten und zeitlichen Abfolgen eine gute Einarbeitung und Integration von Berufseinsteigern erfolgen sollte. Von daher ist es eigentlich ein Material für die Hand von Schulleitungen. Sie als Berufseinsteiger können aber spätestens ab Schritt 2 auch selbst die Initiative ergreifen und eine systematische Einarbeitung vorschlagen, evtl. anhand dieses Vorschlags

Erster Schritt (ca. 3 Monate vor Dienstantritt)

- organisatorische Vorbereitungen der Schulleitung (Welchen Raum soll der neue Kollege übernehmen, ggf. Möblierung verändern und Möbel bestellen, Schlüssel für alle Räume bestellen, Kopien aller Grundlagenpapiere anfertigen lassen)

Zweiter Schritt (vor Dienstantritt)

- Kontaktaufnahme und Orientierungsgespräch zwischen Berufseinsteiger und Schulleitung

Dritter Schritt (vor Dienstantritt)

- Genaue Klärung der Vertragsmodalitäten mit der Personalabteilung
- Welche anderen Infos aus der Personalabteilung benötigen Sie?

Vierter Schritt (bei Dienstantritt)

- Übergabe von Informationen und Materialien (z. B. Lehrpläne, Wegweiser durch die Schule, Schlüssel)?
- Pate/Patin festgelegt?

Fünfter Schritt (1. Tag)

- Bekanntmachung mit Patin oder Paten?
- Vorstellung im Kollegium?
- Erledigung der Dienstantrittsmeldung?
- Herstellung der wichtigsten Kontakte? (z. B. zu Fachkollegen, Teamkollegen) und Info-Mappe erhalten (z. B. Stundenplan, Vertretungen, Aufsichten)?

Sechster Schritt (nach sechs Wochen)

- Gespräch zwischen Schulleitung und neuen Kolleginnen und Kollegen über die ersten Erfahrungen und Eindrücke

Siebter Schritt (nach einem halben Jahr)

- Gespräch mit der Schulleitung
- Ggf. Veränderung des Unterrichtseinsatzes
- ggf. Information über Procedere bei Verbeamtung, Verabredung von Hospitationen

Achter Schritt (nach erster Hospitationsrunde, ca. nach einem Jahr)

- Auswertung der Hospitationen
- ggf. Hilfestellung bei Problemen
- ggf. erste Überlegungen zur Übernahme von Aufgaben über den Unterricht hinaus

Neunter Schritt (nach anderthalb bis zwei Jahren)

- Bilanzierung der Einarbeitungsphase
- Wünsche der Kolleginnen und Kollegen für die Zukunft
- Hinweis auf zukünftige Gesprächsrituale an der Schule

Material 10:
Übungen zum Kennenlernen

1. Gruppenspiegel

An der Wand hängt eine große Tabelle, in die alle Schüler Informationen über sich eintragen. Damit es kein Gedrängel gibt, bekommt jeder 4 Papierstreifen in der Größe der jeweiligen Zeilen und Spalten, füllt die aus und klebt sie auf. Beispiele für mögliche Fragen:

Mein Name	Aus welcher Schule komme ich	Was hat mir an meiner vorherigen Schule am meisten Spaß gemacht	In meiner Freizeit mache ich

2. Assoziationskette

Jeder Schüler bekommt ein Plakat. Die Lehrkraft nennt bestimmte Begriffe, zu denen die Schüler eine Assoziationskette aufschreiben, wenn die Form bekannt ist, auch als mindmap.
Die Plakate werden in einer zweiten Runde ausgestellt oder präsentiert; es ist auch eine Vorstellung oder Präsentation in Gruppen möglich.
Begriffe könnten sein: Schulanfang, Lehrer, Vorfreude, Sorge etc.

3. Partnerinterview

Die Schüler bilden Paare (durch Ziehen von zwei zusammenpassenden Karten (immer zwei gleiche Symbole o. ä.) und bekommen den Auftrag, sich gegenseitig zu interviewen, mitzuschreiben und sich anschließend gegenseitig vorzustellen (Dieses Vorgehen gibt gleichzeitig einen Hinweis auf die Methodenkompetenz der Schüler). Für jede Befragung gibt es 10 Minuten pro Schüler, der Lehrer sollte als Zeitwächter fungieren und darauf achten, dass gewechselt wird. Danach haben beide Schüler 5 Minuten, um ihre Notizen zu sortieren – und dann 3 Minuten, um ihren Partner im Plenum vorzustellen.
Diese Übung wird umso informativer, je interessanter die Fragestellungen sind:
„Was ihr noch nicht von mir wisst"
„Mein denkwürdigster Schultag bisher"
„Mein Vorbild" etc.

4. Leben im Umriss

Die Schüler bekommen ein Plakat mit einem menschlichen Umriss. Sie machen daraus sich selbst, indem sie den Umriss gestalten, Informationen zu sich bildhaft darstellen und/oder Begriffe aufschreiben.
Am Ende stellen sich die Schüler gegenseitig die Plakate vor – zu zweit, in Kleingruppen oder im Plenum. Die Plakate hängen in den ersten Wochen als Wandschmuck im Klassenraum.

Material 11: Erfahrungen mit Unterricht und Lehrern

Dieser Arbeitsbogen ist ab Jg. 3 oder 4 einsetzbar. Für die gymnasiale Oberstufe könnte er um einige Aspekte angereichert werden, ggf. auch sprachlich überarbeitet. Für die Bearbeitung sind etwa 30–45 Minuten notwendig, für die Präsentation und Diskussion noch einmal 45 Minuten.

Material: Flipchartbögen und Stifte in der Anzahl der Dreiergruppen, also 9 oder 10 in normalen Klassen.

Liebe Schülerinnen und Schüler,
mich interessiert, was ihr zum Lernen, zum Unterricht und über die Arbeit von Lehrern denkt.

Arbeitsauftrag:

1. Bildet Dreiergruppen.
2. Diskutiert die Fragen auf diesem Arbeitsbogen.
3. Notiert eure Ergebnisse zu jeder Frage in Stich- oder Schlagworten auf dem Flipchart. Ihr solltet mit einer Seite Flipchart auskommen!
4. Bereitet euch darauf vor, eure Ergebnisse der Klasse zu erläutern. Ihr könntet einen Sprecher benennen, aber ihr könnt auch zu dritt präsentieren.

Fragen:

1. Was ist für dich ein guter Lehrer/eine gute Lehrerin? Welche Eigenschaften sollte er haben?
2. Wann kannst du in der Klasse besonders gut lernen? Was ist dafür nötig?
3. Wie können dich Klassenkameraden beim Lernen unterstützen? Was wünscht du dir von deinen Klassenkameraden, damit du dich in der Klasse wohl fühlst?
4. Welche verschiedenen Arten von Unterricht (Arbeit zu zweit, in Gruppen, Arbeit an einer Mappe, an einem Referat, Vortrag etc.) habt ihr bisher kennen gelernt? Welche Art gefällt euch am besten – und warum? (Wenn ihr euch hier nicht einigen könnt, nennt jeder seine Lieblingsform des Unterrichts)
5. Worauf sollte ich als euer neuer Lehrer besonders achten, damit der Unterricht gut läuft?

Material 12:
Checkliste bei der Übernahme von Unterricht in einer bereits bestehenden Klasse, in der es schon einen Vorgänger oder eine Vorgängerin gab

Die folgenden Fragen sollten Sie bei Übernahme einer laufenden Klasse so schnell wie möglich klären, und zwar sowohl mit Schülern als auch mit den Lehrern, damit Sie sich positionieren und gegenüber dem „Das hat Frau A aber ganz anders gemacht!" eine eigene Haltung einnehmen können.

- Wie gehe ich mit Fehlstunden/Verspätungen um? Wie geht man an der Schule mit Fehlstunden/Verspätungen um? Wie geht die Klassenlehrkraft mit Fehlstunden/Verspätungen um?
- Welche Gesprächsregeln gelten in der Klasse? Welche Gesprächsregeln will ich einführen, verstärken?
- Wie wird in der Klasse mit Hausaufgaben umgegangen? Wie will ich mit Hausaufgaben umgehen? Ist es sinnvoll Absprachen mit Klassenkolleginnen und -kollegen zu treffen?
- Wie will ich als Fachlehrer mit den Eltern umgehen? Gibt es einen Infobrief von der Klassenlehrkraft an die Eltern? Was will ich über Bewertung in meinem Fach und über meine Erreichbarkeit sagen?
- Welche Regeln gelten in dieser Klasse? (Gibt es heimliche Regeln?)
- Welche Methoden/Lerntechniken beherrscht die Klasse oder sind ihr bekannt? (Gruppenarbeit, Referate, Exzerpieren, Mindmaperstellung, Stationenlernen …)
- Welche Regeln gibt es im Umgang mit Disziplinproblemen? Passen sie zu mir? Mit wem muss ich mich abstimmen?
- Welches Material sollen die Schüler für meinen Unterricht haben (Hefter, Hefte, Stifte, Zirkel …)?
- Was sage ich über meine Bewertungskriterien – für mündliche Mitarbeit?
- Welche Arten von Tests und Klassenarbeiten gibt es bei mir?
- Wie gehe ich mit Berichtigungen von Klassenarbeiten um?
- Werden in meiner Klasse Vergleichsarbeiten geschrieben? Gibt es Abschlussprüfungen? Was muss ich dazu mit den Schülern (und evtl. Eltern) klären – bzw. worüber muss ich sie informieren?

Material 13:
Grundregeln für die Gesprächsführung

1. **Mich auf das Gespräch vorbereiten**
   Mein Ziel?
   Meine Einstellung, mein Gefühl zum anderen?
   Meine Fallen, meine Stärken?
2. **Anderen respektvoll gegenübertreten**
3. **Kontakt herstellen**
   Blickkontakt
   Körperausdruck beobachten und auf Kongruenz achten
4. **Die Erwartungen klären**
   Worum geht es?
   Was wollen wir voneinander?
5. **Informationen zum Thema einholen**
   Nicht werten
   Öffnende Fragen stellen, statt Alternativen vorzugeben
   Informationsflut stoppen, strukturieren und auswählen lassen
6. **Im Hier und Jetzt arbeiten**
   Nicht in „Archäologie“ stecken bleiben
   Keine „ollen“ Kamellen durchkauen
   Keine Aussagen nach dem Muster: „Wenn nur erst …“
7. **„Ich“ statt „Man“ und „Wir“ verwenden**
8. **Wichtige Gesprächsinhalte paraphasieren (lassen)**
9. **Körperausdruck und Gefühlsinhalte beachten**
10. **Interpretationen deutlich machen**
    Sparsam anwenden, kennzeichen, anbieten
11. **Authentisch und selektiv miteinander reden**
    Nicht alles, was wahr ist, muss ich sagen; aber alles, was ich sage, muss wahr sein
    Nicht alles, was ich will, muss ich auch tun; aber alles, was ich tue, muss ich auch wollen
12. **Die 50 %-Regel beachten**
    Mindestens 50 % der Energie zur Problemlösung müssen beim Gesprächspartner liegen
    Um wessen Problem geht es hier eigentlich?
13. **Bilanz ziehen**
    Was haben wir geklärt und was ist offen geblieben?
    Welche Fragen sind neu entstanden?
    Welche nächsten Schritte stehen an?
    Feedback

(aus: GÜHRS/NOWAK: Das konstruktive Gespräch, 5. überarbeitete Auflage 2002)

Material 14: Konfliktgespräch mit Schülern

A. Grundüberlegungen

1. Grundregel: Nie in ein Gespräch „hineinstolpern" – Gespräche sollte immer vorbereitet ablaufen! Von daher: Lassen Sie sich nicht ein Gespräch aufzwingen!
2. Immer vor dem Gespräch prüfen: Was will ich?
3. Fragen zur Selbstprüfung
   <u>Was sind meine Motive?</u>
   - Ich fühle mich emotional betroffen
   - Ich fühle mich als Lehrer verantwortlich

   <u>Was will ich?</u>
   a) ein Problemgespräch führen (siehe Ablaufvorschlag unten)
   b) eine klare Anordnung weitergeben, eine Ansage machen, z. B. „Du lässt Katrin jetzt sofort los! Nach der Stunde reden wir weiter!"
   c) „Dampf ablassen": „Ich bin stinksauer über dein Verhalten. Heute bin ich zu wütend, um weiter mit dir zu reden. Morgen kannst du mich ansprechen, wenn du etwas mit mir klären willst."
4. b und c sind keine Gespräche – nennen Sie bitte niemals solche Kommunikationssituationen Gespräche! In Gesprächen kommt jeweils 50 % der Energie von beiden Seiten. Klare Anordnungen und Dampf ablassen können aber wichtige und sinnvolle Interventionen sein – je kürzer und knackiger, desto besser!
5. Gespräche setzen Gesprächsbereitschaft der Gesprächspartner voraus; d. h. mit hoch emotional verstrickten, bockigen, verletzten Schülerinnen und Schülern kann ich vermutlich kein Gespräch führen. Dann muss ich es vertagen!

B. Vorschläge für den Ablauf von Gesprächen

1. **Geeigneten Rahmen schaffen**
   - durch freundliche wertschätzende Ansprache die Bereitschaft der Schüler fördern zuzuhören
   - Rahmen für ein ungestörtes Gespräch schaffen
2. **Problem darstellen**
   - beobachtetes Verhalten konkret beschreiben
   - die sich daraus ergebenden Probleme erläutern
   - die eigenen emotionalen Reaktionen benennen
3. **Stellungnahme einholen**
   - Schüler zur Stellungnahme ermuntern
   - Stellungnahme in Hinblick auf Problembewusstsein analysieren
4. **Problembewusstsein fördern**
   wenn die Existenz oder die Bedeutung des Problems geleugnet wird
   a) Problem noch einmal sach ich beschreiben
   b) Identifikation anbieten
   „Ich kann mir gut vorstellen, wie unangenehm dir die Situation ist …"
   „Mir würde es an deiner Stelle folgendermaßen gehen …"
   c) zur Identifikation auffordern
   „Versetz dich mal in meine Situation. Was würdest du tun?
   d) Interpretation für das Verhalten anbieten
   „Vielleicht wolltest du ja …" „Ich könnte gut verstehen, wenn …"
   e) Unausgesprochene Aussage offen legen
   „Meinst du, dass meine Wahrnehmung völlig falsch ist?"
   f) Klare Wünsche benennen oder eindeutige Anweisungen geben
   g) Mögliche Konsequenzen aufzeigen
   h) Festgefahrenes Gespräch abbrechen
   - Abbruch kurz begründen
   - ggf. Zeitpunkt und Bedingungen für die Fortsetzung des Gesprächs benennen
5. **Vereinbarung über Ziele und den Rahmen einer Problemlösung treffen/Anordnung geben**
6. **Bilanz ziehen**
   - Die wesentlichen Gesprächsergebnisse zusammenfassen
   - Übereinkünfte und Gegensätze benennen

Material 15:
Checkliste Klassenraumgestaltung

- Regeln und Rituale in Großformat visualisieren
(z. B.: „ABM“ bedeutet: A = Arbeitsmaterial auf den Tisch, B = Blick nach vorne, M = Mund zu innerhalb der ersten zwei Unterrichtsminuten)

- Ausstellungsfläche im Klassenraum nutzen
(Pinnwände, Stelltafeln, Fensterbänke, Türen)

- Klassenbuchführung
(Stundenplan von Klassenbuchführer im Voraus eintragen lassen, Mitteilungen für Fachlehrer, Blankoübersichtsplan für Klassenarbeiten zur Vermeidung von Überschneidungen und zur Herstellung von Transparenz, Lesezeichen für aktuelle Woche)
Grundschule: Namenslisten für Halb- oder Teilungsgruppen, Extra-Fördergruppen o. ä. gut sichtbar für Vertretungskollegen einkleben oder im Klassenraum aufhängen

- Entschuldigungen von den Eltern sammeln
(Extrabox und nicht im Klassenbuch herumflattern lassen)

- Einheitliches System zur Ämterverteilung
(z. B. Blumen- und Tafeldienst, Fege- und Ordnungsdienst, Energie- und Altpapierdienst, Spielkisten- und Briefkastenwächter etc.)

- Schülerhängeregister
(Sammlungsplatz für Unterlagen, Arbeitsblätter und Informationen für fehlende bzw. kranke Kinder)

- Ordnungskästen
(Fotos, Fundsachen, Klebematerialien, Büroartikel, Kreide, Namenskarten, Vordrucke, Hausaufgabengutscheine etc.)

- Stehordner
(Sammlung von Klassenarbeitsheften, Mappen etc.)

- Visualisierung des Stundenplans
(Großformat, damit Lehrer und Schüler einen Überblick haben)

- Pinnwände
(Informationswand, Suche und Finde, Fotos)

- Briefkasten für Freud und Leid

- Differenzierungsmaterial
(Hängeregister oder Fächer)

- Große Uhr auf dem Flohmarkt kaufen

(entn. und veränd. aus: Logbuch für junge Kapitäne, Broschüre der GEW Hamburg für BerufseinsteigerInnen)

Material 16:
Ordnungssysteme

1. **Grundsatz-Ordner für die Schultasche mit allen wichtigen Adressen und Informationen:**

   - Kollegiumsliste
   - Klassenliste
   - Terminplan Schule
   - Terminplan Klasse
   - Haus- bzw. Schulordnung
   - Immer wieder verwendete Formulare und Vordrucke in mehreren Exemplare in Plastikhülle
   - (Kurzmitteilung an Eltern wg. unentschuldigten Fehlens, nicht gemachter Hausaufgaben, Bitte um Anruf)
   - Listen aller Art (siehe unter 3)

2. **Zu Hause: Hängeregistratur oder alphabetischer Namensregister-Ordner für die Schüler, pro Schüler eine Tasche oder ein Fach**

   - Dieses Ordnungssystem zu jeden Ferien einmal durchsehen und entscheiden, was davon in die Schülerakte muss. Gesammelt werden:
   - Entschuldigungen
   - Einzelbriefe der Eltern
   - Zeugnisse
   - Gesprächsnotizen
   - Ggf. Protokolle über disziplinarische Vorfälle
   - Mitteilungen über Ordnungsmaßnahmen

3. **Klassenlisten aller Art** gleich zu Beginn des Schuljahres anfertigen, immer entweder im Grundsatz-Ordner oder in Ordnern für die einzelnen Fächer dabei haben:

   - **Namensliste in Tabellenform mit mehreren Blanko-Kästchen zum Abhaken** (für Geldsammlungen, Abgabe von Rückmeldungen zu Elternbriefen, Anmeldungen zum Elternsprechtag, Erlaubnis zum Schwimmen am Ausflugstag etc.)
   - **Hausaufgabenlisten mit Datumsspalte** und Symbol für „gemacht", „nicht gemacht", „später vorgezeigt")
   - **Listen für die mündliche Mitarbeit** (Namensliste mit vielen Spalten, oben kommt das Datum hinein, in die Kästchen Symbole für herausragende Mitarbeit, aktive Mitarbeit, durchschnittliche Beteiligung, geringe Beteiligung, keine Beteiligung)
   - **Notenlisten für Tests und Klassenarbeiten**

Material 17:
Klassenlehrer – Ämter und Dienste

Soziale Dienste:
- Klassensprecher und Stellvertreter
- Diskussionsleitung
- Streitschlichter (mit oder ohne Ausbildung)
- Versorgung der erkrankten Schüler mit Informationen und Material
- Evtl. Patenschaften von älteren Schülern für jüngere Schüler

Pflegedienste:
- Bei Tierhaltung im Klassenraum: Tierpflege
- Blumendienst

Ordnungsdienste:
- Tafeldienst (Tafel wischen, ggf. Kreide, Wasser, Lappen, Schwamm besorgen)
- Fegedienst am Ende des Schultages
- Müll entsorgen
- Schrankdienst
- Ausstellungsflächen, Pinnwände
- Fenster, Fensterbänke
- Flur oder Gruppenraum
- Lernkarteien, Ordner mit Material zur Freiarbeit
- 50/50-Wächter (wacht über Müll-Sortierung, Sammlung von Altpapier, Ausschalten des Stroms)
- Evtl. Hofdienste (Papier sammeln auf dem Schulhof)

Verwaltungsdienste:
- Klassenarbeitsliste führen und überwachen (hängt in der Klasse, alle Fachlehrer müssen ihre Termine eintragen lassen)
- Jahresterminplan führen und überwachen (hängt in der Klasse, wird ständig aktualisiert)
- Geburtstagskalender (an Geburtstage einen Tag vorher erinnern)
- Buchausleihe Klassenbücherei (Ausleihe machen, Rückgabe kontrollieren und anmahnen)
- Klassenkasse
- Materialausgabe (Materialien, die in der Klasse zur Verfügung stehen wie Stifte, Papier, Farben, Karten, Scheren, Klebstoff) ausgeben, einsammeln, ordnen, Nachschub anfordern, wenn Bestand zur Neige geht
- Verteiler (Austeilen von Arbeitszetteln und Büchern)
- Briefkastenwächter (wenn es einen Kummerkasten/Briefkasten gibt, werden die Briefe gesammelt, gelesen und die Themen auf der nächsten Klassenratssitzung eingebracht bzw. vorher dem Lehrer mitgeteilt)
- E-Mail-Wächter (wenn die Klasse eine E-Mail-Adresse hat, wird die elektronische Post täglich überwacht und ausgewertet, ggf. Antwortaufträge vergeben)

Je nach Alter der Schüler können etliche Dienste kombiniert werden. Wichtig ist ein einfaches und übersichtliches Dokumentationssystem für die Dienste und ein festes Übergaberitual. Bewährt haben sich eine feste Pappe, auf der die Dienste untereinander festgehalten sind, und Wäscheklammern mit den Namen der Schüler.

Material 18: Reflexionsbogen: Störungsanalyse

Der folgende Bogen kann von Ihnen genutzt werden um einmal in Ruhe über Störungen in Ihrem Unterricht nachzudenken.

Fragestellungen	Beobachtung, Ergebnisse, neue Fragen
Was ist genau passiert? Kurze, möglichst präzise Beschreibung der Störung ohne Bewertung, ohne Vorgeschichte (mündlich)	
Wer genau? Wer war alles beteiligt (damit ist Verhalten, Sprache, Körpersprache, bewusstes Ignorieren – kurz alle Verhaltensweisen) gemeint.Wer hat sich in dieser Situation wann wie verhalten? Wer hat durch sein Verhalten andere beeinflusst? (evtl. Skizze anfertigen)	
Was vermuten Sie: Welche Gründe hatte das Verhalten der Einzelnen? Welche Ursachen der Störung waren für Sie erkennbar? Versuchen Sie, diese ggf. den drei Ebenen Beziehung, Disziplin-Management und Unterricht zuzuordnen.	
Was vermuten Sie: Welchen „heimlichen" Sinn könnte das Verhalten einzelner Beteiligter haben, welche Funktion für ihn und/oder die Gruppe?	
Wie ging es Ihnen in der Situation, wie war Ihre emotionale Reaktion auf das Geschehen? Waren Sie wütend, innerlich erregt, verunsichert, ängstlich, resigniert, verzweifelt, enttäuscht? Haben Sie Ihre Gefühle gezeigt?	
Welche Folgen hat das Verhalten, hat die Störung aus Ihrer Sicht für Sie, für die Beteiligten, für die ganze Gruppe – kurz-, mittel- und langfristig?	

Material 19:
Beispiel eines Tafelanschriebs oder einer Folie mit einer Stundenübersicht

In Grundschulklassen haben sich Tagesübersichten statt Stundenübersichten als geeignet erwiesen. Aber auch noch in der gymnasialen Oberstufe sollte zumindest mündlich ein Stundenüberblick gegeben werden.

Zeitsparend ist es, wenn man für Arbeitsformen Symbole einführt, ein Männchen für Einzelarbeit, 2 Männchen für Arbeit zu zweit, einen Stift für schriftliche Aufgaben etc. Wenn man die Tafel nutzt, könnten diese einmal als Klebelemente hergestellt und dann immer wieder verwendet werden,

Kollegen geben auch sehr erfolgreich auf ihren Stundenübersichten oder mündlich die jeweils zulässige Lautstärke an – flüstern, 40 cm-Stimme etc.

Donnerstag, 27. März 2006

Thema: Gebirge und Flüsse in Deutschland

1. Wiederholung der Bundesländer	Melden und Zuhören
2. Die Flüsse in Deutschland Arbeitsbogen	Namen aus dem Atlas suchen in Arbeitsbogen eintragen
3. Ergebnisse vergleichen	Arbeit zu zweit, austauschen
4. Was weißt du über den Fluss … Infomaterial zu einzelnen Flüssen	Arbeit in Dreiergruppen Infomaterial zu einem Fluss lesen, Fragen für die Klasse überlegen, Antworten dazu notieren

Material 20: Interventionen auf der Eskalationsleiter

Im Disziplinmanagement ist es ungeheuer wichtig, dass Sie als Lehrkraft transparent, konsequent und fair agieren. Nur dann können Sie es schaffen, ein Regelwerk in der Klasse zu verankern. Wenn Ihr Handeln für die Schüler nicht transparent und nicht verständlich ist, wird es die Unklarheit und damit auch die Unruhe erhöhen. Wenn Sie nicht konsequent, nicht berechenbar agieren, wird Ihrem Verhalten die Orientierungsfunktion für die Schüler fehlen. Und wenn Sie schließlich gleiche Sachverhalte bei unterschiedlichen Schülern unterschiedlich handhaben, lösen Sie häufig die Gerechtigkeitsdiskussion aus.

Da der Schultag belastend genug ist, sollten Sie Ihre Reaktion nicht dem Zufall überlassen, sondern eine klare Abfolge von Interventionen einhalten. Damit können die Schüler zu jeder Zeit einschätzen, auf welcher Ebene Sie sich befinden – und Ihr Verhalten hat nicht die Qualität persönlicher Willkür, sondern nüchterner Konsequenz. Voraussetzung für ein solches Vorgehen ist die Vereinbarung von Klassenregeln, die deutlich sichtbar im Klassenraum hängen und auf die Sie und die Schüler sich immer wieder beziehen.

Vorschlag für mit der Klasse abgesprochene Interventionen

Niveau 1: Hinweis auf Überschreitung der Klassenregel (am besten nonverbal: „Augenkontakt" zum Schüler aufnehmen, Blick auf die Klassenregel lenken oder mit der Hand auf die Klassenregel verweisen)

Niveau 2: Klarer Hinweis auf Überschreitung der Klassenregel: „Anke, bitte beachte die Klassenregeln!"

Niveau 3: Gelbe Karte – Sie stellen den Schüler mit 3 kurzen Fragen zur Rede (Wirklich knapp, klare Sprache, direkter Blickkontakt, straffe Körperhaltung):
- Was tust du?
- Wie heißt die Regel?
- Wofür entscheidest du dich: Regel befolgen oder Auszeit?

Niveau 4: Auszeit: Nimm' den Auszeitbogen und bearbeite ihn!
Entweder entscheidet sich der Schüler auf Niveau 3 selbst dafür.
Sonst wird das Niveau 4 erreicht, wenn der Schüler schon einmal in der Stunde auf Niveau 3 war und erneut stört.

Material 21 zeigt einen Auszeitenbogen.

Material 21: Auszeitenbogen

Der folgende Bogen sollte mit der Klasse besprochen werden, damit für alle Beteiligten klar ist, was im Fall der Auszeit vom Schüler erwartet wird – und damit die Fragestellungen auch wirklich verständlich sind. Formulieren Sie ggf. die Fragen so um, dass sie auf Ihre Schülerschaft passt. Achtung: Der Auszeitenbogen geht davon aus, dass Sie mit Ihrer Klasse Regeln vereinbart haben, die allen bekannt sind und auf die Sie selbst sich konsequent beziehen. Nur wenn die Auszeit damit verbunden ist (siehe Material 20), kann mit großer Wahrscheinlichkeit erwartet werden, dass der betroffene Schüler nicht mit Ihnen in den Machtkampf über die Auszeit geht.

Das Ziel des Bogens ist es:
- *den Schüler zur Ruhe und in die Reflektion zu bringen*
- *den Bezug zu den Klassenregeln herzustellen*
- *auf eine Verhaltensänderung hinzuarbeiten, für die sich der Schüler selbst entscheidet!*

1. Gegen welche unserer Klassenregeln hast du verstoßen? Schreibe die Regel auf!

2. Wie kam es dazu, dass du gegen die Regel verstoßen hast? Beschreibe dein Verhalten möglichst genau!

3. Welche Probleme sind durch dein Verhalten entstanden
   - für deinen Lehrer
   - für deine Mitschüler
   - für dich?

4. Überlege: Was wolltest du mit deinem Verhalten erreichen? Hattest du ein bestimmtes Ziel, eine Absicht? Schreib' sie auf!

5. Gäbe es auch einen anderen Weg, dein Ziel, deine Absicht zu erreichen, ohne dass dadurch Probleme entstehen? Dann mach' einen kleinen Plan, überleg' dir ein, zwei Schritte dazu.

6. Was könnte dir dabei helfen, die Klassenregel einzuhalten? Wie könnten dir Mitschüler und Lehrer dabei helfen?

Jetzt entscheide dich:
Ich, ________________, werde mein Bestes tun, die oben beschriebenen Schritte zu gehen und die Klassenregeln zu befolgen.

Datum: Unterschrift:

Kenntnisnahme der Lehrkraft:

Material 22:
Mündliche Bewertung

Name des Schülers:	**Klasse**	**Sch.jahr/Datum**	
Name des Lehrers:	**Fächer**		
Mündliche Bewertung von			
Aufmerksamkeit			
Du folgst dem Unterricht sehr aufmerksam.			
Du folgst dem Unterricht überwiegend aufmerksam.			
Du folgst dem Unterricht häufig nicht oder nur selten.			
Beteiligung			
Dabei beteiligst du dich sehr rege.			
Dabei beteiligst du dich zufriedenstellend.			
Dabei beteiligst du dich wenig, geringfügig.			
Dabei beteiligst du dich fast nie oder gar nicht.			
Inhalt			
Du gibst Gelerntes richtig wieder.			
Bei Wiederholungen verwendest du die vorgegebenen Formulierungen.			
Bei Wiederholungen formulierst du in eigenen Worten.			
In deinen Beiträgen kannst du gelerntes neu sortieren oder kombinieren.			
Du ziehst eigene Schlussfolgerungen.			
Du leistest weiterführende Beiträge (eigene Ideen, hinterfragen, weiter entwickeln)			
Sprache			
Einwortsätze			
zu knappe, verkürzte Formulierungen			
zu ausufernd, weitschweifig			
sachadäquat, ausführlich			
grammatikalisch falsch			

überwiegend richtig			
völlig korrekt			
Umgangssprache			
gehobenes Sprachniveau			
gehobenes Sprachniveau mit Anteilen von Fachsprachlichkeit			
Organisation des eigenen Lernprozesses			
Die notwendigen Materialien hast du (fast) immer dabei.			
Die notwendigen Materialien hast du meistens dabei.			
Die notwendigen Materialien hast du häufig vergessen.			
Hausaufgaben			
Deine Hausaufgaben fertigst du sehr zuverlässig an.			
Deine Hausaufgaben fertigst du meist zuverlässig an.			
Deine Hausaufgaben fertigst du nur unzuverlässig an.			
Schriftliche Aufgaben			
… im Unterricht erledigst du immer sorgfältig, zügig und konzentriert.			
… im Unterricht erledigst du meistens sorgfältig, zügig und konzentriert.			
… im Unterricht erledigst du selten sorgfältig, zügig und konzentriert.			
Du lieferst (fast) immer richtige Ergebnisse.			
Du lieferst meist richtige Ergebnisse.			
Du lieferst selten richtige Ergebnisse.			
Gruppenarbeit			
Du arbeitest aktiv und übernimmst Verantwortung.			
Du machst mit, verlässt dich aber auf andere.			
Du zeigst wenig Aktivität, störst häufig.			
Mitgestaltung des Unterrichts			
Du gestaltest den Unterricht konstruktiv und fantasievoll mit.			
Manchmal gestaltest du den Unterricht mit.			
Du folgst dem Unterricht passiv.			

Material 23: Selbsteinschätzungsbogen für meine Zensur im Fach

Tätigkeiten, Leistungen, Einsatz	Beurteilung
1. Mitarbeit im Unterricht Überlege: • Wie konzentriert hast du am Unterricht teilgenommen? • Wie oft warst du mit etwas anderem als dem Unterricht beschäftigt (mit deinem Nachbarn reden, Briefe schreiben, träumen …)? • Wie oft hast du gleich nach Ansagen der Lehrerin oder des Lehrers losgearbeitet? • Wie oft hast du getrödelt, fehlte dir die Lust zum Anfangen, brauchtest du gesonderte Aufforderungen der Lehrerin oder des Lehrers? • Wie oft hast du Ansagen/Aufträge der Lehrerin oder des Lehrers gehört – wie oft hast du sie überhört? • Wie häufig hast du dich gemeldet – und wie häufig bist du drangekommen? • Wie schätzt du deine Antworten ein – waren sie immer/oft/manchmal/selten richtig? • Hast du dich aktiv darum gekümmert, wenn du etwas nicht verstanden hast – d. h. hast du nachgefragt? • Wie häufig hattest du eigene Ideen/Einfälle im Unterricht – und hast sie auch eingebracht? **Nun versuche mal, alle deine Ergebnisse gegeneinander abzuwägen. Was für eine Zensur würdest du dir für deine mündliche Mitarbeit insgesamt geben?**	**Zensur:**
2. Hausaufgaben Überlege: • Wie häufig hast du deine Hausaufgaben gemacht? • Wie häufig hast du sie vergessen? • Wie häufig hast du dir wirklich Mühe mit deinen Hausaufgaben gemacht? • Wie häufig hast du nur das Allernötigste gemacht? • Wie häufig waren die Hausaufgaben richtig? • Wie häufig waren die Hausaufgaben falsch? • Hast du sie, wenn sie falsch waren, verbessert? **Nun versuche einmal, dir für deine Hausaufgaben eine Zensur zu geben.**	**Zensur:**
3. Welche Zensuren hast du in Tests geschrieben? Notiere sie!	**Durchschnittszensur in Tests:**
4. Welche Zensuren hast du in den Arbeiten geschrieben? Notiere sie!	**Durchschnittszensur in den Arbeiten:**
5. Hast du andere bewertete Leistungen erbracht in diesem (Halb)jahr, z. B. Referate, Vorträge, eine Zensur für deine Mappe o. ä.?	**Die Zensur für deine andere Leistung:**
Nun überlege dir anhand all deiner aufgeschriebenen Bewertungen, wie du deine Leistungen in dem Fach .... insgesamt einschätzt:	**Meine Einschätzung meiner Halbjahreszensur:**

Material 24:
Wie beurteile ich die Arbeit von Schülerinnen und Schülern in Projekten?

1. Klärung der Leistungsanteile

Projektarbeit besteht aus den drei Teilen: Planung des Projektes, Durchführung des Projektes, Projektpräsentation. Bevor das Projekt beginnt, sollte geklärt werden, wie stark diese drei Teile prozentual in die gesamte Projektbewertung eingehen. Das kann natürlich bei einzelnen Projekten sehr unterschiedlich sein. Wenn Sie den Projektgedanken ernst nehmen, müssen Sie aber den Durchführungsteil angemessen in der Bewertung berücksichtigen – denn es geht Ihnen bei der Arbeit ja darum, dass die Schüler ihr Methodenrepertoire erweitern, es geht Ihnen um den Prozess und nicht nur um das fertige Produkt. Diese Haltung muss den Schülern von Beginn an klar sein.

2. Klärung der Qualitätskriterien

Sowohl für das endgültige Produkt als auch für den Prozess sollten Kriterien erarbeitet werden, am besten zusammen mit den Schülern. Da diese in diesen Verfahren noch nicht geübt sind, ist es sinnvoll, erste eigene Überlegungen einzubringen und an diesen gemeinsam zu arbeiten. Ideen für solche Kriterien enthält z. B. der kurze Aufsatz von Marc Böhmann „Projekte bewerten und benoten" in: Lernende Schule 21/2003, der ein Beurteilungsraster für Projekte vorstellt.

3. Klärung der Bewertungsform

Ebenso sollte vor Beginn der Projektarbeit geklärt werden, ob es eine Individual- oder eine Gruppenbewertung gibt.Für den Fall, dass eine Gruppenbewertung vorgesehen ist, sollte geklärt werden, dass in der Gruppe am Ende jeder Sitzung ein gegenseitiges Feed-Back steht, mit dem die Gruppenmitglieder sich rückmelden, wie zufrieden sie mit Qualität und Quantität des Arbeitseinsatzes und der Arbeitsergebnisse sind – und es sollte ebenso vorher verabredet werden, was bei Unzuverlässigkeit/großer Unzufriedenheit geschieht: Es wird eine kurze Frist gesetzt, in der das Gruppenmitglied Versäumtes nachholen kann. Wenn das nicht geschieht, erfolgt eine Meldung an den Lehrer. Versäumen Gruppen diese Rückmeldung, so verwirken sie das Recht, sich später bei der Kritik an ihrer Arbeit/ihren Ergebnissen auf die schlechte Arbeit einzelner beziehen zu können.

4. Wie schaffen Sie es, in der Projektzeit Ihre Doppelrolle als Fachberater und Prozessbegleiter einerseits und Bewerter andererseits auszufüllen?

Folgende Schritte erleichtern Ihnen diese Doppelrolle:

- Sie machen sich eine Zeitstruktur für den wöchentlichen Projekttag beziehungsweise die Tage der Projektwoche. Dabei weisen Sie einerseits feste Sprechzeiten aus, in denen die Schüler mit ihren Fragen zu Ihnen kommen können, bei Projekttagen am besten am Anfang, in der Mitte und am Ende des Tages. In Ihrer restlichen Zeit machen Sie feste Verabredungen mit einzelnen Gruppen, um an deren Arbeitssitzungen teilzunehmen und dabei mitzuerleben, wie gearbeitet wird.

- Alle Gruppen müssen von jeder Sitzung ein Kurzprotokoll erstellen (arbeitsteilig reihum), das spätestens am nächsten Tag bei Ihnen im Fach liegt. Dieses Protokoll enthält folgende Angaben: Teilnehmer (wenn jemand fehlt, Grund des Fehlens), Thema der Sitzung, vollzogene Arbeitsschritte, Ergebnisse der Sitzung, Fragen, Aufträge für die nächste Sitzung (Person und Auftrag). Diese Protokolle ermöglichen Ihnen eine sofortige Übersicht über die Arbeit der Gruppe, Sie können sich einklinken, wenn Ihnen Probleme deutlich werden.
- Sie verabreden mit den Schülern, dass sie individuell oder als Gruppe ein Lerntagebuch führen (vgl. dazu den Aufsatz von Felix Winter „Lerntagebücher" in Lernende Schule 21/2003).
- Sie verlangen eine schriftliche Abschlussreflektion des Projektes, die in die Bewertung eingeht und die explizit eine Auseinandersetzung mit den Methoden der Arbeit enthält.
- Sie führen ein Abschlussgespräch mit den gleichen Inhalten

Beispiel für die Bewertung von Projektmappen in der Vorstufe; geeignet für ein mehrwöchiges Projekt in einem oder mehreren Fächern

Die folgenden Kriterien wurden den Schülern zu Beginn der Projektarbeit erläutert und ausgehändigt. Im Gespräch mit den Schülern wurde geklärt, wie die einzelnen Kriterien gewichtet werden.

Erläuterung der Kriterien:
Umfang – Seitenzahl; Vollständigkeit der Dokumentation – spiegelt die Mappe den gesamten Projektverlauf auch als Prozess wieder; Erkennbare Bearbeitung des abgehefteten Materials – wenn Kopien und Texte anderer abgeheftet sind, dann sollte an Markierungen und Randbemerkungen erkennbar sein, dass sie für das Projekt bearbeitet wurden.

Name	Umfang	Vollständigkeit der Dokumentation	Layout	Erkennbare Bearbeitung des abgehefteten Materials	Inhaltsverzeichnis	Sinnvolle Gliederung des gesammelten Materials	Umfang selbstgeschriebener Texte	Inhaltlich angemessener Stil Fachsprache	Erklärung von Fachbegriffen	Quellenangaben	Gesamtbewertung
Florian											
Matthias											

Material 25:
Checkliste Rahmenbedingungen Vertretungsunterricht

Folgende Verabredungen erleichtern allen Beteiligten das Leben.

- Welche davon gibt es an Ihrer Schule?
- Welche zusätzlichen Ideen haben Sie?
- Welche könnten Sie mit wenig Aufwand anschieben helfen?
- Über welche möchten Sie mit wem reden, damit die Situation sich ändert?

Maßnahme/Verabredung	**Vorhanden/ Vereinbart/ Erledigt**
Bei Krankmeldung an die Schulleitung muss der kranke Kollege eine Angabe machen, was der Vertretungslehrer tun soll; der Schulleiter schreibt dies auf ein Formular und gibt es an den Vertretungslehrer	
Klassenliste aller Klassen/Kurse (Namen, Telefonnr.) im Sekretariat	
Sitzplan aller Klassen/Kurse im Sekretariat	
Die in der jeweiligen Klasse geltenden Regeln hängen deutlich sichtbar im Klassenraum	
Ein Exemplar aller in der Klasse verwendeten Schulbücher greifbar für Vertretung (z. B. im Lehrerpult gelagert, Schlüssel dafür im Sekretariat abholbar) – oder aber in Lernbücherei verfügbar (schon klassenweise zusammengestellt)	
Alle Klassenlehrer reden mit ihren Klassen über gewünschtes Verhalten und mögliche Arbeiten im Vertretungsunterricht, z. B. Klassensprecher informiert Vertretungslehrer darüber, wo die Klasse im jeweiligen Fach steht; Klasse ist darauf vorbereitet, ggf. eine Klassenratssitzung in der Vertretungsstunde zu machen etc.	
In allen Klassen gibt es eine Materialecke mit Papier, Klebstoff, Schere, Stiften, Stapeln alter Zeitschriften etc.	
Alternativ gibt es Vertretungsprojektkoffer mit diesen Materialien im Lehrerzimmer	
In allen Klassen gibt es Wörterbücher/Lexika in einem halben Klassensatz. Alternativ gibt es diese im Lehrerzimmer	
Es gibt eine Sammlung geeigneter Vertretungsmaterialien in Ordnern im Lehrerzimmer, die Nutzer tragen in einer Liste ein, welche dieser Materialien in welcher Klasse bereits eingesetzt sind	
Klassen- und Fachlehrer überlegen bei ihrer Jahresplanung, welche Methoden/Fertigkeiten im jeweiligen Schuljahr in der jeweiligen Klasse trainiert werden sollten – und stellen eine entsprechende Liste mit Hinweisen zu den Vertretungsmaterialien	

Material 26: Informationsbrief an die Eltern

Liebe Eltern der Klasse ....,
ich unterrichte seit einer Woche in der Klasse Ihres Kindes das Fach/die Fächer .... Leider kann ich mich auf dem Elternabend in der nächsten Woche wegen einer Terminkollision nicht persönlich vorstellen, deswegen möchte ich Ihnen auf diesem Wege einige Informationen geben.

Gestatten Sie mir eine Vorbemerkung:
Es ist meine feste Überzeugung, dass Eltern und Lehrer zusammenarbeiten sollten, zum Wohle der Kinder. Deswegen freue ich mich auf Kontakte zu Ihnen. Wenn Sie Fragen haben oder einmal mit etwas unzufrieden sind, was in meinem Unterricht passiert, bitte ich Sie sehr herzlich, sich direkt an mich zu wenden, um alles zu klären. Dienstags und donnerstags von 19 bis 20 Uhr habe ich eine telefonische Sprechstunde, in der Sie mich direkt erreichen können, meine Telefonnr. ist: .... Natürlich können Sie auch zu anderen Zeiten anrufen, aber es kann sein, dass Sie dann nur den Anrufbeantworter erwischen. Dann werde ich mich so schnell wie möglich zurückmelden.

1. Unterrichtsmaterial

Wir arbeiten mit dem Buch ...., das Sie bitte bis Ende nächster Woche besorgt haben/ich für die Klasse ausgeliehen habe. Dieses Buch nehmen die Schüler immer mit nach Hause, wenn Sie darin lesen oder daraus Hausaufgaben machen sollen. Schauen Sie es sich doch ruhig einmal an! Darüber hinaus verteile ich gelegentlich kopiertes Material, das nummeriert ist, so dass die Schüler leicht Ordnung halten können. Ich hätte gerne alle schriftlichen Informationen in einem Ordner – von daher gibt es zwei Möglichkeiten, die mir beide gleich lieb sind:

- die Schüler führen ein Heft, die verteilten Arbeitsbögen schneiden sie aus und kleben sie an der richtigen Stelle in ihr Heft
- die Schüler führen eine Mappe mit Inhaltsverzeichnis, in die alle Papiere hineinkommen: Alles, was die Schüler mitschreiben, ihre Hausaufgaben und die verteilten Materialien.

2. Krankheit und Entschuldigungen

Sie wissen ja, dass bei uns in der Schule die Regel gilt, dass Eltern bzw. Schüler bei Erkrankungen morgens bis 10 Uhr in der Schule angerufen haben müssen. Ich als Fachlehrer möchte gerne die Entschuldigung, die Sie Ihrem Kind geschrieben haben, nach dessen Rückkehr vorgelegt bekommen. Ich zeichne dann gegen, gesammelt werden die Entschuldigungen bei der Klassenlehrerin. In der Klasse gibt es einen Ordner, in den alle Lehrer das Material für die erkrankten Kinder abheften. Es ist die Pflicht der Kinder, nach ihrer Rückkehr aus der Krankheit sich alles Material aus dem Ordner zu holen und es nachzuarbeiten und einzuheften. Natürlich stehe ich bei Nachfragen zur Verfügung, ich lege aber Wert darauf, dass die Schüler sich selbst um Material und Nacharbeiten kümmern. Bei längeren Erkrankungen bitte ich um einen Anruf von Ihnen, damit wir zusammen klären können, ob es jemanden in der Klasse gibt, der Ihr Kind in der Zwischenzeit besuchen und mit Material versorgen kann, sofern der Gesundheitszustand es zulässt.

3. Verspätungen

Pünktlicher Unterrichtsbeginn ist mir wichtig – Unterrichtszeit ist Lernzeit. Deswegen möchte ich Ihnen zur Kenntnis geben, dass Kinder, die sich trotz dieser klaren Ansage mehrfach verspäten, die Verspätungszeit mit sozialen Aufgaben nacharbeiten müssen.

4. Leistungsbewertung

In meinem Fach werden 2 Klassenarbeiten pro Halbjahr geschrieben. Die Termine dafür sind in einem zentralen Arbeitsplan festgelegt und den Schülern bekannt. Der Plan hängt auch in der Klasse. Darüber hinaus werde ich die Schüler bis zu 4 kurze Tests unangekündigt schreiben lassen. Aus diesen Leistungsnachweisen setzt sich die schriftliche Zensur zusammen. Die Zensur für die mündliche Mitarbeit basiert auf der Mitarbeit im Unterrichtsgespräch, in der schriftlichen Einzelarbeit in der Stunde, in der Tandem- und Gruppenarbeit sowie auf den Hausaufgaben. Sollte es Referate oder Vorträge geben, gehen die Bewertungen dafür ebenfalls in die mündliche Zensur ein. Die mündliche Zensur bestimmt die Endnote zu 55 %, die schriftliche zu 45 %. Ich verteile an die Schüler rechtzeitig vor den Zeugnissen einen Selbstbeurteilungsbogen, den sie im Unterricht ausfüllen. Über diese Selbsteinschätzung und meine eigene Bewertung rede ich dann mit jedem einzelnen Schüler; die jeweils anderen Schüler arbeiten in dieser Zeit still an Arbeitsaufträgen.

Ich hoffe, Sie hiermit über alles Wichtige im Hinblick auf mein Fach informiert zu haben.
Mit freundlichem Gruß

Material 27:
Tipps für die Vorbereitung der ersten Klassenkonferenz als Klassenlehrer

Überprüfen Sie die rechtliche Grundlage in Ihrem Bundesland

Wie häufig muss die Konferenz tagen?

Wer muss teilnehmen?

Wer leitet die Konferenz? Sie oder die Schulleitung?

Da die Rechtslage nicht unbedingt 1:1 umgesetzt wird, lohnt es sich zunächst einmal, die Rahmenbedingungen an der jeweiligen Schule zu klären:

a) Rahmenbedingungen

- Welche Praxis/Traditionen gibt es an Ihrer Schule im Hinblick auf Klassenkonferenzen?
- Legt die Schulleitung die Terminschienen für die Konferenzen zentral fest – oder ist dies Aufgabe des Klassenlehrers? Werden die Klassenkonferenzen parallel gelegt, so dass die Fachlehrer sich für eine Konferenz entscheiden müssen?
- Liegt der Termin so, dass die Elternvertreter auch tatsächlich teilnehmen können?
- Nimmt man sich bei Ihnen auf der Klassenkonferenz wirklich Zeit zum Austausch zwischen den Gruppen – oder erfüllt man die Auflage eher formal in möglichst kurzer Zeit?
- Wie ist die Haltung des Kollegiums, wie die Haltung Ihrer Fachkollegen zur Klassenkonferenz?
- Welche Erfahrungen gibt es zu der Rolle von Eltern und Schülern auf Klassenkonferenzen an Ihrer Schule?

b) Klärung Ihrer eigenen Rolle

- Welche Ängste/Befürchtungen – und welche Wünsche und Hoffnungen haben Sie, wenn Sie an Ihre erste Klassenkonferenz denken?
- Welche Erwartungen werden die unterschiedlichen Gruppen an Sie richten – und wie wollen Sie mit diesen Erwartungen umgehen?
- Ist für Sie schon jetzt erkennbar, dass es Konflikte gibt?
- Können Sie sich eine produktive Bearbeitung dieser Konflikte auf der Klassenkonferenz vorstellen – oder müssen Sie vorher aktiv werden, damit diese Konflikte außerhalb der Konferenz geklärt werden, weil eine Behandlung auf der Konferenz eher zu einer Verschärfung statt zu einer Lösung führen würde?

c) Ihre Klasse, einzelne Schüler, Ihre Sicht als verantwortlicher Pädagoge

- Welche pädagogischen Themen sollten in der momentanen Situation der Klasse sinnvollerweise angesprochen oder behandelt werden?
- Worüber müssen/wollen Sie selbst informieren?
- Welche Verabredungen möchten Sie gerne treffen?
- Bei welchen Themen könnte es besonders produktiv sein, dass die drei Gruppen aufeinander treffen und sich austauschen?
- Gibt es Themen, die ich besser vorher mit den Einzelgruppen bespreche, damit es nicht auf der Sitzung knallt?

d) Vorbereitung der Klassenkonferenz

Folgende Schritte haben sich bewährt:

- Gespräch mit den Elternvertretern, um die Anliegen der Eltern zu erfahren und die Elternvertreter in die Vorbereitung einzubinden
- Gespräch mit der Klasse im Klassenrat, um die Anliegen der Klasse zu erfahren und die Klassensprecher in die Vorbereitung einzubinden
- Schriftlicher Rundlauf an die Fachkollegen, um deren Anliegen zu erfragen und/oder ihre Zustimmung zu Ihren Themenvorschlägen einzuholen

e) Durchführung der Klassenkonferenz

- Ansetzen einer Vorstellungsrunde
- Vereinbarung der Verschwiegenheit, Unterschreiben eines entsprechenden Revers, das an der Schule vorliegt
- Vereinbarung von grundlegenden Gesprächsregeln (melden, ausreden lassen, keine persönlichen Angriffe, Vertrauensgrundlage)
- Klärung des Protokolls
- Bei der Gesprächsführung Balance zwischen straffer Gesprächsführung und Berücksichtigung aller wichtigen Positionen beachten
- Zwischenergebnisse zusammenfassen
- Vereinbarungen schriftlich festhalten, verabreden, dass auf der nächsten Konferenz überprüft wird, ob sich die Vereinbarung bewährt hat

Material 28:
Elternsprechtag

Checkliste: Organisatorische Vorbereitungen, Raum

	Erledigt
Besprechungsraum inspizieren	
Besprechungsraum aufräumen, sauber machen (Rückkopplung mit Hausmeister, ggf. Reinigungskraft)	
Bei Elternsprechtag in eigenem Raum: Aufräumen mit Klasse	
Gestaltung der Wände: Stundenplan, Klassenregeln, Geburtstagskalender, Terminplan Arbeiten etc.	
Gemeinsam mit Klasse Ausstellung für die Eltern überlegen	
Aufbau einer Besprechungsgruppe mit 4 Stühlen	
Stühle vor der Tür; ggf. ein, zwei Mappen zum Stöbern	
Zeitplan außen an die Tür	
Mineralwasser und Becher bereitstellen	
Ggf. Blumenschmuck	

Notizen:

Material 29:
Elternsprechtag

Checkliste: Anmeldungen und Zeitplanung

	Erledigt
Klären, ob es zentrale Anmeldeformulare gibt	
Klären, welche Anwesenheitsverpflichtung es gibt	
Klären, in welchen Zeitabschnitten ich anwesend sein werde	
Anmeldeformulare rechtzeitig ausgegeben	
Kontrolle der Rücklaufabschnitte, ggf. nachhaken bei Schülern, ob diese die Anmeldungen weitergegeben haben	
Klären, welche Eltern ich sprechen will, diese anschreiben/anrufen	
Eingegangene Anmeldungen nach Prioritäten sortieren	
Bei fehlenden Anmeldungen von Eltern, die ich sprechen will, nachhaken	
Absagen an Eltern verteilen, die ich nicht mehr unterbringen kann; ggf. Angebot für Termin außerhalb Elternsprechtag oder Angebot von Telefonat aussprechen	
Bei der Zeitplanung jeweils 5 Minuten nach jedem Gespräch für Notizen und Vorbereitung auf das nächste Gespräch einkalkulieren	
Jeweils nach 2–3 Gesprächen eine Pause einplanen (Toilette, Frischluft, Entspannungsübungen, einen Happen essen)	
Terminplan mit Pausen erstellt und kopiert (ein Plan für mich auf dem Schreibtisch, ein Plan draußen an meiner Tür)	

Wenn Sie in der Zeitplanung unabhängig sind, dann planen Sie jeweils 15–30 Minuten für ein Gespräch ein, je nachdem, um welche Art des Elternsprechtages es sich handelt. Bei Gesprächen als Klassenlehrer zum Halbjahr der Klasse 4 mit Übergangsempfehlung auf die weiterführende Schule und bei Elternsprechtagen, an denen Berichtszeugnisse erläutert werden sollen, benötigen Sie mindestens 30 Minuten, für einen Fachlehrer müssen 15 Minuten reichen.

Material 30:
Zeitplan für den Elternsprechtag

Wochentag, den , von bis Uhr

Uhrzeit	Name

Liebe Eltern!
Damit die ohnehin kurze Zeit für die Gespräche gut und störungsfrei genutzt werden kann, bitte ich Sie um Folgendes:

- Bitte halten Sie die angegebenen Termine ein!
- Seien Sie bitte so freundlich und nehmen vor der Tür Platz, wenn Sie aus diesem Zeitplan erkennen können, dass in der Zeit vor Ihrem Termin ein Gespräch stattfindet. Ich hole Sie herein.
- Ist der Termin vor Ihrem nicht besetzt, so können Sie gerne klopfen und schauen, ob ich schon Zeit habe.

Vielen Dank für Ihr Verständnis

Material 31:
Absage Termin Elternsprechtag

Kopf:

Schule

Ggf. Klasse

Name der LehrerIn

Liebe Frau..........., lieber Herr................!

Ich bedanke mich für Ihr Interesse an einem Gespräch mit mir. Auch ich hätte gerne mit Ihnen über Ihre Tochter: /Ihren Sohn: gesprochen, aber leider gab es so viele Anmeldungen zum Elternsprechtag, dass ich nicht alle berücksichtigen konnte.

Aus meiner Sicht gibt es gegenwärtig keine Probleme mit Ihrer Tochter/Ihrem Sohn. Wenn Sie diese Einschätzung teilen und es Ihnen auch eher um ein persönliches Kennenlernen im Gespräch gegangen wäre, so bitte ich Sie um Verständnis, dass dies im Moment nicht geklappt hat.

Sollte es aber aus Ihrer Sicht doch Probleme mit Ihrer Tochter/Ihrem Sohn geben, von denen ich noch nichts weiß und über die Sie gerne mit mir reden würden, dann bitte ich Sie, mir entweder über Ihr Kind eine entsprechende Nachricht zukommen zu lassen oder aber mich am , den von bis .... anzurufen, ich habe zu diesem Zeitpunkt eine Telefonsprechstunde eingerichtet.

Mit freundlichen Grüßen

Material 32:
Elternsprechtag

Checkliste: Inhaltliche Vorbereitung der Gespräche

Was Sie am Elternsprechtag dabei haben sollten	**vorbereitet**
Ihre Kurshefte/Ihren Kalender oder andere Hilfsmittel, mit denen Sie die Leistungen Ihrer Schüler dokumentieren; hier können Sie ggf. bei Nachfragen zu Leistungen nachschlagen und detailliert Auskunft geben	
Einen Notizzettel für jeden Schüler. Notieren Sie schon den Namen und ggf. Punkte, die Sie von sich aus zu diesem Schüler individuell ansprechen wollen. Sortieren Sie die Zettel in einer Mappe in der Reihenfolge der Gespräche, so kommen Sie nicht durcheinander und haben in der Situation einen minimalen Aufwand.	
Eine allgemeine Tagesordnung für die Gespräche – d. h. überlegen Sie sich, worüber Sie **mit allen Eltern** einer Klasse reden wollen. Diese Punkte schreiben Sie vorher auf, stecken Sie in eine Plastikhülle und legen Sie allen Eltern zu Beginn des Gespräches als Gliederung vor:	

Wie könnte die Gliederung aussehen?

Als Klassenlehrerin:
- Atmosphäre in der Klasse, Stellung des einzelnen Kindes
- Ihr erster allgemeiner Eindruck zum Leistungsstand, Stellung des einzelnen Kindes
- Ggf. ein zentrales Problem, das Sie evtl. mit der Klasse haben (z. B. Unselbständigkeit)
- Ihre nächsten unterrichtlichen Vorhaben mit der Klasse (z. B. Referattechnik, Einsatz neuer Medien, Besuch der Bücherhalle, der Zooschule etc.)
- Benennen Sie ruhig auch als Thema, welche Unterstützung Sie sich von den Eltern in der Klassenführung erwarten – auch Sie dürfen Wünsche äußern!

Als Fachlehrer:
- Rückmeldung über den Leistungsstand der Klasse insgesamt und des jeweiligen Kindes speziell
- Wie können Sie als Eltern meine Arbeit im Fach…unterstützen?
- Wie viel Zeit sollten die SchülerInnen aus Ihrer Sicht für die Hausaufgaben verwenden?
- Welche Bücher oder Lernsoftware könnten den Lernprozess befördern?

Material 33:
Tipps für die ersten Gespräche mit Eltern

Das Führen von Elterngesprächen sollten Sie in Fortbildungen üben. Hier finden Sie nur allererste Tipps für den Fall, dass Sie gleich in den ersten Tagen Gespräche führen müssen.

Tipps für die Gesprächsvorbereitung

- Ziel für das Gespräch formulieren
- Klären, ob ich das Gespräch allein führen oder andere hinzuziehen will.
- Vorbereiten, was ich über den Schüler berichten will, möglichst konkret, beschreibend; evtl. Beispiele mitbringen (Klassenarbeit, Hausaufgabe); bei problematischem Vorfall komprimiertes Protokoll über Ablauf erstellen
- Lösungsvorschläge vorbereiten
- Bewusst Perspektivenwechsel in Elternposition vornehmen: Mit welchen Gefühlen, Wünschen, Erwartungen, Ängsten werden die Eltern ankommen – was bedeutet das für den möglichen Verlauf des Gespräches?

Tipps für die Gesprächsführung

- Freundliche Begrüßung, willkommen heißen.
- Gespräch in gleicher Augenhöhe führen ⇒ Sitzform
- Interkulturelle Besonderheiten berücksichtigen
- Gut zuhören, damit Eltern sich wahr- und ernst genommen fühlen
- Erfahrungen der Eltern abfragen
- Wunsch und Notwendigkeit zur Kooperation benennen
- Gemeinsame Verantwortung betonen
- Gemeinsamkeiten – insbesondere positive – in der Sichtweise herausstellen
- Vorurteils- und wertungsfrei nach häuslicher Situation fragen
- Schulische Maßnahmen darstellen und begründen, Grenzen benennen
- Eigenes Handeln transparent machen
- Gespräch beenden, wenn es sich im Kreis dreht
- Bilanz am Ende des Gesprächs ziehen

Material 34:
Reflexion der eigenen Arbeit –
Hilfe zur täglichen/wöchentlichen Reflexionsroutine

Nehmen Sie sich in den ersten Monaten jeden Tag 5–10 Minuten Zeit. Gut geeignet ist dafür das Ende des Schultages – bevor Sie die Tasche packen und nach Hause aufbrechen.
Andere Kollegen fahren nach Hause, essen eine Kleinigkeit und reflektieren dann den Schultag.
Eine dritte erprobte Variante: Bevor Sie an die Vorbereitung des nächsten Tages gehen, greifen Sie als erstes kurz zu diesem Bogen.
Und wenn Ihnen der tägliche Aufwand zu hoch erscheint, dann nehmen Sie sich mindestens einmal in der Woche den Bogen vor – am Freitagnachmittag, am Sonntagvormittag oder …
Wichtig ist: legen Sie einen Termin fest, der möglichst ungefährdet ist von Verschiebungen. Sinnvoll ist die Reflexion besonders dann, wenn sie wirklich zum Ritual, zur Routine wird. Dann tut sie Ihnen und Ihrer professionellen Entwicklung gut.

Sitzen Sie bequem und störungsfrei?
Dann lesen Sie sich die Fragen durch und machen sich Notizen:

Was ist mir heute/ in der vergangenen Woche gut gelungen – im Umgang mit Schülern und Kollegen, im Unterricht, mit Eltern?	Woran konnte ich selbst merken, dass das gut gelungen ist?	Welche Erklärungen habe ich für das Gelingen (im Hinblick auf meine Person, die anderen Menschen, die Rahmenbedingungen …)?	Was kann ich aus diesen Erkenntnissen evtl. für die Zukunft in meinen Planungen berücksichtigen?	Wie will ich das tun? Festlegung erster Schritte für die nächste Woche

Material 35: Bilanzierungsbogen

Den folgenden Bogen sollten Sie in halbjährigem Abstand für sich selbst ausfüllen. Wenn Sie eine vertraute Kollegin haben, besprechen Sie doch die Ergebnisse einmal mit ihr und holen Sie sich eine Rückmeldung. Vielleicht gibt es ja sogar eine Gruppe von neuen Kollegen, mit denen Sie sich häufiger treffen? Dann können Sie die Übung untereinander austauschen!

Bereiche meiner Arbeit	**Meine Stärken: Was ich kann, was ich gut mache**	**Meine Entwicklungsaufgaben**
Umgang mit Schülern		
Unterricht		
Entwicklung begleiten und bewerten		
Umgang mit meinen Kollegen		
Umgang mit Eltern		
Umgang mit mir selbst – Zeitmanagement, Belastung, Selbstorganisation, Rollenklarheit		
Die Institution Schule		
Das gesellschaftliche und politische Umfeld von Schule		

Literatur

Böhmann, Marc und Hoffmann, Kirsten:
Kursbuch Berufseinstieg
Beltz Verlag, Weinheim und Basel 2002
Ein Buch für die Hand der Berufseinsteiger mit knappen Orientierungstexten und vielen Materialien und Checklisten.

Dammann, Maja: **Die Berufseingangsphase in Hamburg**
Journal für LehrerInnenbildung, Heft 2/2004, Studien-Verlag, Innsbruck
Eine knappe Darstellung der wissenschaftlichen Begründung für die Einführung einer Berufseingangsphase in Hamburg sowie der ersten praktischen Erfahrungen.

Diagnostizieren und Fördern
Friedrich Jahresheft XXIV 2006
Ein Überblick über den aktuellen Stand zu einem zentralen Thema der Unterrichtsentwicklung.

Diepold, Siga (Hrsg.): **Die Fundgrube für Klassenlehrer**
Cornelsen Scriptor, Berlin 1999
Immer noch ein Grundlagenwerk für die Hand der Klassenlehrer, mit vielfachen praktischen Anregungen.

Drews, Ursula: **Anfänge – Lust und Frust junger Lehrer**
Cornelsen Scriptor, Berlin 2002
Ein anschaulich gestaltetes, leicht zu lesendes Einführungsbuch für Berufseinsteiger, das zur Reflexion anregt.

Grüner, Thomas und Hilt, Franz: **Bei Stopp ist Schluss! Werte und Regeln vermitteln, Jg. 1–10**
AOL-Verlag, Lichtenau, 4. Auflage 2005
Ein echter Leitfaden für die Einführung von Regeln im Klassenraum, aufgeteilt in Etappen, sehr eingängig geschrieben, mit direkter Anleitung zur Umsetzung.

Klippert, Heinz: **Lehrerentlastung, Strategien zur wirksamen Arbeitserleichterung in Schule und Unterricht**
Beltz, Weinheim und Basel 2006
Auch wenn in diesem Titel etliches bereits aus früheren Veröffentlichungen des Autors Bekanntes erneut verwertet wird, so enthält das Buch daneben einen guten Überblick über die Frage der Arbeitsbelastung und eine Fülle guter Ideen zum eigenen Umgang damit.

Lohmann, Gert: **Mit Schülern klarkommen; Professioneller Umgang mit Unterrichtsstörungn und Disziplinkonflikten**
Cornelsen Scriptor, Berlin 2003
Ein Grundlagenwerk zum Thema, anschaulich und praxisnah geschrieben, als Selbstlernwerk mit Übungen.

Miller, Reinhold: **Lernwanderungen**
Beltz, Weinheim und Basel 2001
Der Untertitel sagt präzise, worum es geht: Basiswissen, Reflexionen und Trainingselemente zum Thema Lernen und Lehren.

Miller, Reinhold: **99 Schritte zum professionellen Lehrer**
Kallmeyersche Verlagsbuchhandlung, 1. Auflage 2004
Ein Buch zur Selbstreflexion und Begleitung in den ersten Jahren im Beruf, mit Übungen und CD.

Mittelstädt, Reinhold: **Basics für Junglehrer**
Verlag an der Ruhr, Mülheim 2006
Ein abwechslungsreich gestaltetes Begleitbuch für den Berufseinstieg.

Die Reihe **Prögel Praxis** aus dem Oldenbourg Verlag, München, bietet Grundschullehrkräften eine Vielzahl sehr praxisorientierter Titel, z. B.:
Wienerl/Rotte/Streidl, **Erfolgreiche Elternarbeit – 168 Praxistipps für die Grundschule**
1. Auflage 2004 oder
Busch/Neumann/Neumeier, **Ich gestalte mein Klassenzimmer**
1. Auflage 2004.
Schnuppern Sie hier einmal in das gesamte Angebot hinein unter www.oldenbourg-bsv.de

Schaarschmidt, Uwe und Fischer, Andreas W.: **Bewältigungsmuster im Beruf. Persönlichkeitsunterschiede in der Auseinandersetzung mit der Arbeitsbelastung**
Vandenhoeck und Ruprecht, Göttingen 2001

Scianna, Rosetta: **Bewertung im Offenen Unterricht, Leistungsbeurteilung als Förderinstrument**
Verlag an der Ruhr, Mülheim 2005
Vielfältige Praxisbeispiele zur Beurteilung offener Unterrichtsphasen, mit CD.

Terhart, Ewald:
Perspektiven der Lehrerbildung in Deutschland
Beltz, Weinheim 2001

Thurn, Susanne:
Berufseingangsphase konkret. Der Neuenkreis
In: Pädagogik Heft7/8, August 2005, Beltz, Weinheim
Eine Idee für die Integration von neuen KollegInnen in der Schule.

Register